KB104055

**청일전쟁,
국민의 탄생**

청일전쟁, 국민의 탄생

초판 1쇄 펴낸날 2018년 10월 15일

지은이	오타니 다다시
옮긴이	이재우
펴낸이	박재영
편집	임세현, 강혜란
디자인	당나귀점프
제작	제이오

펴낸곳	도서출판 오월의봄
주소	경기 파주시 회동길 363-15 201호
등록	제406-2010-000111호
전화	070-7704-2131
팩스	0505-300-0518

이메일	maybook05@naver.com
트위터	@oohbom
블로그	blog.naver.com/maybook05
페이스북	facebook.com/maybook05

ISBN	979-11-87373-57-5 03900

이 도서의 국립중앙도서관 출판시도서목록(CIP)은 e-CIP홈페이지(http://nl.go.kr/
ecip)와 국가자료공동목록시스템(http://www.nl.go.kr/kolisnet)에서 이용하실 수
있습니다. (CIP 제어번호: CIP2018030830)

• 책값은 뒤표지에 있습니다. 잘못된 책은 바꾸어 드립니다

Original Japanese title: NISSHIN SENSOU
Copyright © 2014 Tadashi Otani
Original Japanese edition published by Chuokoron-Shinsha, Inc.
Korean translation right arranged with Chuokoron-Shinsha, Inc.
through The English Agency (Japan) Ltd. and Danny Hong Agency.

오타니 다다시 지음
이재우 옮김

청일전쟁

국민의 탄생

근대 일본의 첫 대외 전쟁의 실상

오월의봄

일러두기

1. 책에 나오는 연월일은 당시 조선의 음력에 따른 연월일과 차이를 보인다.
   일본인 저자의 책이기에 일본의 양력을 기본으로 서술돼 있기 때문이다.
   이 책에서는 원서의 날짜를 기본으로 했고, 필요한 경우(예: 연도가 달라지는
   사례)에는 옮긴이 주를 통해 그 차이를 설명했다.
2. 책에 나오는 일본의 지명과 인명 등은 모두 현지어로 표기했고, 중국의 경우
   지명은 현지어로 표기하되 인명은 한국 한자음으로 표기했다.
3. 본문의 주는 모두 옮긴이가 붙인 것이다.
4. 당시 일본 육군의 부대는 지역 기반으로 편성되었다. 따라서 본문 중
   부대(지역명)이 기재된 것은 해당 부대가 해당 지역에서 편성되어 주둔하고
   있다는 뜻이다. 예: 보병 제22연대(마쓰야마松山)

청일전쟁清日戰爭은 19세기 말 동아시아에서 발발한 전쟁이다.

청일전쟁이 전쟁 당시에는 어떻게 불렸고, 영어로 그리고 전쟁 당사국에서 어떤 이름으로 불렸느냐는 문제에서 이 책의 서술을 시작하고 싶다. 호칭은 이 전쟁의 본질을 어떻게 보느냐와 관계되는 꽤 어려운 문제이다.

영어 역사 용어에서는 일반적으로 '1894년부터 1895년 사이 중국과 일본의 전쟁'을 의미하는 'The Sino-Japanese War of 1894~1895'라고 부른다.

중국에서는 일본에서 '일청전쟁日清戰爭'으로 부르니까 그것을 반대로 뒤집은 '청일전쟁'으로는 쓰지 않는다. '중일전쟁中日戰爭'이라고 불러야 하겠지만, 현대 중국에서 '중일전쟁'은 보통 1937년부터 1945년까지 8년 동안의 '항일전쟁抗日戰爭'(일본에서는 일중전쟁日中戰爭)을 가리킨다. 그래서 이와 구별하기 위해 '갑오중일전쟁甲午中日戰爭'(1894년이 간지干호로 따지면 갑오년) 혹은 '제1차 중일전쟁'으로 부른다. 예전에는 중국과 동양東洋(일본을 의미)의 전쟁이라는 의미에서 '중동전쟁中東戰爭'으로 부른 적도 있었다. 현재 한국에서는 '청일전쟁'이라고 부른다.

일본에서는 전쟁 당시부터 일반적으로 '일청전쟁'이 쓰였으나, 정부나 육군에서는 '메이지 27, 28년 전역明治二十七八年戰役'이라고 불렀다. 이는 세이난전쟁西南戰爭[1]을 '메이지 10년역明治十年役', 러일전쟁을 '메이지 37, 38년 전역明治三十七八年戰役'으로 부르는 것처럼 'ㅇㅇ년의 전쟁'으로 표현해서 내용에 관한 논의를 피하고 형식적인 정확함을 추구하는 관료적 발상이다. 한편으로 전쟁 당사국이 일본, 청, 조선 세 나라라는 점에서 외무성에서는 '일청한 사건日淸韓事件' 또는 '일청한 교섭 사건日淸韓交涉事件'으로 표현하는 경우가 있었다. 청일전쟁의 호칭은 전쟁 상대국이나 전쟁 기간과 관련되므로 '종장'에서 다시 검토할 것이다.

---

1 1877년에 메이지 유신의 공로자 사이고 다카모리西鄕隆盛가 가고시마에서 사족들과 함께 일으킨 반란으로 일본 최후의 내전이다.

일본 근대사의 통사적인 서술에서 청일전쟁은 그 10년 뒤에 벌어진 러일전쟁과 함께 '일청·일러전쟁日淸·日露戰爭'으로 표현되는 경우가 있다. 이렇게 될 경우에는 규모가 더 큰 러일전쟁에 중점을 두고 청일전쟁은 러일전쟁에 이르는 과정으로 묘사된다. 그러나 청일전쟁과 러일전쟁은 성격이 다른 전쟁이라, '일청·일러전쟁'으로 같이 표기하는 것은 적당하지 않다.

러일전쟁은 20세기에 들어와서 열강 사이, 즉 제국주의 국가 간에 최초로 벌어진 전쟁이었다. '제0차 세계대전'이라는 평가를 하는 연구자마저 있듯이, 제1차 세계대전에서 나타나는 총력전의 양상마저 부분적으로 보여주고 있었다. 전면적인 총력전이 되지 않은 이유는 일본과 러시아 양국이 뒤처진 이류 제국주의 국가로, 유럽에서 보면 전쟁이 지구 뒤편의 생산력이 낮고 교통이 불편한 만주滿洲(현재의 중국 동북東北 지구)와 조선에서 벌어졌기 때문이다. 그리고 개전 직후인 1904년 4월 일본과 러시아 양국을 각각 원조하던 영국과 프랑스 사이에 영불 협상 Entente Cordiale[2]이 성립되었으므로 제1차 세계대전처럼 열강

---

2   1904년 4월 8일에 영국과 프랑스 사이에서 조인된 외교 문서 및 관계를 의미한다. 빅토리아 여왕 사후에 영국 국왕으로 즉위한 에드워드 7세의 주도하에 진행되었으며 이후 백년전쟁 이래 대립을 계속해오던 영국과 프랑스의 적대 관계

을 말려들게 하는 세계대전이 벌어지지 않았다.

이에 비해 청일전쟁 단계에서 일본과 청은 동아시아의 강국이었으나 근대적인 제국주의 국가는 아니었다. 두 나라 모두 서구 열강이 19세기 중기에 동아시아 지역에 가지고 들어온 서구적 외교 관계에 강제로 포함되어 불평등 조약을 강요받은 상태였다. 게다가 서구적인 외교 관계와 함께 중국을 중심으로 한 전통적인 국제 질서도 아직 존속하고 있었다. 청일전쟁의 원인이 된 조선을 둘러싼 국제 관계를 볼 경우, 원리가 다른 두 가지 대외 관계의 복잡함에 주의할 필요가 있다.

청일전쟁의 경우, 조선 문제를 계기로 전쟁을 일으킨 것은 일본 측이었다. 청, 특히 북양통상대신北洋通商大臣(이하 북양대신으로 약칭함)으로 청의 대조선 외교 책임자였던 이홍장李鴻章[3]은 전쟁을 회피하기 위해 노력했다. 게다가 동아시아에 권익을 가진 구미 열강, 특히 영국과 러시아는 전쟁 회피를 위해서 조정 활동에 나섰다. 그럼에도 어찌하여 일본 측이 무리를 거듭해서 개전에 뛰어든 것인지, 왜

는 해소되었다.

3 1823~1901. 청의 정치가. 태평천국운동을 진압할 때 두각을 나타냈고 이후 출세하면서 양무운동을 추진했다. 청일전쟁에서 패배해 실각했다. 나중에 정계에 복귀했고, 의화단운동 실패 후에 열강과 신축조약을 체결했다.

개전 후의 전쟁이 조선을 무대로 삼은 지역적·한정적인 전투에 머무르지 않고 만주·산둥반도山東半島·대만臺灣·평후제도澎湖諸島까지 확대된 전면 전쟁이 벌어진 것인지에 대해서는 논의하는 사람마다 의견이 다르다.

예전에는 일본이 서구적인 근대화 정책을 추진하기 위해서는 청을 중심으로 하는 동아시아 국제 질서의 재편성은 불가결했으며, 메이지 유신 이후 일본에 의한 조선·중국 침략 정책의 연장선상에서 청일전쟁은 피할 수 없었다는 견해가 유력했다. 즉 일본 정부도, 군도 청일전쟁이 불가피하다고 생각하여 준비를 거듭해 개전에 이르렀다는 견해로, 지금도 이런 생각이 통설로 유포되고 있다. 그러나 1980년대 이후, 연구자들 사이에서 이러한 청일전쟁의 필연성은 실증적으로 비판을 받게 되었다.

청일 개전에 관한 연구뿐 아니라 청일전쟁의 군사사 연구나 사회사 연구가 심화된 것도 최근 연구의 특징이다. 더 나아가 동아시아 국제 관계사에 대한 새로운 연구가 발표되고 또 일본군 점령하의 조선에서 일어난 제2차 농민전쟁이나 대만의 항일 전쟁에도 눈을 돌릴 수 있게 되었다. 이러한 다방면에 걸친 연구의 진전으로, 비교적 작은 전쟁임에도 불구하고 규모가 큰 러일전쟁보다 복잡한 양상을 보여주는 전쟁이며 전쟁의 결과가 일본과 동아

시아 세계에 큰 변화를 가져온 청일전쟁을 동아시아 지역
사 속에서 평가하여 다양한 측면에서 입체적으로 이해할
수 있는 조건이 갖춰졌다.

이 책은 이상과 같은 최근 청일전쟁 연구의 수준을 알
기 쉽게 독자에게 제시하는 것을 목적으로 삼고 다음과
같은 내용으로 쓰고자 한다.

제1장에서는 청일전쟁의 전제로서 1880년대 동아시
아 지역의 상황을 개설한다. 1885년 이래, 이 지역에서는
톈진조약天津條約으로 불리는 청일의 협조 체제가 성립된 점
과 그 와중에 청일 양국의 군사력의 근대화가 진행된 사
실을 쓴다.

제2장에서는 이러한 협조 체제가 변화하는 가운데 조
선에서 발생한 동학 농민군의 봉기(갑오농민전쟁甲午農民戰爭)를
계기로 청일 양군이 조선에 출병, 이리저리 헤맨 끝에 청
일 개전에 이르는 경위에 대해서 설명한다.

제3장에서는 개전 후 한반도에서 벌어진 전투를, 제
4장에서는 중국 영토 안에서 벌어진 전투를 쓴다. 지금
까지 개전 과정 연구에 비해서 청일전쟁 때의 군대와 전
투·전략에 관한 연구는 뒤처져 있었으나, 최근 눈에 띄게
진전되고 있는 이 분야의 연구 성과를 가능한 이 책에 반
영하기 위해 노력했다.

제5장은 제1장에서 제4장까지 묘사한 것과 같은 정치사·외교사 연구가 아니라 사회사·미디어사를 다루는 장으로, 전쟁 정보가 어떻게 사람들에게 전달되고 그 정보가 수용된 결과 사람들과 지역에 어떠한 변화가 나타났는지를 검토한다.

또 이 책은 신서新書이므로 어떤 문헌을 인용했는지에 대해 주석을 달지 않았다. 이 책이 어떠한 연구에 의거해서 작성되었는지 알고 싶은 분들은 책 뒷부분에 실린 참고 문헌을 참고해주시길 바란다.

또 인용한 자료는 구한자舊漢字를 신한자新漢字로[4], 역사적 가나 표기법史的かなづかい은 현대적 가나 표기법現代的かなづかい으로[5], 가타카나는 히라가나로[6] 각각 바꾸고 알맞게 탁점[7]도 달았다. 더군다나 인용 자료 중에는 현재의 가치관으로 보면 부적절한 표현이 있으나 역사 용어로서 그대로

---

4 제2차 세계대전에서 패배하기 전 일본에서는 한자를 쓸 때 간체보다는 번체를 사용하는 경우가 많았다.

5 역사적 가나 쓰기歷史的仮名遣란 에도 시대의 유학자 게이츄契沖가 헤이안 시대 중엽의 가나 표기법에 기준을 두고 만든 표기법을 수정, 발전시킨 것으로, 제2차 세계대전에서 패한 이후 현대적 가나 표기법으로 바뀔 때까지 공문서 작성, 학교 교육 등에서 사용된 표기법이다.

6 제2차 세계대전에서 패배하기 전 일본에서는 공문서 등을 히라가나 대신 가타카나로 작성했다.

7 일본어에서 탁음을 나타내기 위해 가나 우상단에 붙이는 기호.

인용했다. 어디까지나 자료로서 정확성을 기하기 위해서
이다. 다른 뜻이 없음을 이해해주시길 바란다.

차례

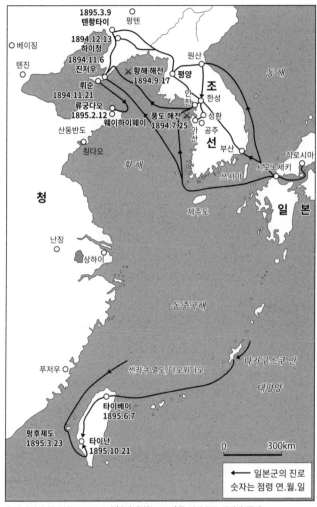

청일전쟁 전체도

1895.3.9
텐황타이

펑텐

베이징

1894.12.13
하이청

1894.11.6
진저우

뤼순

류궁다오
1895.2.12

텐진

웨이하이웨이

산둥반도

칭다오

황해

청

난징

상하이

황해 해전
1894.9.17

풍도 해전
1894.7.25

원산

평양

조

인천

한성

성환

아산

공주

선

부산

동 해

하로시마

시모노세키

쓰시마

일

본

제주도

동중국해

푸저우

센카쿠 열도/댜오위다오

나가구스쿠 만

태평양

타이베이
1895.6.7

펑후제도
1895.3.23

타이난
1895.10.21

0   300km

◀── 일본군의 진로
숫자는 점령 연.월.일

출전: 《신선 일본사B新選日本史B》(東京書籍, 2011)를 기반으로 저자가 작성

청일전쟁 관련 연표

연월일	사항
1882년	
7월 23일	조선 한성에서 조선 군인이 병란을 일으킴(임오군란).
8월 30일	조선과 일본이 제물포조약을 체결함.
1884년	
12월 4일	조선의 한성에서 김옥균 등 개화파의 쿠데타(갑신정변)가 발생, 청일 양군이 전투를 벌임.
1885년	
1월 9일	조선과 일본이 한성조약을 체결함.
4월 18일	일본과 청이 톈진조약을 체결함. 조선에서 양군 철수, 군사 교관 파견, 출병 시 상호 사전 통고를 약속함.
1894년	
2월 15일	조선의 전라도 고부에서 전봉준이 이끄는 농민 반란이 시작됨.
3월 28일	김옥균, 상하이에서 암살당함.
4월 25일	조선의 전라도 무장에서 동학 농민군이 봉기(갑오농민전쟁 또는 동학농민전쟁)
5월 31일	동학 농민군이 전라도의 전주를 점령함. 조선 정부는 청에 파병을 요청함.
6월 2일	일본, 청의 조선 출병에 대항하여 혼성 1개 여단(혼성 제9여단, 오시마 요시마사 소장) 파병을 결정함.
6월 9일	청군, 조선 아산에 상륙.
6월 12일	일본군, 조선 인천에 상륙.
6월 16일	무쓰 무네미쓰 외상, 동학당 공동 진압 및 철군하지 않고 조선 내정을 공동 개혁할 것을 청에 제의.
6월 21일	청, 일본 측의 제안을 거부함. 일본, 임시 각의에서 청일의 충돌은 피할 수 없다고 보고, 제2차 수송대 파견을 결정함.

연월일	사항
6월 22일	일본, 어전 회의에서 청에 대한 제1차 절교서를 결정함.
6월 30일	러시아, 청일의 동시 철군을 요구함. 이어서 영국도 조정에 뛰어듦.
7월 12일	일본, 제2차 절교서를 결정.
7월 19일	일본, 개전을 결정. 해군에 증병을 목적으로 하는 청 함대와 수송선 공격을, 오시마 혼성 여단장에게 아산에 있는 청군을 공격하도록 명령.
7월 20일	오토리 게이스케 공사, 청과 조선의 종속 관계 파기 등을 요구하는 최후통첩을 조선에 통고.
7월 23일	일본, 조선 왕궁을 공격하여 점령함(청일전쟁이 시작되다).
7월 25일	일본 함대, 풍도 앞바다에서 청 군함과 교전(풍도 해전), 청군을 실은 영국 국적 수송선 고승호를 격침(고승호 사건).
7월 29일	오시마 혼성 여단, 조선 성환에서 청군을 격파(성환 전투).
8월 1일	청, 광서제의 선전 상유를 발포함.
8월 2일	일본, 천황의 선전 조칙(8월 1일부)를 발포함.
9월 1일	대본영, 제1군을 편성하고 야마가타 아리토모를 사령관으로 임명.
9월 13일	대본영, 히로시마로 향해 이동, 15일 도착.
9월 15일	제5사단, 평양 공격(16일 점령).
9월 17일	연합함대, 청 함대와 교전해 제해권을 장악(황해 해전).
10월 24일	제1군, 압록강을 도하. 그 후 주롄청, 펑황청, 다구산을 점령함.
11월 6일	오야마 이와오를 사령관으로 하는 제2군, 랴오둥반도의 화위안커우에 상륙하여 진저우를 점령.
11월 21일	제2군, 뤼순을 점령함. 일본군에 의한 학살 사건 발생(뤼순 학살 사건).
11월	조선에서 제2차 농민전쟁 발생.
12월 13일	제1군, 하이청을 점령.

연월일	사항
1895년	
1월 20일	제2군, 웨이하이위에 있는 북양함대를 공격할 목적으로 산둥반도에 상륙.
2월 1일	청일의 강화 전권이 히로시마 현청에서 회담, 청국의 전권 위임장이 갖춰지지 않은 것을 이유로 일본 측이 교섭 거부.
2월 12일	북양함대 사령관 정여창 등 항전파 간부 자살, 류궁다오 수비대와 북양함대가 항복.
3월 4일	뉴장성 점령.
3월 9일	텐좡타이 점령. 일본군, 시가지를 불태우고 철수함.
3월 20일	전권 이토 히로부미와 무쓰 무네미쓰, 청 전권 이홍장과 제1회 강화 회담.
3월 23일	일본군, 펑후제도에 상륙(25일 점령).
3월 24일	이홍장, 제3회 강화 회담에서 돌아오는 길에 저격당하여 부상.
4월 17일	청일 강화조약(시모노세키조약) 조인(조선의 독립 승인, 랴오둥반도·대만·펑후제도 할양, 배상금 2억 냥 지불 등).
4월 23일	독일·프랑스·러시아 3개 국가가 무력을 배경으로 랴오둥반도를 청에 돌려줄 것을 일본에 권고(삼국 간섭).
5월 4일	일본, 랴오둥반도를 청에 전면 반환하기로 결정.
5월 10일	대만총독부 설치, 가바야마 스케노리를 대만총독으로 임명.
5월 25일	대만 주민, 대만민주국을 수립. 대만민주국 붕괴 이후에도 항일 의용군의 무력 투쟁은 계속됨.
6월 7일	일본군, 타이베이를 점령.
10월 8일	민비 살해 사건(을미사변).
10월 21일	타이난 점령.
11월 18일	가바야마 총독, 대만을 평정했다고 대본영에 보고. 그렇지만 항일 투쟁은 계속됨.
12월 13일	제1군, 하이청을 점령.
1896년	
1월	조선에서 항일 의병 투쟁 발생.
2월 11일	조선 국왕과 세자가 러시아 공사관으로 거처를 옮김(아관파천), 친일파 정권 붕괴함.
4월 1일	대본영 해산.

제1장
전쟁 전야의
동아시아

1. 조선의 근대와 톈진조약 체제

'속국'과 '자주국'

청일전쟁은 1894년(메이지明治[1] 27년) 여름 조선에 대한
지배권을 둘러싼 일본과 청 사이의 다툼이 원인이 되어
시작되었다. 왜 조선의 지배권을 둘러싸고 청일 양국이
싸워야 했을까? 그것을 설명하기 위해서는 개전 시점으로
부터 10년 정도 시간을 거슬러 올라가 1880년대의 조선
에 대해서 검토할 필요가 있다.

전성기의 청은 주변 나라들과 조공朝貢과 책봉冊封 등의
의례에 기초한 전통적인 대외 관계를 맺고 있었다. 즉 주

---

1 근대 일본의 연호 중 하나로 1868년부터 1912년 메이지 천황이 사망할 때까지
사용했다.

변국의 군주가 중국 황제에게 사절을 파견해서 신하가 될 의지를 보이면(조공), 황제가 관위官位와 작위爵位를 주면서 군신 관계를 맺어(책봉), 중국은 종주국이며 주변국은 속국이라는 지배와 종속 관계가 성립했던 것이다.

그러나 19세기 들어 서양 각국이 동남아시아의 여러 나라들을 식민지화하고 북방에서 러시아가 진출해오자 이 전통적인 대외 관계는 바뀌었다. 더욱이 1840년부터 1842년까지 이어진 아편전쟁阿片戰爭 이후에는 청 스스로 서양 각국과 조약을 맺고, 조공과 책봉에 의한 종래의 의례에 기초한 관계와 조약에 의거한 서구 기준의 외교 관계라는 두 가지 원리에 따라 대외 관계를 쌓게 된다. 그리고 1880년대가 되자, 청과 조공·책봉 관계를 유지하는 나라는 줄어들어 주요 국가 중에서는 조선만 남았을 뿐이었다.

한편 일본은 1875년에 발생한 운요호 사건을 계기로 조선 정부를 압박하여 이듬해인 1876년 조일수호조규朝日修好條規(강화도조약)를 체결했다.

조약 제1조는 "조선국은 자주지방自主之邦으로 일본국과 평등권을 보유한다"라고 규정했다. 이를 근거로 삼아 일본 측은 조선 정부는 서구 기준의 독립국으로서 개국하여 일본과 외교 관계를 맺었다고 이해했고, 그것을 전제로 해서 불평등조약을 조선에 강요했다.

그러나 조선 정부는 조일수호조규를 에도 시대의 조일 관계의 연장으로 생각하려 했고, 일본 이외의 서구 국가들과 외교 관계를 맺을 생각은 없었다. 또한 조선은 자국은 '자주지방'임과 동시에 또한 중국(청)을 따르는 속방屬邦(속국)이라고 생각했다. 이 '자주지방'에 대한 일본, 조선, 청의 서로 다른 이해는 청일전쟁 개전 당시에 문제가 된다.

1879년 일본에 의한 류큐처분琉球処分(류큐 번琉球藩[2]을 폐지하고 오키나와 현沖繩県 설치)을 청은 조공국 류큐의 소멸[3]로 받아들여 큰 위기감을 가졌다. 북양대신으로서 청의 대외 관계를 담당하던 이홍장은 러시아와 일본을 견제하기 위해 조선에 청과 조공·책봉 관계를 유지한 상태로 서양 국가들과 조약을 맺도록 권유했고, 조선도 이에 동의했다. 이때 조선 정부의 결단을 촉구한 것은 황준헌黃遵憲(재일 청 공사관 참찬參贊)이 쓴 《조선책략朝鮮策略》이었다. 이 책에서 조선은 러시아의 진출을 막기 위해 "중국과 친교를 맺

2　1609년 일본의 사쓰마 번의 침공으로 예속된 류큐 왕국은 1872년 류큐 번으로 격하되었다.

3　류큐 왕국은 1609년 사쓰마 번에 예속되었지만, 표면상으론 중국의 조공국 중 하나로 계속 존재했다.

고 일본과 결속하고 미국과 연합하여" 자강을 꾀해야 한다고 주장했다.

조선과 서양 각국의 첫 조약 체결 교섭 상대국은 미국이었다. 이때 조선과 미국이 직접 교섭한 것이 아니라, 우선 1882년 3월부터 4월에 걸쳐서 중국 톈진에서 미국 해군 제독 로버트 윌슨 슈펠트Robert Wilson Shufeldt와 조선의 종주국인 청의 북양대신 이홍장 사이에서 교섭이 이루어졌다. 교섭에 들어가자 이홍장은 조약에 "조선은 오랫동안 중국의 속방이지만 내정, 외교에 관해서는 지금까지 자주권을 가졌다"라는 조항을 넣을 것을 주장했다. 이 주장에 대해서 조선에서 파견된 이조吏曹(관리의 인사를 관장하는 기관) 참의參議 김윤식金允植도 찬성했다. 그러나 슈펠트는 이러한 조항은 서구적 외교 개념에서는 상용되지 않는다는 의향을 보였으므로 조선이 청의 '속방'이라는 문구는 조약안에 명기되지 않았다.

그 대신 5월에 조선의 인천에서 이홍장의 부하로 프랑스에 유학해 국제법에 해박했던 마건충馬建忠이 중개해 조선 측과 슈펠트 사이에 조미수호통상조약이 조인될 때 다음과 같은 조치가 취해졌다. 즉 조약과는 별개로 조선 국왕은 마건충이 기초한 "조선은 청조의 속방이나, 내치와 외교는 조선의 자주이다"라는 내용의 친서를 미국 대통

령에게 보내 조선은 자주국임과 동시에 청의 속국이기도 함을 확인한 것이다.

이후 조선은 영국·독일과 조약을 체결했는데 그때마다 똑같은 내용의 문서를 상대국에 보냈다. 이렇게 청의 주도권 아래 조선이 구미 각국과 조약을 체결하는 기회를 이용해서 청은 전통적 종주권을 근거로 삼아 조선의 외교에 개입하게 되었다.

개화 정책과 임오군란

이 시기의 조선 국왕은 제26대 고종高宗(이재황李載晃, 국왕 재위 1864~1897년, 대한제국 황제로서 재위 1897~1907년)이었다. 왕가의 방계 출신으로 서민 사이에서 성장했고 명복明福이라고 불렸던 열두 살 소년이 1864년[4]에 전 국왕의 죽음과 함께 국왕으로 선택되었다. 그 후 10년에 걸쳐서 어린 고종을 대신해 친아버지인 대원군大院君(이하응李昰應)이 정무를 맡아 정치 개혁과 쇄국·양이 정책을 실시했다.

그러나 고종이 성장해서 1873년 친정을 개시하자 대원군은 은퇴를 하게 되었고 총명한 연상의 왕비의 영향력

4　원서에는 양력을 기준으로 1864년에 즉위했다고 표기되어 있다. 음력으로 계산하면 1863년 12월에 즉위했다.

이 커졌다. 고종의 왕비 민씨閔氏(훗날의 명성황후明成皇后), 일본에서는 일반적으로 민비閔妃로 불리는 여성이다. 조선 왕조에서는 국왕의 신임을 받는 왕비나 왕대비의 일족이 정권을 잡는 세도世道 또는 勢道 정치의 전통이 있었기 때문에 왕비의 영향력이 강해짐과 동시에 왕비의 출신인 여흥驪興 민씨 일족이 정권의 중추를 차지하여 당시의 조선 정부는 민씨 정권으로 불렸다. 19세기 말 조선 정계의 주도자는 국왕 고종, 대원군, 그리고 민비였으며 그들이 국내외의 세력과 협력·대립 관계를 반복함으로써 조선의 정치는 복잡해지게 된다.

앞서 언급한《조선책략》의 영향으로 국왕 고종과 고관들에게 러시아에 대한 위기감은 더욱 커졌다. 그래서 서양에 대한 정책의 방향을 바꾸어 국내에서 '자강自强'을 시도하기 위한 개화 정책을 개시했다. 1881년 1월[5] 근대적 행정 기구로서 통리기무아문統理機務衙門을 설치하고 군제도 개혁하여 조선 최초의 서양식 군대인 별기군別技軍을 창설하고 훈련 담당자로 일본 공사관 주재 무관 호리모토 레이조堀本禮造 공병 소위를 초빙했다. 나아가 일본에 신사유람단紳士遊覽團이라고 하는 시찰단을 파견해 근대적인 문물

---

5   음력으로 계산하면 1880년 12월이다.

제도를 조사하게 했다.

한편 보수적인 유학자들은 정부가 《조선책략》을 배포하여 개화 정책을 추진하고 있다는 사실에 반발했다. 전국 각지의 유생들은 개화론자를 비난하고 국왕과 민씨 정권의 실정을 논박했다. 이 운동이 거세지자, 정부에서 쫓겨났던 대원군은 1881년 민씨 정권을 쓰러뜨리고 아들인 고종을 폐위하고 서자인 이재선李載先을 왕위에 세우고자 했으나 실패했다.

게다가 개항 후 확대된 조일 무역은 조선 사회에 영향을 끼쳤다. 당시 조일 무역은 일본을 통해서 영국제 면제품을 수입하고 일본에는 금지금金地金[6]과 쌀·대두 등의 미곡이 수출되는 구조였다. 그중에서도 문제는 미곡 수출이었다. 개항 후 수도 한성(지금의 서울)에 미곡 공급 부족과 쌀값 등귀를 초래했기 때문이다. 또 각지에서도 개항장으로 미곡이 유출됨에 따라 미곡 부족 상태가 발생했다. 이러한 미곡의 공급 부족과 쌀값 등귀는 한성에 거주하는 군인을 포함한 도시 하층민의 생활을 직격했다.

그리고 조미수호통상조약이 체결된 직후 임오군란壬午軍亂이라고 불리는, 병사와 민중들이 민씨 정권이 추진하는

---

6 화폐를 발행하는 바탕이 되는 금으로 순도 99.5퍼센트 이상의 금을 가리킨다.

개화 정책에 반대해 일으킨 사건이 발생했다.

임오군란의 직접적 원인은 13개월이나 급료가 체불된 병사들에게 지급할 쌀을 둘러싼 다툼이었다. 1882년 7월 19일[7], 겨우 지급된 쌀은 창고를 관리하는 관리의 부정 때문에 싸라기나 모래가 섞인 열악한 것이었다. 이것이 계기가 되어 개화 정책 속에서 냉대를 받던 구식 군대의 하급 병사들이 반란을 일으킨 것이다.

7월 23일 조직적인 행동을 시작한 병사들에게 영세 상인, 수공업자 등의 도시 하층민이 가세해서 민씨 정권 고관의 저택을 파괴했고 별기군 교관 호리모토 레이조 소위를 살해했으며, 나아가 탈취한 무기로 무장해 서대문 밖에 있던 일본 공사관을 습격했다. 공사관을 탈출한 하나부사 요시모토花房義質 공사 일행은 사상자를 내면서 다음 날 24일에 인천으로 도망쳤고, 최종적으로는 영국 측량선의 도움을 받아 나가사키長崎로 도망쳤다. 24일 병사들은 왕궁(경복궁景福宮)으로 가서 민씨 정권의 고관들을 살해했으나 최대의 공격 목표였던 민비를 찾을 수는 없었다. 그녀는 궁녀로 변장해서 왕궁을 탈출해 친정이 있는 여주驪州에 몸을 숨겼다.

---

7 음력으로는 6월 5일에 해당된다.

고종은 사태를 수습할 방법을 찾을 수 없었고, 은퇴시켰던 대원군에게 정치 대권을 위임할 수밖에 없게 되었다. 부활한 대원군 정권은 개화 정책을 백지로 돌리고, 반란에 참가한 병사들에 대한 급료 지불을 약속하며 사태 수습을 시도했다. 그리고 행방불명된 민비는 사망했다고 속이고 장례를 치렀다.

청일의 대응

일본 측은 나가사키로 탈출한 하나부사 공사가 보낸 전보를 통해서 임오군란이 발생한 사실을 7월 30일에 알게 되었다. 다음 날 열린 각료 회의의 결정으로 이노우에 가오루#上馨[8] 외무경은 하나부사 공사에게 조선 정부에 공식 사죄, 배상금 지불 등을 요구할 것을 내용으로 하는 훈령을 내려 군함 3척과 함께 인천으로 향하게 하고 다시 군함과 보병 1개 대대를 추가 파견했다.

청은 8월 1일 주일 공사 여서창黎庶昌이 보낸 전보를 통해서 군란의 발생과 일본이 군함을 파견한 사실을 알게 되었다. 이때 조선 정부는 임오군란을 진정시키기 위해 청

---

8 1836~1915. 일본의 정치가로 메이지 유신 때부터 재정, 외교 분야에서 활동했으며, 천황으로부터 원로로 지명되었다. 하지만 동료인 이토 히로부미, 야마가타 아리토모와는 다르게 총리대신을 지낸 적이 없었다.

에 파병을 요구했다. 이홍장은 모친상을 치르고 있었으므로 북양대신 대리인 장수성張樹聲이 마건충과 군함 3척을 파견했다. 이어서 마건충으로부터 사건의 주모자인 대원군을 체포하고 군란을 진압해야 한다는 의견을 받고, 오장경吳長慶이 지휘하는 회군淮軍을 파견했다.

사건이 일어난 후 청이 바로 육해군을 파견하는 기민한 대응을 취한 사실은 일본 정부로서는 예상 밖의 일이라서 큰 충격을 받았다. 더욱이 여 공사가 조선은 속국이며 이번 사건에 관해서 청이 조선을 조사하고 캐물어 사건의 처리를 맡겠다고 통고하자, 일본 정부는 청이 속국론을 주장하며 조일의 교섭에 개입할 경우 청일 간의 직접적 대결은 피할 수 없다고 생각해 한때는 대청 개전을 결의했다. 실제로 교섭 결렬에 대비해서 야마가타 아리토모山縣有朋[9]가 후쿠오카福岡에서 혼성 여단을 편성했을 정도였다. 그러나 곧 청이 일본과의 대결을 고려하지 않는다는

---

9 1838~1922. 일본의 군인, 정치가로 메이지 유신에서 활약했고 이후 육군대신, 내무대신 등을 거쳐 총리대신을 두 번 맡아 군사, 행정 등의 개혁을 지도했다. 청일전쟁 때에는 제1군 사령관으로 활동해 원수 칭호를 받았고, 러일전쟁 때에는 육군 참모총장으로 전쟁을 지도했다. 천황으로부터 원로로 지명되어 1922년에 사망할 때까지 큰 영향력을 발휘했다. 보수적, 제국주의적 성격으로 인해 부정적 평가를 많이 받았는데, 한편으로는 현실주의 정치가로서 긍정적으로 평가하는 의견도 있다.

사실이 밝혀지자, 일본 정부는 청에 대해 취했던 대결 자세를 바꾸어 유연한 교섭 노선으로 전환했다.

하나부사 공사는 8월 10일 시모노세키下關를 떠나 12일 인천에 도착, 8월 16일 군을 거느리고 한성에 들어와 20일 국왕 및 대원군과 회견했다. 이날 일본 측 요구를 제시하고 3일 이내에 회답할 것을 요구했다.

한편 청은 8월 20일 오장경의 군대가 인천에 도착해 한성으로 향했다. 마건충은 하나부사와 회견해 청은 일본과 개전할 의도가 없음을 강조하고 군란 평정과 국왕 집정으로 되돌리는 것이 목적이라고 말했다. 나아가 26일에는 일련의 사건의 실질적 책임자로 간주된 대원군을 구속해 톈진으로 연행했다.

대원군을 연행한 뒤 마건충은 조선 정부에 일본 측 요구를 받아들이는 형태로 하나부사 공사와 교섭하도록 지시했고, 이어서 오장경 휘하의 원세개袁世凱[10]와 협의해서

---

10 1859~1916. 중국 청 말 중화민국 초의 군인이자 정치가로 원래는 과거에 응시했지만, 합격하지 못해 회군에 입대했다가 조선에 건너와서 임오군란과 갑신정변 진압에 간여해 두각을 나타냈다. 중국으로 돌아간 후에는 총리대신 등을 맡았으며, 막강한 군사력을 배경으로 권력을 유지했다. 신해혁명(1911년)이 일어나자 청나라의 실권을 장악한 후 혁명군과 협상해 1912년 선통제宣統帝를 퇴위시키고 청나라를 멸망시켰다. 중화민국 대총통에 오른 원세개는 그 후 스스로 황제를 칭했으나, 이를 반대하는 혁명 운동이 확산되고 열강도 부정적인 태도를 취하면서 황제 제도 부활을 포기해야 했다.

군란을 평정했다. 청의 개입으로 다시 대원군에서 고종으로 권한이 돌아왔으며, 민씨 정권이 부활하자 죽은 것으로 알려졌던 민비도 왕궁으로 돌아왔다.

임오군란이 진정된 후, 8월 28일 조일 교섭이 재개되어 30일에는 제물포조약濟物浦條約과 조일수호조규속약朝日修好條規續約이 체결되었다.

제물포조약을 통해서는 군란 주모자를 처형하고, 일본인 피해자의 장례를 거행하고, 일본인 피해자의 유족과 부상자에게 보상금 5만 엔을 지불하고, 일본에 배상금 50만 엔을 지불하고, 공사관 보호를 위한 일본군의 한성 주둔을 허용하고, 사죄 사절을 일본에 파견하기로 정했다. 또한 조일수호조규속약을 통해서는 개항장(부산, 원산, 인천)의 유보 구역 확대, 한성 남쪽에 있는 양화진楊花鎭의 개시開市, 일본 외교관의 내지內地 여행권을 조선으로부터 인정받았다.

일본 측도 어느 정도 권익을 확대했으나, 대군을 보내 훌륭하게 병란을 진압한 청은 조선에 대한 종주권을 더욱 강화했다. 오장경이 이끄는 3,000명의 회군은 임오군란 후에도 조선에 머물렀고, 원세개의 지휘 아래 조선군이 개편되었다. 무역 면에서는 조청상민수륙무역장정朝淸商民水陸貿易章程을 체결해 양국은 종래의 조공 무역과 국경 무역에 새로이 개항장 무역을 추가하게 되었다.

이 장정에서 중요한 것은 그 전문에 조선이 청의 '속방'이라고 명기된 사실이다. 또 양국은 서로 개항장에 상무위원을 파견하나, 조선에 주재하는 청의 상무위원에게만 영사 재판권이 인정된다는 불공평한 내용이 포함돼 있어 사실상 서구적 불평등조약이라고 할 수 있었다. 청은 조선에 대해서 종주권을 강화함과 동시에 불평등조약을 강요한 것이다.

나아가 조선 측 요구에 응해서 이홍장이 추천하는 외교 고문으로 독일인 파울 게오르크 폰 묄렌도르프^{Paul Georg von Möllendorff}와 마건충의 형인 마건상^{馬建常}이 파견되었다. 대원군이 폐지한 통리기무아문을 대신해서 외교를 관장하는 통리아문^{統理衙門}(나중에 통리교섭통상사무아문^{統理交涉通商事務衙門}으로 개칭)과 내정을 관장하는 통리내무아문^{統理內務衙門}(나중에 통리군국사무아문^{統理軍國事務衙門}으로 개칭)을 설치해 이곳에 개화파 인물을 기용했다.

갑신정변 — 급진 개화파의 쿠데타 실패

서구나 청, 일본과의 관계가 깊어지자, 조선에 서구 문명을 받아들여 국내를 개혁하자는 개화파 지식인들이 나타났다. 김옥균^{金玉均}, 박영효^{朴泳孝}, 홍영식^{洪英植}, 서광범^{徐光}

範, 김윤식 등은 한성의 명문 관료의 자제로, 그들 중에는 1880년대에 민씨 정권이 개국·개화 정책을 취할 때 정부의 실무를 담당해 외교 사절로서 일본이나 미국으로 파견된 자도 있었다. 임오군란 이래 청국의 종주권이 강화되자 이에 반대해 청의 영향력을 배제하려고 하는 김옥균, 박영효 등의 급진 개화파와 청과의 종속 관계를 유지하면서 점진적으로 개혁을 추진하고자 갑신정변甲申政變에 참가하지 않은 김홍집金弘集, 김윤식, 어윤중魚允中 등의 온건 개화파로 나뉘었다.

청은 베트남을 둘러싸고 1883년부터 프랑스와 전투 상태에 들어갔고 1884년 4월에는 조선에 주둔한 회군의 반절이 청불전쟁을 대비해 철수했으며, 8월 말 프랑스에 선전 포고를 했다. 조선에서는 임오군란 때 청으로 연행된 대원군이 곧 귀국한다는 소문이 퍼졌다. 이러한 정세에 동요한 조선 국왕 고종은 일본에 접근했다. 이 시기에 일본은 프랑스로부터 청에 대항하기 위해 동맹을 체결하자는 권유를 받았다. 그러나 일본은 이에 응하지 않았고 계속 중립 방침을 취했다.

그렇지만 청불전쟁이 진행되자 일본 외무 당국의 대조선 외교는 조선에 대한 청의 영향력 배제를 의도하는 것으로 미묘하게 변화했다. 다케조에 신이치로竹添進一郎 공사는 1884년 10월 30일 한성으로 돌아온 뒤 기존 입장을 바꾸어 대조선 적극 정책을 시행했다. 급진 개화파에 접근함과 동시에 대청 전쟁을 공연히 말하는 등 조선 정부 내의 친청파를 위협하기도 했다.

그해 12월 4일 김옥균, 박영효 등의 급진 개화파는 우정국郵政局(중앙 우편국) 개국 기념 축하회를 기회로 삼아 쿠데타를 일으켰다. 그들은 축하회에 출석했던 민씨 정권의 최고 유력자인 민영익閔泳翊을 습격했고, 국왕을 창덕궁昌德宮에서 경우궁景祐宮으로 옮기게 했으며, 다케조에 공사에게 일본 공사관 경비병을 출병시킬 것을 요구했다. 그리고 급진 개화파는 급보를 듣고 경우궁으로 달려온 민씨 정권의 유력자를 살해하고 다음 날인 5일에 국왕 고종을 받들어 신정권을 수립, 6일에 정치 강령을 공포했다.

이에 대해 원세개는 조선 정부에 청군 파병을 요청하게 해서 반격으로 전환, 신정부를 공격해 일본군을 격파했다. 김옥균은 국왕을 개항장인 인천으로 옮기고 일본군의 지원이 오는 것을 기다릴 것을 주장했으나, 다케조에가 이에 응하지 않고 한성을 탈출해서 인천으로 도망쳐 급진 개화파의 쿠데타는 실패했다. 이 사건을 갑신정변이라고 부른다. 김옥균과 박영효는 일본으로 망명했고, 한성에 남은 홍영식 등은 살해당해 조선 국내에서는 청으로부터 독립을 지향한 급진 개화파의 세력이 소멸되었다. 이때 일본 군인과 일본인 거류민 30여 명이 살해되었고 공사관도 소실되었다.

갑신정변의 발생과 실패를 안 일본 정부는 사태를 중대히 여겨 이노우에 가오루 외무경을 특파 전권 대사로 파견했다. 이노우에는 다케조에 공사가 폭주해서 조선의 내정에 간섭한 사실은 은폐하고, 일본 측이 정변의 피해자라는 사실을 조선으로 하여금 인정하게 하고 사죄와 배상을 요구했다. 1885년 1월[11] 일본 공사관이 소실되고 일본인이 살해된 사실을 조선 정부가 사죄하고 보상할 것을 내용으로 한 한성조약漢城條約이 조선과 일본 사이에 체결되었다.

조슈파와 사쓰마파의 대립

갑신정변은 청과의 무력 충돌을 초래했기 때문에 일본과 청 사이의 교섭이 필요했다. 쿠데타가 실패함에 따라 조선에서는 친일파 세력이 무너졌고, 청군이 한성을 제압했다.

사건에 대한 대처와 청일 양국 관계의 재구축에 대해

---

11 음력으로는 1884년 11월에 해당된다.

일본 정부 내에서는 이전부터 존재했던 조선 문제에 대한 두 가지 대외 노선이 대립했다.

하나는 대조선·대청 개전은 극력 회피하고 평화적 해결을 꾀하면서 청이 조선을 실질적으로 지배하는 것을 저지해 갑신정변 이전의 상태로 복귀시키자는 주장이었다. 이것은 예전부터 대외 정책을 주도해온 이노우에 외무경이나 이토 히로부미伊藤博文 궁내경[12] 등 조슈[13]파의 주장이었다.

또 하나는 대청 개전을 두려워하지 말고 강경한 방침을 취해야 한다는 주전론이었다. 강경론의 주창자들의 중심은 다카시마 도모노스케高島鞆之助, 가바야마 스케노리樺山資紀, 니레 가게노리仁禮景範, 노즈 미치쓰라野津道貫 등 육해군 내의 사쓰마[14]파였다. 갑신정변의 근본 원인은 조선의 정쟁이 아니라 일본과 청의 대립에 있으며, 대만 출병 이래 청의 대일 감정은 악화되어 이제 개전은 피할 수 없고 시간이 갈수록 군사력 면에서 청 측이 유리해지기 때문에 지금이 개전을 할 기회이며 교섭은 무의미하다는 것이 그

---

12 황실 관계의 업무를 관장하는 관청으로 태정관제에서는 궁내경이 장관이었지만, 내각제도가 시행되자 궁내대신(약칭 궁상宮相)으로 불렸다. 현재의 궁내청 장관.

13 지금의 야마구치 현이다.

14 지금의 가고시마 현이다.

들의 주장이었다.

그러나 그들은 차관급이나 그 이하의 중견층이라 정책 결정에 참여할 수 없는 입장이었다. 또한 다카시마 등만큼 극단적이지 않으나 사쓰마파 장로인 사이고 쓰구미치西鄕從道[15], 가와무라 스미요시川村純義 등은 주전론자였다. 한편 사쓰마파의 영수인 구로다 기요타카黑田淸隆[16]의 입장은 애매했으며, 긴축 재정을 추진하던 마쓰카타 마사요시松方正義[17] 대장경[18]은 주전론에 반대했다. 이렇듯 갑신정변에 대한 대응에서도 사쓰마파는 응집력이 부족해 정치력에서는 조슈파에 뒤처졌다.

그러나 다케조에 공사의 치졸한 내정 간섭의 결과로 발생한 갑신정변 및 정변의 실패는 조선 정책을 담당해온 이노우에, 이토 등 조슈벌의 대실책이었으며, 그랬기 때

---

15 1848~1902. 일본의 군인이자 정치가로 1차 대만 원정에서 활약했고, 이후 해군대신 등으로 활약했으며 천황으로부터 원로로 지명되었다. 정한론자인 사이고 다카모리西鄕隆盛의 동생이다.

16 1840~1900. 일본의 군인이자 정치가로 메이지 유신 때 활약했고 이후 총리대신을 맡았으며 천황으로부터 원로로 지명되었다. 음주 폭력으로 안 좋은 평가를 받았다.

17 1835~1924. 일본의 정치가로 재정 분야에서 활동했고, 총리대신을 역임했으며 천황으로부터 원로로 지명되었다.

18 재정을 담당하는 대장성大藏省의 장관으로, 내각제도가 시행되자 대장대신(약칭 장상藏相)이 되었다. 참고로 대장大藏은 고대 야마토 조정의 조정 물자를 관리하는 창고를 가리키는 단어이다.

문에 사쓰마파의 발언력이 커졌다. 더군다나 여론은 대조선·대청 강경론이 지배적이었고, 대청 개전 열기를 부추긴 민간의 호전적 언론도 사쓰마파와 주전론자의 뒤를 받쳐주었다.

그 결과 청과의 교섭에 임하기 위해 결정된 정부의 대청 요구 항목은 조선에서 청일 양군의 철수 등 청의 거부가 예상되는 강경한 내용이었고, 나아가 청이 청일 양군의 철수를 거부하면 전쟁을 치르기로 정해졌다.

갑신정변의 결과, 청의 군대가 이기고 일본의 세력이 쫓겨난 상태에서 진 쪽인 일본이 청일 양군의 동시 철수를 주장하기에는 무리가 있으며 교섭이 결렬될 가능성이 높았다. 사쓰마파가 대청 교섭을 개전으로 향하는 과정으로 평가하는 가운데, 이노우에 외무경과 대청 교섭을 담당한 번벌 정부의 수뇌인 이토 히로부미는 힘든 입장에 서게 되었다.

텐진조약과 일본, 청, 영국의 협조 체제

3월 14일 특사로 텐진에 도착한 이토 히로부미는 힘든 교섭을 예상했으나, 평화로운 해결을 바라는 영국이 사전에 청을 설득한 점도 있어 이홍장과의 교섭에서 양국의 철군 합의가 실현되었다. 종속 관계에 관계되는 조선에 대한 재파병 문제에서는 대립이 이어졌지만, 최종적으로는 양국이 서로 조선에 대한 재파병권을 인정하고 군대를 철수시키기로 합의가 성립, 1885년 4월 이 교섭 내용들을 기록한 톈진조약이 성립되었다. 전쟁은 회피되었고, 일본 국내에서는 조슈파의 정국 주도가 유지되었다.

한편 톈진조약이 성립된 것과 같은 시기에 조선 남부의 거문도를 영국이 점령하는 사건이 발생했다. 일본 정부 내에서는 세계 규모의 영국-러시아 대립Great game이 극동에 파급되어, 영국의 거문도 점령에 대항해서 러시아가 조선으로 남하하는 것이 아니냐는 불안감이 커졌다. 그 결과 일본 정부의 조선 정책의 제1목표가 청 세력의 확대 저지에서 러시아의 조선 침략 저지로 전환되었다. 그렇게 되자 러시아와 대항하기 위해서 청과 제휴할 필요가 발생해 일본은 청이 (조선의) 종주국임은 인정하지 않지만, 어느 정도의 범위 내에서는 조선에 대한 청의 영향력 강화를 묵인하게 되었다.

거문도 점령 직후인 1885년 6월 이노우에 외무경이 청국 측에 제기한 '변법變法 8개조'는 청일이 협의한 다음 청의 주도 아래 조선 정부를 개혁해 러시아 세력의 침투를 저지하는 것을 노린 것이었다. 이 제안은 청의 동의를 얻을 수 없었으나, 조선에서 청이 우위라는 현실을 전제로 하여 청과 협조하는 조선 정책을 제시한 것으로 일본 측의 정책 전환을 상징하는 것이었다.

이상과 같이 임오군란(1882년)과 갑신정변(1884년) 시기에 청과 일본 사이에는 조선에서 무력 충돌을 포함한 심한 대립이 발생했으나 1885년 4월 톈진조약의 성립과 거문도 사건 이후 러시아에 대항하기 위해 일본 정부는 청과 협조하는 방침을 제기했고, 영국도 이를 지지했다. 이것은 조선에서 영향력을 유지함과 동시에 대일전을 회피하는 것을 대조선 정책 방침으로 삼은 청의 외교 담당자 이홍장에게도 환영할 만한 일이었다. 이 조약의 결과 1885년에 성립한 영국을 추가한, 조선에서 청일의 협조 체제는 청일전쟁 개전까지 약 10년에 걸쳐 이어졌다.

극동 러시아 ─ 이미지와 실상

이노우에 외무경은 러시아 위협론을 강조하는 것으로 조선 문제에 대한 일본, 청, 영국의 협조 체제 구축을 제기했으나 러시아의 위협은 정말로 존재했던 것일까? 이 문제에 대해서는 러시아 측의 의도와 능력 양면에서 따져볼 필요가 있는데, 결론적으로 말하자면 1885년 단계에서 러시아가 조선을 획득할 의도와 능력이 있었다고 생각하기는 어렵다.

1888년 5월 8일, 러시아 황제의 명령을 받고 프리아무르 총독(바이칼 호수Lake Baikal 동쪽에 있는 극동 러시아령 전체를 관할하는 직책)인 시종무관장 안드레이 니콜라예비치 코르프Andrey Nikolayevich Korff 남작과 러시아 외무성 아시아 국장 이반 알렉세예비치 지노비예프Ivan Alekseevich Zinoviev 사이에 조선 문제에 관한 특별 회의가 열렸다. 그 결론은 "조선을 획득하는 것은 우리에게 아무런 이득도 약속하지 않을 뿐만 아니라, 반드시 매우 불리한 결과를 가져다줄 것이다"라는 판단이었다.

그 판단의 근거로 다음 세 가지 이유를 들고 있다. ① 조선 획득에 따른 경제적 이익은 장래에는 모르지만, 현 단계에서는 적다. ② 조선을 획득하면 중요한 전략적 기지가 될 가능성은 있으나, 그 방위는 프리아무르 군관구의 한정된 군사 능력으로는 너무 무거운 짐이다. ③ 조선 획득은 일본, 청, 영국과의 관계에 손상을 입힌다. 그리고 러시아 측이 취해야 할 대응으로서, 갑신정변 실패로 조선에 대한 개입을 삼가고 있는 일본 정부와 협조해 조선의 현상 유지에 노력해야 한다고 결론을 지었다.

이 1888년의 특별 회의는 조선 문제에 관한 러시아 정부의 국가 의사를 확정한 것이다. 러시아 정부의 의도는 조선의 현상 유지를 제일 우선 과제로 삼고, 그 과제를 일본을 비롯한 관계 각국과의 협조를 기초로 삼아 실현하자는 것이었다. 1888년의 자료를 분석해서 1885년의 러시아 정부의 의도를 추정하는 것에는 일말의 불안이 있으나, 이외의 관계 자료를 보더라도 역시 1885년 단계의 이노우에 외무경을 필두로 하는 일본 정부 내의 러시아 위협론은 근거가 박약해서 일본 측이 지나치게 염두에 둔 것이었다.

더군다나 이 시기의 러시아가 대일 협조 노선을 일관되게 채택한 이유로는 '지정학'적인 근거가 있다.

19세기에 들어서자 러시아는 지시마 열도千島列島, 사할린, 아무르Amur강[19] 하구로 진출을 시도했고, 1858년 아이훈조약愛琿條約과 1860년 영불 연합군의 베이징 점령을 기회로 삼아 맺은 베이징조약으로 아무르강 이북과 연해주를 손에 넣었다. 1860년 연해주에 블라디보스토크를 건설했고, 1871년에는 극동 경영의 중심을 아무르강 하구의 니콜라예프스키Nikolayevsk-on-Amur에서 블라디보스토크로 옮겼다.

1854년 크림전쟁이 계속되는 가운데 니콜라이 니콜라

---

19 한자로는 흑하, 흑룡강 등으로 표기한다. 근대 일본의 우익 단체 흑룡회黑龍會가 이 강의 이름을 따서 만든 것이다.

예비치 무라비요프Nikolay Muravyov-Amursky 동시베리아 총독이 아무르강 하구까지 항해하며 러시아의 극동 식민이 시작되었다. 같은 때 예핌 바실리예비치 푸차친Yevfimiy Putyatin 제독은 에도 막부와 교섭해서 1855년 러일 화친조약을 맺었다. 유럽 러시아에서 극동으로 이민하는 메인 루트는 1854년부터 사반세기 동안 시베리아 가도를 육로 편으로 동진하고, 배나 뗏목을 타고 아무르강을 내려가는 것이었다. 그러나 1870년대 말부터 러일전쟁이 시작되기 전까지 다음 사반세기에는 남해 항로, 즉 흑해의 오데사 항구에서 수에즈 운하, 아덴, 싱가포르, 홍콩, 나가사키를 경유해 블라디보스토크에 이르는 이민 루트로 극동에 도달했다. 그리고 남해 항로는 이민뿐 아니라 유럽 러시아와 극동 러시아를 연결하는 메인 루트가 되었다.

이러한 가운데 일본, 그중에서도 하코다테函館와 나가사키는 러시아의 극동 경영에 불가결한 존재가 되었다. 특히 나가사키는 러시아 선박의 기항지이자 보급 지역이었고, 그와 동시에 나가사키를 경유해서 식량, 일용품, 일본산 석탄이 블라디보스토크나 뤼순旅順(1898년 이래)에 공급되었기 때문이다. 나가사키로부터는 물자뿐 아니라 다수의 가라유키상からゆきさん(규슈, 특히 시마바라島原 아마쿠사天草 지방 출신의 매춘부)이 블라디보스토크와 시베리아로 향했다.

동계 기간인 4개월 동안은 나가사키만 안쪽의 이나사稻佐 앞바다가 블라디보스토크를 모항으로 하는 러시아 태평양 소함대의 정박지가 되어 이나사에는 수병을 위한 유곽이 존재했으며 러시아 장교의 일본인 아내들이 거주하는 '러시아촌'이 만들어지는 양상을 보였다.

러시아와의 관계가 깊어짐과 동시에 러시아계 주민의 수가 늘어 1900년경 조사에서는 나가사키 주재 외국인 중에서 러시아계 주민(다수의 유대인을 포함)이 중국인 다음가는 숫자를 자랑했다. 이렇듯 러시아의 극동 경영은 일본을 제외하고는 성립하지 않았으며, 그 결과로서 러시아의 정책은 대일 협조를 기축으로 삼고 있었다.

2. 일본과 청의 군비 확장

청의 군비 근대화 ― 회군의 팽창

일본과 중국에서는 모두 1870년대부터 근대적 군대가 건설되기 시작되어 1880년대에 본격화되었다. 이하 양국의 근대적 군대 건설 과정과 특색을 한 걸음 앞서 근대적 군대 건설에 착수한 청, 그리고 일본의 순서로 살펴보기로 하자.

청의 정규군은 팔기八旗와 녹영綠營이었다. 팔기는 청 태조 누르하치가 정한 군사·사회 조직으로, 전군을 깃발 색으로 구분한 8군으로 나누어(황·백·홍·남의 4색과 4색 기에 녹색을 넣은 깃발로 합계 8기) 모든 만주인 성인 남자를 팔기에 소속되게 했고 각 군에는 7,500명을 배속했다. 나아가 태종 홍타이지 시대에 몽고 팔기蒙古八旗, 한군 팔기漢軍八旗가 조직되었다. 청이 중국 본토로 침입하자 팔기는 팽창했으나 그럼에도 병력이 부족해 투항한 옛 명군을 바꾸어 녹영으로 만들었고, 녹영이 청의 정규군의 중심이 되었다.

그러나 이들 정규군은 점차 유명무실하게 되어, 18세기 말부터 19세기 중기에 발생해 청조를 뒤흔든 대규모 반란(백련교도白蓮敎徒의 반란, 태평천국太平天國, [태평천국과 같은 시기에 화북에서 발생한] 염군捻軍의 반란)을 진압할 수가 없었다. 그래서 청 정부는 각 지방의 유력자에게 명령해 임시로 군대를 모으게 해서 반란에 대항하게 했는데, 이것이 향용鄕勇이다. 1850년부터 1864년까지 이어진 태평천국의 반란 때에는 관료이자 학자인 증국번曾國藩[20]이 고향인 후난성湖南省에서 조직한 상용湘勇(상군)이 활약했고, 이어서 좌종당左宗棠[21]과 이홍장이 각각 초군楚軍과 회군을 조직한 사실이 알려져 있다. 이들 향용 중에는 서구의 무기나 조직, 훈련을 받아들여서 근대적 군대의 형성으로 이어지는 경우가 있었다.

---

20 1811~1872. 청 말의 정치가. 태평천국운동이 발생하자, 모친상으로 일시 낙향한 몸으로 상군을 조직해 태평천국을 진압하는 데 큰 공을 세웠다. 이후 양무운동을 추진했다. 이홍장의 스승이다.

21 1812~1885. 청 말의 정치가. 태평천국운동을 진압하는 데 공을 세웠고, 신장의 위구르족의 봉기를 진압했다. 해방·새방 문제에서는 해방을 주장하는 이홍장과 달리 새방을 중시해 대립했다.

그중에서도 증국번의 명령을 받은 이홍장이 조직한 회군은 그 대표적 사례이다. 안후이성安徽省 허페이合肥 출신인 이홍장은 충왕忠王 이수성李秀成이 지휘하는 태평천국군에게 포위당한 상하이上海를 구원하기 위해 1862년 허페이 주변의 단련團練(지방 유력자가 조직한 민병) 지휘자인 반정신潘鼎新, 오장경, 유명전劉銘傳, 주성전周盛傳 등을 부하로 받아들이고 회군을 조직했는데, 그들 중에는 태평천국군과 관계가 있던 자도 포함되어 있었다. 회군의 규모는 당초에는 이홍장이 모집한 2,500명과 상군에서 온 분견대 3,000명, 합계 5,500명이었다. 결성 직후, 상하이로 이주하자 풍부한 재원과 최신형 무기를 획득해서 근대화함과 동시에 규모를 확대해서 태평천국 평정에 공적을 세웠고, 그 후 염군 진압을 맡았다.

1870년 톈진교안天津教案(톈진에서 발생한 그리스도교도 배척 문제) 이후 이홍장은 스승인 증국번을 대신해서 직례直隸 총독, 북양대신에 취임했다. 그와 함께 회군의 주력은 톈진으로 이동했다. 이홍장은 소총, 탄약을 생산하는 공장을 지배 지역인 상하이, 난징南京, 톈진에 건설함과 동시에 독일에서 신형 무기를 구입했고, 훈련도 독일의 군인 콘스탄틴 알렉산더 폰 하네켄Constantin Alexander von Hanneken 등의 군사 교관을 고용해 실시했다. 나아가 육군 장교 양성을 위해 톈진무비학당天津武備學堂을 1885년에 세웠다.

1880년경에는 이홍장이 가진 회군의 규모가 10여만 명으로 확대되어 청에서 최대의 군사 세력이 되었고, 임오군란 이후에는 한때 조선에 오장경의 군대가 주둔했다. 회군의 사례처럼 중국에서는 지방의 향용 조직이 근대적 군대로 전환하기 시작했고 그것을 중앙 정부가 인지했다. 이 점이 중앙 정부가 주도해서 징병제 군대를 만든 일본과 크게 다른 점이다.

북양 해군의 근대화

육군보다 해군의 정비가 먼저 시작되었다. 1860년대에 복건福建 해군이 만들어졌고, 일본의 대만 출병과 류큐 처분을 계기로 1870년대에 해방 문제海防問題[22]가 중시되자 1875년 북양 해군과 남양 해군의 건설이 시작되었다. 청불전쟁에서 복건 해군과 남양 해군이 프랑스 함대의 공격을 받아서 큰 타격을 입었고 각 해군의 지휘 계통이 통일되지 않은 것이 패인의 하나로 지목되자, 1885년 베이징에 각 해군을 통괄하기 위해 해군아문海軍衙門이 설치되었

---

22 1870년대에 청에서 국방 논쟁이 벌어졌다. 대만 출병으로 인해 일본에 대해 경계심을 품게 된 이홍장은 국방의 중점을 연해 지방에 두자고 주장(해방)했고, 반대로 좌종당은 내륙 변경 지방에 두자고 주장했다(새방塞防).

으나 각 해군을 통합할 수는 없었다.

북양 해군은 북양대신 이홍장의 책임 아래 건설된 청 최대의 해군이었다. 사령관은 이홍장의 지배 아래 있는 정여창丁汝昌 제독으로, 그는 원래 태평천국군에 속했으나 투항해서 상군, 이어서 회군의 군인이 되었고 북양 해군이 창설될 때에 해군으로 소속을 바꾸었다.

북양 해군의 주력함은 1881년 독일에 발주한 정원定遠과 진원鎭遠으로 7,000톤급 장갑함에 구경 30센티미터의 주포와 15센티미터의 부포를 탑재한 동양 제일의 강력한 군함이었다. 독일에서 회항한 두 함이 1885년에 취항하자, 이듬해 북양함대는 조선, 러시아의 블라디보스토크, 일본의 나가사키를 방문해 위세를 보였는데 나가사키에서는 상륙한 수병과 일본 경찰 사이에 난투 사건이 발생하기도 했다(나가사키 청국 수병 사건長崎淸國水兵事件).

그 이외의 주요 함정으로 독일에서 건조된 제원濟遠(2,300톤)과 경원經遠·내원來遠(2,900톤), 영국에서 건조된 치원致遠·정원靖遠(2,300톤) 등의 장갑포함과 순양함을 보유했고 모두 구경 21센티미터와 15센티미터의 우수한 크루프포를 탑재하고 있었다. 1891년에 정원·진원과 이들 순양함이 갖춰지자 정여창 제독이 지휘하는 북양함대는 다시 나가사키를 방문해서 위세를 보였다.

임오군란 이후 일본의 군비 근대화

일본에서는 1873년 징병령徵兵令 공포와 함께 징병제로 구성된 근대적 군대가 탄생한다. 국내의 치안 유지를 주된 목적으로 발족했지만, 1880년대 군비 확장으로 인해 청일전쟁 직전에는 대외 전쟁에 대응할 수 있는 군대로 성장했다.

1877년 발발한 세이난전쟁이 끝난 이후, 마쓰카타 마사요시 대장경이 시행한 긴축 재정(마쓰카타 재정松方財政) 아래의 일본 육해군은 소규모 상태 그대로였다. 그렇기 때문에 일본의 군사력은 임오군란이 발생한 1882년 단계에서는 먼저 군사력의 근대화를 시행하고 있던 청에 비교하면 약체였다.

임오군란 때 육군의 상비병 수는 1만 8,600여 명에 지나지 않았고, 예비역병 2만 7,600여 명을 포함하더라도 4만 5,000명 정도였다. 부족한 병력을 보충하기 위해 세이난전쟁과 똑같이 경찰청 순사를 동원하는 것[23]이 검토되었으나, 회군만 해도 10만이 넘는 병력을 가진 청과 싸우

---

23 1877년의 세이난전쟁에서 사족 출신인 반란군과 벌인 백병전에서 경험이 부족한 징병된 병사들이 밀리자 사족 출신들을 징병해 대응하자는 의견이 나왔지만, 징병제 추진자인 야마가타 아리토모 등의 반대로 사족 출신들을 경찰로 채용해서 반란군과 싸우게 했다.

는 것은 곤란했다. 해군은 24척, 2만 7,000톤으로 소형함과 구식함을 포함해 전력은 낮았다. 이때 대청 개전을 주장하는 강경파가 존재한 사실은 앞서 말했지만, 그들의 주장을 냉정하게 생각하면, 이 병력으로 정공법을 통해 청과 싸워 이길 수 있다고 생각한 군인은 애당초 많지 않았다.

임오군란은 청과의 군사력 격차를 실감하게 해서 일본 정부로 하여금 군비 확장을 선택하게 하는 원인이 되었다. 1882년 8월 15일 야마가타 아리토모 참의(참모본부장 겸무)는 '육해군 확장에 관한 재정 상신'을 각료 회의에 제출해 이웃 나라 청에 대비하기 위해 해군은 군함 48척을 정비하고, 육군은 상비병의 정원 4만 명을 충족하는 것이 필요하며, 이를 위한 재정 처치를 단행할 것을 주장했다. 육군의 대표자인 야마가타가 해군의 군비 확장을 첫 번째 과제로 든 이유는 당시 정부 수뇌 사이에서 임오군란 때의 해군력 열세를 만회하기 위한 해군 군비 확장이 필요하다는 공통된 인식이 있었기 때문일 것이다.

각의에서 군비 확장 방침이 결정되자, 오야마 이와오ㅊ 山巖[24] 육군경과 가와무라 스미요시 해군경은 1883년부터

---

24 1842~1916. 일본의 군인이자 정치가로 청일전쟁, 러일전쟁에서 활약했으며 천

1890년에 이르는 8년 동안의 군비 확장 계획을 산조 사네토미三條實美 태정대신太政大臣[25]에게 제출했고, 이를 산조로부터 받은 마쓰카타 마사요시 대장경은 12월 26일부로 증세에 의한 군비 확장 비안을 태정대신에게 상신했다.

이것은 주조세·연초세 등의 증세를 통해 연간 750만 엔의 세금을 더 거두어들여서 군함 제조비로 매해 300만 엔, 육군 병력 증가비로 매해 150만 엔, 그 외 군함 유지비와 포대 건설비로 지출하자는 것이며 각의의 승인을 받았다. 이후에도 육군은 다시 군비 확장 증액을 요구해 1883년 1월과 6월 2회에 걸쳐 증액을 받아냈고, 그렇게 해서 육군 군비 확장비는 1884년 200만 엔, 1885년 이후에는 매해 400만 엔이 되었다. 이와 동시에 해군도 군함 제조비의 대폭 증액과 군함 제조 기간의 단축을 요구했다.

그러나 이 군비 확장 계획은 재정상 무리였다. 육군과 해군이 앞다퉈 예산 획득에 노력했기 때문에 조세 수입이 상정한 그대로라도 어려움이 예상되었는데, 마쓰카타 디플레松方デフレ가 심각해지면서 조세 수입, 특히 주조세와 연초세의 세수가 줄어들자, 1886년도 예산 편성은 난항을

황으로부터 원로에 지목되었다.

25 메이지 유신 이후 시행된 태정관제에서 최고 기관인 태정관의 수장으로 1885년에 내각제도가 시행되면서 폐지되었다.

겪었다.

마쓰카타 대장경은 재정 위기를 극복하기 위해, 긴축 재정 방침을 굳게 지지한다는 점에서 이노우에 가오루나 이토 히로부미와 공동보조를 취했다. 또 그들은 기능 부전을 일으키고 있던 태정관제에서 내각제로 이행(1885년 12월)을 지향함과 동시에 외교 정책으로 대청 협조 정책을 주장, 군비 확장 계획의 축소와 재편성에 따른 경비 삭감을 지향했다.

우선시된 해군의 군비 확장

1883년 시작된 군비 확장 계획에서는 해군력에서 우위에 선 청에 대항하기 위해 해군이 우선시되었다. 그런데 해군 내부에서 어떠한 군함을 정비해야 하느냐로 논의가 들끓었다. 청 함대에 대항해 일본 근해에서 방어 작전을 취할 것인가, 공세 작전을 취할 것이냐는 대립이었다.

해군의 함선 정비를 담당한 아카마쓰 노리요시赤松則良 해군 주선主船국장[26](막부 신하 출신, 해군 전습소 출신으로 간린마루를 타고 미국에 갔으며 에노모토 다케아키榎本武揚[27], 니시 아마

---

[26] 해군성 예하의 함정 건조, 무기 제조에 관한 사무를 관장하는 부서장. 나중에 함정국, 해군 함정본부로 이름이 바뀌었다.
[27] 1836~1908. 일본의 외교관, 정치가. 원래는 막부 말기에 네덜란드 유학을 다

청일전쟁 당시 극동 지역 각국 해군력의 비교

	개전 당시		증견 함대와의 합계		비고
	군함 수	총톤수	군함 수	총톤수	
청	82 (25)	85,000	-	-	그러나 청일전쟁에 참가한 것은 22(12)척, 40,000톤
일본	28 (24)	59,100	-	-	
영국	18	41,752	28	86,632	
프랑스	5	10,064	13	30,961	이외에 인도차이나에 12척, 4,000톤
러시아	10 (10)	24,174	21 (12~14)	71,863	
미국	4	8,560	6	14,303	
독일	2	978	9	20,504	
이탈리아	2	20,080	5	10,326	

주: 군함 수 항목의 괄호 안에는 수뢰정의 수가 기입되어 있다.

출처: 청과 일본은 《메이지 27, 28년 일청전사明治二十八年日清戦史》 제1권 59쪽과 67쪽, 영국 이하는 《비밀 일청사건 제상 보철秘密日清朝事件諸状報綴》(방위연구소 전사부 소장, 대출번호 C06060155100)의 〈동양 파견 제국 함선 일람표〉를 기반으로 필자가 수정을 한 후에 작성했다.

네西周[28] 등과 함께 네덜란드 유학)이 1884년 5월에 새로운 조함 계획안으로 예산 범위 내에서 방어 작전을 수행하는 함대의 정비를 제안한 것에 대해, 니레 가게노리 해군 군

녀와서 막부의 해군 사령관이 되어, 보신전쟁에서 패배한 막부 잔당들을 이끌고 홋카이도로 이동해 에조 공화국을 세워 저항했으나 패하고 항복했다. 이후 메이지 신정부에서 외무대신, 문부대신 등을 역임했다.

28 1829~1897. 일본의 관료이자 철학자. 막부 말기에 네덜란드 유학을 다녀왔으며, 메이지 신정부에 들어가서 군인칙유 등의 기초에 관여했다. 유명한 문호 모리 오가이森鷗外의 친척이다.

사부장(사쓰마 출신)은 아카마쓰 방안을 "오로지 후퇴해서 수비만"하는 방책이라며 비판하고 "상대가 쳐들어오는 것을 기다리지 말고 먼저 그들의 해안을 치고 그들의 해군을 꺾기" 위해 정원과 진원을 능가하는 1만 톤급 전함 2척을 주력으로 하는 2개 함대를 편성해야 한다는 공세적인 방안을 주장했다. 물론 공세적인 방안은 이미 정해진 예산 규모를 무시한 생각이었다.

1884년 12월 발생한 갑신정변에 직면하자, 해군 내의 사쓰마파는 대청 개전론을 주장했고 그 중심에 선 사람은 가바야마 스케노리 해군대보와 니레 가게노리 군사부장이었다. 대청 개전론에 흥분한 그들은 작년의 니레안을 배로 늘린 1만 톤급 전함 8척을 주력으로 하는 4함대 정비 계획을 제안했고 그 예산안은 7,500만 엔에 달했다.

이것은 당시 1년 동안의 국가 재정의 총액을 초월한 금액으로, 전년보다 한층 더 비현실적인 계획이었다. 가와무라 해군경이 해군 내부를 조정할 수가 없어서 해군의 군비 확장 계획은 사실상 파탄이 났다.

결국 1886년 프랑스 해군 기술자 루이 에밀 베르탕 Louis-Émile Bertin이 해군 조선 고문으로 초빙되었다. 그는 건조 비용이 드는 대형 전함을 정비하는 것보다 수뢰정, 순양함, 장갑 해방함 등 가격이 싼 함정을 정비해서 침공을 시도하는 적 함대에 대항하는 쪽이 일본에 현실적이라고 주장했다.

그의 의견에 따라서 해군은 4,000톤급의 해방함에 32센티미터 포 1문을 장비, 이것을 3척 건조(삼경[29]함三景艦[이쓰쿠시마厳島, 마쓰시마松島, 하시다테橋立])해서 한 세트로 하고, 정원·진원의 30센티미터 포에 대항함과 동시에 그중 한 척을 요코스카橫須賀 조선소에서 건조해서 세계의 조선 기술을 따라잡으려고 했다. 베르탕은 또 삼경함에다가 순양함과 다수의 수뢰정을 정비하고 구레吳와 사세보佐世保의 해군 공창工廠의 건설도 지도했다. 즉 1886년부터 베르탕이 귀국하는 1890년까지의 해군 군비 확장은 수뢰(어뢰)에 의한 방어를 중시하는 프랑스의 해군 사상을 받아들인 경제적인 방어적 해군 건설이었다고 말할 수 있다.

베르탕이 귀국한 1890년 이래, 해군 측은 1만 톤을 넘는 전함이나 5,000톤급 일등 순양함을 배치해서 베르탕의 지도로 건설한 방어적 해군에 공세적 요소를 덧붙이려고 했다. 그러나 민당民黨이 우위인 중의원衆議院에서는 때때로 해군이 희망하는 건조비가 삭감되었으므로 해군 확

---

29 미야기 현의 마쓰시마 정을 중심으로 하는 다도해, 교토 부 미야쓰 시에 형성된 사취인 하시다테, 히로시마 현의 하쓰가이치 시의 이쓰쿠시마 섬을 중심으로 한 섬 등 세 곳을 가리켜서 일본 삼경日本三景이라고 부른다.

장은 좀처럼 진행되지 않았다.

또 한 가지 문제는 삼경함 중 한 척인 하시다테를 요코스카 조선소에서 건조하긴 했지만, 낮은 기술 수준과 노동자의 숙련 부족 때문에 4,000톤을 넘는 대형 함선을 건조하는 것은 일본에서는 불가능하다는 사실이 밝혀진 점이었다. 그렇기 때문에 전함 후지富士·야시마八島(1만 2,000톤, 30센티미터 포 4문 장비, 1893년 발주, 청일전쟁 후인 1897년 취역)는 영국에 발주할 수밖에 없어 이후 해군 군비 확대가 곧 정화正貨 유출로 이어지는 경제 구조가 탄생했다.

육군, 7개 사단 체제로

1883년부터 육군은 육군 확장비를 사용해서 6개의 진대鎭臺[30]를 6개 사단으로 바꾸고, 근위병을 바꾼 근위사단을 추가해서 7개 사단의 야전군(전시 병력 약 20만)을 운용할 수 있는 체제로 확장하는 계획에 착수했다.

육군 군비 확장 계획은 1개 사단은 보병 4개 연대(보병 2개 여단)를 기간으로 하고 여기에 야포병 연대, 기병 대대, 공병 대대, 탄약 대대, 치중병輜重兵[31] 대대 등을 추가한 편

---

30 일본 군제에서 사단의 전신으로 도쿄, 오사카, 구마모토, 센다이, 히로시마, 나고야에 주둔했다.

31 병참 및 수송을 주로 담당하는 일본 육군의 후방 지원 병과.

제였다. 이 편제를 위해서는 6개 진대의 보병 연대를 14개 연대에서 24개 연대로 늘림과 동시에 약체였던 보병 연대 이외의 부대들을 증강 또는 신설할 필요가 있었다.

1888년 계획대로 평시부터 6개 사단을 설치했으나, 사단 발족 때에는 각 사단에 빠진 부대가 있었으며 또 근위병을 근위사단으로 바꾸는 계획은 1892년에 시행하기로 해 기간이 늦춰졌다. 1893년에는 전 사단의 편성이 거의 완결되었으며 정면 장비는 이미 완성의 영역에 도달했다. 그러나 병참 부문에는 문제가 남아 있어서 훗날 청일 개전 시점에 문제가 많이 발생하는 원인 중 하나가 되었다.

사단에는 평시 편제와 전시 편제가 있었으며, 전시에는 예비역과 후비역(징병되어 현역병을 경험하고 제대한 사회인) 중에서 동원(충원 소집과 후비군 소집 등의 구별이 있었다)을 해서 평시 편제에서 전시 편제로 옮겼다.

육군은 1893년 전시 편제를 개정하고 이듬해인 1894년도 동원 계획부터 새로운 편제를 적용했다. 새로운 편제에 따르면 1개 사단의 평시 정원은 장병 9,199명과 말 1,172마리, 전시 정원은 장병 1만 8,500명과 말 5,500마리였다. 전시 편제가 되면 장병의 수는 약 2배, 말은 약 5배로 증가한다는 계산이었다. 실제로는 전시 편제의 사단 또는 군(복수의 사단으로 구성)에는 별도로 병참 부대가 추가로 설치되므로 전시 병력과 말의 수는 더욱 증가했다.

사단이 설치된 1888년에는 사단 사령부 조례와 여단 사령부 조례 및 대대구 사령부 조례가 제정되었다. 대대구 사령부는 시·정·촌市町村청의 병사계[32] 및 경찰서와 협력해서 징병과 소집을 하는 기관으로, 눈에 띄지 않지만 사단제 확립, 즉 동원·소집 제도의 확립에 불가결한 기관이었다. 대대구 사령부는 청일전쟁 이후에 연대구 사령부로 개조된다.

사단으로 전환 및 병력의 증강과 함께 군제 개혁과 군대 조직의 정비도 필요했다. 1878년 군사 행정을 관장하는 통상 관료 조직인 육군성과는 별개로 작전(통수統帥)을 담당하는 천황 직속의 참모본부參謀本部가 설치되었고, 이듬해 육군 직제 개정으로 군사 행정과 통수(군령軍令)의 관계가 명확하게 되어 행정 조직에서 통수부가 분리되었다.

통수권이란 군대를 지휘, 감독하는 최고 지휘권으로 천황 단 한 사람만이 통수권을 가졌으며, 천황이 통수권을 발휘하는 것을 보좌하는 기관이 참모본부였다. 설립 당초의 참모본부는 육군만 관할했으나 1886년 이래에는 육군과 해군 양쪽의 군령 사항을 취급했고, 참모총장으로

---

32 시·정·촌청에서 징병에 관한 사무를 보는 부서를 가리킨다.

는 칙명으로 황족을 임명하게 되어 있어 메이지 천황^{明治天}^{皇33}의 신임이 두터운 아리스가와노미야 다루히토^{有栖川宮熾仁} 친왕^{親王34}이 임명되었다. 즉 참모총장 아리스가와노미야는 제국 육해군의 최고 사령관으로서 천황의 통수권을 사실상 대행하는 존재였다.

육해군 연합 대연습

1880년대 해군과 육군의 군비 확장의 성과를 보여주는 것이 1890년 3월 28일부터 4월 5일 동안에 아이치 현^{愛知県}의 지타 반도^{知多半島} 부근에서 실시된 처음이자 마지막인 육해군 연합 대연습이었다.

연합 대연습은 2개국이 연합한 막강한 함대로 제해권을 장악한 서군이 일본 각지에 상륙해서 최종적으로 도쿄 공략을 목표로 삼고 이에 대항해서 동군이 방어군이 되어 전투를 벌이기로 상정된 연습이었다. 즉 와카야마^{和歌山}에 상륙한 서군(2개 사단)이 오사카^{大阪} 부근에서 동군을 격파하고, 1개 부대는 후퇴하는 동군을 쫓아서 나고야^{名古}

---

33 1852~1912. 일본의 제122대 천황으로 이름은 무쓰히토睦仁이다. 1868년에 즉위해 1912년 사망할 때까지 재위에 있었는데, 그동안 일본은 근대화에 성공해 열강에 진입했다.
34 최고위 황족 남성에게 부여된 칭호.

屋 부근으로 진격했다. 또 서군의 다른 1개 부대가 와카야마에서 배를 타고 지타 반도의 한다#田 부근에 다시 상륙해, 이와 맞서 싸울 동군과의 전투를 전개한다는 내용이었다.

동군(제3사단과 근위 보병 제1여단, 근위 포병 연대 3개 중대와 기병 제1대대 1중대)과 공격 측인 서군(제4사단과 근위 보병 제4연대, 근위 기병 제1중대)의 병력은 서로 비슷했고, 연습 강평에서 양군의 행동은 이미 합격 평가를 받았다. 그러나 한편으로 보급에 관해서는 연습을 위해 민간으로부터 징용한 짐말의 소질이 불량(편자 상태 불량, 훈련 불량, 허약함 등)한 것이 원인이 되어 각종 혼란이 발생한 점, 위생에 관해서는 소집된 예비역병이 보통 구두를 신지 않았기 때문에 군화에 쓸린 상처가 발생해서 행동이 제한된 사실이 지적되었다. 이 문제들은 실제 청일전쟁에서도 발생하게 된다.

한편 해군은 서군에 다카치호高千穂, 후소扶桑, 나니와浪速(삼경함이 취역하기 전 일본 해군에서 최강의 함정이었으나 3,000톤급의 순양함·해방함에 지나지 않음)를 주력으로 하는 상비함대常備艦隊를 배치, 병력을 수송하는 수송선을 호위하고 육전대를 상륙시켜서 항만을 점령하는 것을 목표로 삼기로 하고, 동군에는 구식·소형 연습 함대와 요코스카 수뢰정대가 배치되어 우세한 적의 해군(서군)에 대해서 방해 행동을 수행한다는 계획을 세웠다(《陸海軍聯合大演習記事》).

이렇듯 육군이 상륙 작전과 상륙 부대 격퇴 작전의 양면을 시야에 넣으면서 연습했고, 해군은 공세 작전과 방어 작전의 양면을 의식한 연습을 했다. 1880년대의 군비 확장 결과, 육군도 해군도 초보적이나마 공세와 방위의 양면 작전을 실행할 수 있는 단계에 들어서고 있었다. 청일전쟁 개전 직전의 군비 확장과 제도들의 정비 상태에 대해서 군사사 연구의 전문가인 사이토 세이지斎藤聖二는 "용의주도"라고 표현하기에는 너무 조잡했으나 정부에 대청 개전을 단념시키지 않을 정도의 단계에는 도달했다고 평가했다.

참모본부의 대청 전쟁 구상의 형성

그렇다면 1880년대에 일본군의 근대화가 진행되는 가운데, 작전을 담당하는 참모본부에서는 어떠한 대청 작전이 구상되고 있었는지를 확인해보도록 하자.

참모본부 관서管西국장으로 취임한 가쓰라 다로桂太郎[35]

---

[35] 1848~1913. 일본의 군인이자 정치가로 일본 육군의 독일식 개혁을 주도했으며, 청일전쟁 당시에는 제3사단장으로 활약했다. 이후 대만 총독, 육군대신을 거쳐 총리대신이 되어 영일동맹과 러일전쟁, 한일병합을 주도했다. 총리대신을 세 번 맡았으며, 역대 총리대신 중 가장 오래 재직했다(2018년 8월 기준). 육군 2개 사단 확장 문제로 2차 사이온지 내각이 퇴진하고 3차 가쓰라 내각을 조각

는 1879년 화베이華北 일대를 시찰하고 귀국한 후 〈투청책안鬪淸策案〉을 작성했다. 이것은 해군이 화난華南의 푸저우福州를 공격함과 동시에 육군 3개 사단이 화베이의 직례성에 상륙, 베이징을 공격한다는 단기 결전 구상이었다.

더 구체적인 대청 전쟁의 구상으로 1887년 2월에 기초된, 오가와 마타지小川又次가 작성한 〈대청 정토책안對淸征討策案〉이 있다. 오가와는 가와카미 소로쿠川上操六[36] 참모차장의 심복이었으며 작전 계획을 담당하는 참모본부 제2국장으로 취임했다. 이 계획에서는 5개년 계획으로 일본 해군을 청 해군에 대항할 수 있도록 정비한 뒤, 해군의 원호援護를 받으며 8개 사단의 원정군을 파견해 6개 사단을 산하이관山海關 부근에 상륙시켜서 베이징을 공략하고 나머지 2개 사단을 장강長江 연안으로 파견해서 청군의 북상을 저지한다는 내용이었다. 가쓰라가 작성한 〈투청책안〉에 이 시기 참모본부가 힘을 쏟고 있던 청 본토의 병참 지지地

했지만, 이로 인해 발생한 제1차 헌정옹호운동으로 인해 탄핵을 받아 퇴진했고 실의 속에 사망했다. 많은 한국인들에게 익숙한 가쓰라-태프트 밀약(1905년)의 가쓰라가 바로 이 사람이다.

36 1848~1899. 일본의 군인으로 야마가타, 가쓰라와 함께 일본 육군의 독일식 개혁을 주도했고, 청일전쟁 당시에는 대본영에서 전쟁 지도를 사실상 주도했다. 청일전쟁 중 갑오농민전쟁을 잔혹하게 진압하도록 지시를 내렸다. 1899년 참모총장 재직 중에 사망했다.

[88] 조사의 성과를 반영해 구체화한 것이라고 말할 수 있다. 이 계획은 단번에 대병력으로 적의 본거지를 공략한다는 청일전쟁 때의 직례 결전으로 연결되는 구상이었다.

그러나 앞에서 설명했듯이, 1880년대의 일본 정부 내에서는 청과 협조를 유지하면서 조선에서 얻는 권익을 유지하자는 조슈파의 이노우에와 이토의 노선이 주류를 차지했고, 나아가 임오군란·갑신정변을 거친 1885년 이후에는 영국을 포함한 일본, 청, 영국의 협조 체제가 성립되었다. 그렇기 때문에 참모본부에서 검토된 공격적 대청안은 어디까지나 참모본부 내부의 계획에 머물렀으며 국책 결정에 영향을 끼칠 수 있는 것이 아니었다. 그렇다면 왜 1894년 여름에 조선을 둘러싼 청일의 협조 체제가 붕괴하고 일본 정부가 청일전쟁을 결의한 것인지, 그 이유를 다음 장에서 밝히도록 하겠다.

제2장
출병에서
전쟁으로

1. 갑오농민전쟁과 청일 양국의 출병

제2차 이토 히로부미 내각의 성립

1890년 11월 25일 일본에서 처음으로 제1회 제국 의회帝國議會가 소집되어 11월 29일 개원식開院式을 맞이했다. 초기 의회에서는 번벌 정부(조슈와 사쓰마 출신자를 중심으로 구성된 내각, 제1차 야마가타 아리토모 내각과 뒤이은 제1차 마쓰카타 마사요시 내각을 가리킨다)와 자유당自由黨 및 입헌개진당立憲改進黨 등의 민당(반정부 세력)이 대립해 정부가 제출한 예산안은 잇달아 중의원에서 민당 측에 의해 삭감되었다. 이러한 사태를 타개하기 위해 마쓰카타 수상은 1892년 제2의회를 해산하고 민당에 대해 대규모 선거 간섭을 했으나, 중의원에서 민당의 우위는 흔들리지 않았다. 결과적으로 마쓰카타 내각은 사직할 수밖에 없었고 의회 대책

이토 히로부미

을 둘러싸고 번벌 세력 내에 대립이 발생했다.

1892년 8월, 제2차 이토 히로부미 내각이 성립했다. 이 내각은 번벌의 유력자인 '원훈元勳'[1]을 망라한 조각을 목표로 삼았다. 그래서 조슈의 야마가타 아리토모(사법대

---

1 근대 일본에서 천황을 보필하도록 선발되어 국가 주요 사항에 관여한 중신들을 가리킨다. 나중에 원로로 불렸으며, 헌법상 규정이 명기되어 있지 않았기 때문에 문제가 되었다. 주요 인물로는 이토 히로부미, 야마가타 아리토모, 마쓰카타 마사요시, 오야마 이와오 등이 있다.

신), 이노우에 가오루(내무대신)와 사쓰마의 구로다 기요타
카(체신대신), 오야마 이와오(육군대신)가 입각했다. 구로다
와 야마가타는 수상 경험자였다. 조각 시점에 입각하지
않은 '원훈'은 전 수상인 마쓰카타 마사요시와 사이고 쓰
구미치뿐이었으나, 그들도 나중에 대장대신과 해군대신
으로 입각했다.

'원훈 총출元勳總出'이라고도 불리는 제2차 이토 내각은
번벌 세력 내의 대립을 원상태로 돌려놓고 민당과 대치했
다. 그와 동시에 자유당에 영향력이 있는 무쓰 무네미쓰
陸奥宗光를 외상으로, 고치高知 출신의 구 민권파였던 고토 쇼
지로後藤象二郎[2]를 농상으로 임명해서 가장 힘이 있는 민당
인 자유당과 타협을 시도해 의회 운영을 원활하게 하려고
했다. 자유당 측에서도 당수 이타가키 다이스케板垣退助[3]나
간부 호시 도오루星亨[4]는 이토 내각이 접근한다면 정부와

---

2 1838~1897. 일본의 정치가. 천황에게 정권을 돌려주자는 대정봉환大政奉還 건
의서를 제출했고, 이후 메이지 신정부에서 참의까지 올랐지만 정한론 논쟁에
서 패해 낙향했다. 이후 자유민권운동의 추진자 중 하나가 되었다. 나중에 정
부와 타협 노선을 걸었으며, 김옥균을 지원했다.

3 1837~1919. 일본의 정치가. 보신전쟁에서 활약해 메이지 신정부에서 참의까
지 올랐으나, 정한론 논쟁에서 패해 낙향했다. 그 후 자유민권운동의 추진자
중 하나가 되었다. 1882년 자객에게 부상을 입으면서 "이타가키는 죽어도, 자
유는 죽지 않는다"라고 한 말이 유명하다.

4 1850~1901. 일본의 정치가로 자유민권운동에서 활동했으나 나중에 정부와
타협 노선을 걸었다. 1901년에 도쿄 시 뇌물 수수 의혹 문제로 암살당했다.

타협·제휴해도 좋다고 생각하고 있었다.

제2차 이토 내각이 직면한 첫 의회는 1892년 11월에 개회한 제4의회였다. 이 제4의회에 정부가 제출한 예산은 전함 2척의 건조를 포함한 해군 예산과 적극적인 산업 진흥이나 재해 구조 정책을 실현하는 적극형 예산으로 증세를 동반하는, 민당에 고압적인 내용이었다. 민당의 제2당이었던 입헌개진당은 이에 반대했고, 정부와의 타협을 모색하던 자유당도 반정부의 입장으로 태도를 바꾸어 번벌과 민당의 대립은 더욱 거세졌다.

이토 수상은 메이지 천황과 협의했다. 천황은 1893년 2월 10일 6년 동안 자신의 내정비內廷費에서 매해 30만 엔을 절약하고, 동시에 관리 봉급의 1할을 국고에 납부해서 건함비를 보조하는 것으로 의회와 내각은 '화협和協'의 길을 찾도록 하라는 취지의 조칙을 내렸다. 의회와 정부는 타협을 시도해 예산을 수정한 후 성립시켰다.

이토 내각의 고난 — 조약 개정과 대외경파

천황의 조칙으로 제4의회를 넘겨서 정권이 안정되자 이토 내각은 구미 각국과 맺은 불평등조약 개정에 착수했다. 1893년 7월 5일 무쓰 외상은 조약 개정 방침을 각료 회의에 제출했고, 19일에 이토와 무쓰가 천황과 만나 조약 개정 방침의 재가를 받았다. 교섭은 영국, 독일, 미국을 우선으로 했으나 독일, 미국은 소극적이었고 영국과만 9월부터 예비 교섭에 들어가 11월에 본 교섭에 착수하기로 정했다.

영국과의 조약 개정 교섭이 본격화한 것과 때를 같이 해 10월 1일, 조약 이행과 자주 외교를, 그리고 내지잡거^内_{地雑居}[5] 시기상조를 주장하는 대외경파의 횡단 조직인 대일본협회^{大日本協會}가 조직되었다. 그때까지 번벌 정부를 지지하던 이당^{吏黨}[6]인 국민협회^{國民協會} 소속의 중의원 의원이 여기에 참가해 가장 적극적인 멤버가 되었다.

다시 국민협회는 현행 조약 이행론을 주장해 입헌개진당과 연대, 이토 내각 지지에서 비판으로 입장을 바꾸었다. 현행 조약 이행론이란 저명한 언론인 도쿠토미 소호^德_{富蘇峰}[7]의 잡지인 《국민의 벗^{國民之友}》이 주장한 것으로 국민적 운동을 벌여서 현행 조약을 엄밀히 실행해서 재일 외국인

5　메이지 시기에 벌어진 주요 논쟁의 초점 중 하나로, 외국인 거주 구역을 설정하지 않고 자유로운 거주, 여행, 영업 등을 허가하는 것을 가리킨다.

6　메이지 중기의 초기 제국 의회에서 정부에 가까운 자세를 보인 정당을 민당 측에서 부른 멸칭.

7　1863~1957. 일본의 우익 언론인, 역사가, 사상가로 제2차 세계대전에서 일본이 패배할 때까지 일본의 팽창주의를 지지해 언론 분야에서 협력했다. 제2차 세계대전 이후에 A급 전범 용의자로 지목되었지만 고령으로 불기소 처분을 받았으며, 이후 은거하며 《근세 일본 국민사^{近世日本國民史}》를 집필했다.

에게 불편을 주어 완전한 조약 개정(치외법권 폐기와 관세 자주권 회복)을 위한 실마리로 삼자는 주장이었다. 이후 정비 절감政費節減과 민력휴양民力休養(군사비를 포함한 행정 비용을 절약해서 지조[8] 경감地租輕減을 하자는 민당 측의 주장)이라는 정부와 민당의 대립의 축에 더해서 조약 개정 문제가 새로운 쟁점이 되었다.

이러한 움직임은 이토 내각의 조약 개정 교섭을 위태롭게 만들었다. 현행 조약 이행론을 주장하는 대외경파의 움직임은 열국의 항의를 초래해 조약 개정을 늦추게 만들 가능성이 있었기 때문이다. 또 국민협회의 이반은 이토 내각의 의회 대책을 근본부터 뒤집는 것이었다.

1893년 11월 말 제5의회가 시작되자 대외경파는 현행 조약 이행 건의안을 중의원에 제출했다. 이 건의안은 국민협회와 입헌개진당 양당을 포함한 대외경파 6파(경6파硬六派)의 지지를 얻었고, 중의원의 다수를 획득해서 가결되는 형세가 되었다. 이토 수상은 천황에게 중의원 해산을 주청해 12월 30일 중의원은 해산되었다.

제3회 총선거는 1894년 3월 1일 실시되어 대외경파 세력은 의석을 잃었으며 특히 정부 지지에서 야당으로 입

---

8 토지세를 가리킨다.

장을 바꾼 국민협회는 66석에서 22석으로 격감되었다. 정부에 타협적인 입장인 자유당은 80석에서 119석으로 약진했다. 그러나 자유당만으로는 중의원 300석의 과반수에 도달하지 못했으므로 정부의 의회 대책은 난항이 예상되었다. 더군다나 귀족원貴族院에서 고노에 아쓰마로近衛篤麿[9] 공작 등을 중심으로 하는 이토 내각 비판 세력이 형성된 점과 전국의 신문, 잡지 기자가 연합해서 대외경파의 주장을 지지하고 반정부 기운을 선동한 사실이 정부를 괴롭혔다.

제6 특별 의회가 5월 12일에 소집되자, 정부는 이해 유도나 매수로 중립파 의원을 구슬려서 정부 지지파를 만들려고 했으나 실패했다. 그 결과 대외경파가 추진한 '이토 내각을 신임할 수 없다'는 내각 탄핵 상주안이 5월 31일에 가결되었다. 이 사태에 대해서 이토 수상은 천황과 회담하고 다시 의회를 해산하는 길을 선택해 6월 2일 중의원은 해산되었다.

1년도 지나지 않아 두 번이나 의회를 해산하는 행위로 사실상 헌법 정지 상태가 될 가능성마저 있었으며, 또 정

9　1863~1904. 일본의 정치가로 아시아주의를 주장했으며, 중일전쟁 당시의 총리대신 고노에 후미마로近衛文麿가 그의 아들이다.

부는 9월 1일로 예정된 총선거 결과에 자신감을 가지고 있었던 것도 아니었다. 그러나 조약 개정 문제를 둘러싸고 대외경파의 공격을 받아서 사태를 타개할 방도를 잃고 위기에 빠진 이토 내각은 영일 간의 조약 개정 교섭이 타결될 것을 기대하고 두 번째 의회 해산이라는 강경 방침을 채택했던 것이다.

갑오농민전쟁 ─ 동학의 확대와 봉기

한편 조선에서는 개항 이후 1880년대에 청일의 무역 경쟁에서 비롯된 외국산 면포의 수입, 금지금이나 미곡·대두 수출이 급증했으며 그와 동시에 민중의 빈곤화가 진행되었다. 그런데 재정 위기에 빠진 조선 왕조는 빈곤하게 된 민중에 대한 대책을 세울 수 없어서 각지에서 민란이 발생했다.

이 시절의 조선에서 민중에게 영향력을 가진 종교는 동학東學이었다. 동학은 몰락 양반인 최제우崔濟愚가 1860년에 제창한 민중 종교로, 그리스도교를 의미하는 서학西學에 대항해서 동학이라고 칭했다. 최제우가 처형당한 후, 제2대 교주 최시형崔時亨의 지도 아래 동학은 조선 남부 일대로 퍼졌고 더욱 확대되었다. 최시형은 정부의 탄압을 피하기 위해 "수심정기守心正氣"의 내성주의內省主義를 동학교도에게 요구했지만, 한편으로 민중의 변혁 지향에 기대하는 동학 이단파도 존재했다.

1894년 2월, 전라도의 곡창 지대에 있는 고부古阜에서 동학 이단파 지도자 전봉준全琫準이 지방 관리의 가렴주구苛斂誅求에 저항하기 위해서 봉기했다. 이 봉기는 한때 수습되었지만, 4월 말에 다시 봉기가 일어났고 전라도나 충청도의 동학 이단파의 참가에 따라 세력이 확대되어 총세가 6,000~7,000명이 되었다. 그들은 한성으로 진격해서 무력으로 민씨 정권을 타도하고 국왕에게 자신들의 충정과 폐정 개혁 실시를 호소하려고 했다. 국왕에 의한 인정 환상仁政幻想을 가지고 있었기 때문이다.

조선사 연구자들은 이 동학 농민 봉기를 갑오농민전쟁甲午農民戰爭(제1차 농민전쟁)으로 정의한다. 동학 농민군의 무기는 화승총(조총)과 칼과 창 같은 구식 무기였고 전투에도 익숙하지 않았으나, 정부가 진압을 위해 파견한 관군을 5월 11일에 고부 근처 황토현黃土峴에서 무찔렀으며 이어서 반란의 진압과 초무招撫를 명받은 양호(전라도와 충청도) 초토사兩湖招討使 홍계훈洪啓薰 휘하의 신식 장비를 갖춘 경군京軍을 5월 27일에 격퇴하고 전주로 향했다. 전주의 수성군은 전의가 없어서 약 5,000명의 농민군은 5월 31일에 전주성에 무혈입성했다.

홍계훈은 농민군을 추격하기 위해 6월 1일 1,600명의 정부군을 이끌고 전주성 밖에 도착, 성내에 포격을 가했다. 이에 대해 농민군은 정부군 진지를 두 차례에 걸쳐 공격했지만 다수의 희생자를 내고 격퇴를 당했다.

이후 휴전 교섭이 개시되어 농민군은 27개조의 폐정 개혁 청원을 국왕에게 올리는 것을 조건으로 해서 6월 11일에 화약에 응했으며 전주에서 철수했다. 이 전주 화약이 실현된 이유는 농번기가 가까워져서 농민군의 전의가 저하된 점과 청일 양군이 조선으로 파병된 사실을 알고 농민군도, 정부군도 전쟁 위기를 감지했기 때문이었다.

조선 정부의 파병 요청

일본 외무성과 육해군은 동학당의 동향이나 전라도에서 발생한 봉기에 대한 정보를 수집하고 있었다. 동학 농민군이 정부군을 격파했다는 정보가 전해지자, 참모본부는 5월 20일 이지치 고스케伊地知幸介 소좌를 부산으로 파견해 조사했고, 5월 중순 이래에는 군함을 조선으로 파견해 조선에 재류 중인 일본인의 보호를 검토했다. 때마침 5월 4일 오토리 게이스케大鳥圭介 조선 주재 공사가 휴가 중이었으므로 스기무라 후카시杉村濬 일등 서기관이 대리 공사로서 정보 수집과 외무성과의 연락을 맡았다. 그러나 당시 일본과 조선 사이의 통신 수단은 전신과 우편으로, 정보 전달의 시차^{Timelag}가 발생했다.

스기무라는 기밀신^{機密信} 제63호 〈전라, 충청 양도의 민란에 대한 의견 상신^{全忠兩道の民亂に付鄙見上申}〉(5월 22일부 서간, 도쿄 외무성에 28일 도착)에서 '반란군이 우세해 한성을 향해 북상할 경우 조선 정부가 취할 수 있는 선택 수단은 반란군의 청원을 받아들여서 폐정 개혁을 하거나, 청군의 출병을 의뢰해서 진압하는 두 가지 방법밖에 없다. 민씨 정권은 후자의 방법을 취할 가능성이 높다. 일본도 청에 대항해서 출병하는가'에 대해 검토하도록 제안했다.

이어서 1주일 뒤인 5월 29일에는 민씨 일족의 실력자인 병조판서^{兵曹判書}(군부대신) 민영준^{閔泳駿}¹⁰은 청국으로부터 군대를 빌릴 것을 원했으나, 다수의 각료들은 반대하고 있는 상황 및 전라도의 반란은 수습되고 있다는 전보를 보냈다(電受第一六三号, 30일 도착).

스기무라로부터 각각 5월 28일과 30일에 연속해서 두 통의 모순되는 내용의 전보를 받은 무쓰 외상은 30일부로 상황이 바뀌어서 청이 파병한다면 일본도 파병할 필

---

10 1852~1935. 조선 후기의 정치가로 병조판서 등을 맡았으며, 나중에 민영휘^{閔泳徽}로 이름을 바꾸었다. 병합 이후에 자작 작위를 받았다. 2007년 친일반민족행위진상규명위원회가 발표한 친일반민족행위자 제2기 195명에 포함됐다.

요가 생길 가능성이 있으므로 시시각각 정보를 보내도록 스기무라에게 지시했다(電送第一三五号). 이 전보의 내용을 볼 때 늦어도 30일 시점에는 무쓰 외상이 청의 출병에 대한 대항 출병 가능성을 검토한 사실이 분명하다(外務省 記録〈東學党変乱の際日清両国韓国へ出兵雑件〉). 또한 수상을 포함해 이토 내각의 다른 각료들도 5월 말 단계에서 출병을 고려하기 시작했다고 짐작된다.

조선 정부는 민란을 진압하기 위해 청에 파병을 의뢰할 것을 국왕 고종과 일찍부터 논의했지만, 일본의 대항 출병을 염려해서 결론을 내지 못하고 있었다. 그러나 5월 31일 농민군이 전주를 점령했다는 소식이 청에 파병을 요청하기로 결의하게 했다. 전주는 조선 국왕 이씨의 본관本貫, 즉 전주 이씨의 발상지라고 믿었기 때문이다.

군을 담당하고 있던 민영준은 31일에 '주차조선총리교섭통상사의駐箚朝鮮總理交涉通商事宜'라는 직함으로 이홍장의 대리로서 조선에 주재하고 있던 원세개를 방문해 청의 출병을 의뢰하고 동의를 얻었다. 그러나 조선 정부가 출병을 의뢰하는 정식 공문을 보낸 것은 6월 3일이었다.

청과 일본의 출병

일본 측은 청군이 출병한다는 정보를 원세개로부터

얻었다. 6월 1일 일본 공사관 서기생 정영방鄭永邦이, 3일에는 스기무라 대리 공사가 각각 원세개를 방문해 시국을 논의하고 양국의 출병에 대해 이야기했다.

정영방은 정성공鄭成功(명明의 유신, 조루리浄瑠璃[11] 〈국성야 합전國姓爺合戰〉[12]의 주인공)의 자손이라고 칭하는 나가사키 통사通事 출신으로 아버지 정영녕鄭永寧, 형 정영창鄭永昌 모두 외무성 관료였다. 정영방은 중국어와 영어가 가능해 원세개와 중국어로 논의했을 것이다. 그리고 원세개와 정영방·스기무라의 두 차례에 걸친 회담에서 드러난 청일 쌍방의 인식 차이가 청일전쟁의 개전에 영향을 끼치게 된다.

원세개는 정영방과 회담한 후 일본 측이 이번 조선 내란을 이용해 적극책을 채택할 의향은 없어 보이고, 공사관과 거류민 보호를 목적으로 하는 일본 측의 출병 규모는 보병 1개 중대를 넘지 않을 것으로 여겨지며, 따라서 청일 충돌의 가능성은 희박하다고 판단하고 이홍장에게 출병을 의뢰하는 전보를 쳤다. 이홍장도 이를 받아들여 전보를 북경의 총리아문에 전송함과 동시에 휘하의 북양 육해군에 출동 준비를 명령했다.

---

11 샤미센三味線을 반주 악기로 써서, 그 반주에 맞추어 이야기를 읊는 일본의 전통 예능이다.
12 조루리 및 가부키 극 중 하나로, 명나라 유신 정성공의 활약을 다루었다.

또다시 원세개로부터 조선 정부가 공문으로 출병과 반란 진압을 의뢰했다는 보고가 6월 4일 도착하자, 이홍장은 섭지초葉志超와 섭사성聶士成에게 북양 육군의 정예 7영을 이끌고 조선으로 건너갈 것을 명령했고 또한 북양 해군 제독 정여창에게 순양함 제원과 양위揚威를 인천에 파견해서 거류민 보호와 수송선 호위를 맡을 것을 명령했다. '영'은 '용·련' 양군의 단위로, 본래 정원은 1영이 500명이었으나 실제로는 보병 1영은 350명 정도, 기병 1영은 250명 정도였다.

스기무라는 정영방이 원세개로부터 얻은 정보를 "전주가 어제 반란군의 손에 떨어졌다. 조선 정부는 청의 원군을 요청했다고 원세개가 말했다(후략)"는 짧은 전문으로 작성해서 6월 1일에 발신했다(電受第一六八号). 전문은 그다음 날인 2일에 도착했다. 그러나 대강 훑어본 외무성 공문(전문과 서간)에도 무쓰는 꼬박 화압花押[13](무네미쓰의 '光'의 초서체) 또는 '열閱'이라는 사인을 했는데, 이 무쓰의 사인이 청일 개전으로 이어지는 이 한·청·일 삼국의 운명을 바꾼 전보에는 보이지 않는다. 그것은 외무성에 도착

---

13 문서 등에서 본인임을 증명하기 위해 직함 혹은 이름 아래 직접 붓으로 쓰는 서명. 모습이 꽃과 같다고 해서 화압이라고 불렸다.

Mutsu

Tokio

全 ??? fell into hands of rebels yesterday. 袁世凱 said Corean Government asked Chinese reinforcement. See 機密 第三十二号 1号 dated 五月廿二日

Sugimura

June 1. 1894.

외무성 기록 〈동학당 변란 시 일청 양국의 한국에 대한 출병 잡건東学党変乱の際日清両国韓国への出兵雑件〉. 1894년 6월 2일에 도착한 스기무라 후카시 임시 대리 공사가 무쓰 무네미쓰 외상에게 보낸 전보. 하야시 다다스 외무차관, 구리노 신이치로 정무국장, 사토 아이마로 전신 과장의 인장이나 사인은 있지만, 무쓰 외상의 결재란은 공백이다. 明治大正5門2類2項 1 B-5-2-2-0-1 참조 기호 B07090593600.

한 전보에 사인을 할 틈도 없이 6월 2일 각의에 가지고 갔기 때문인 것으로 생각된다.

야마가타 아리토모 추밀원 의장도 참가한 6월 2일 각의에서 이토 수상이 작년 말에 이어 두 번째가 되는 이례적인 제국 의회 해산을 결정했다. 그리고 이때 조선 출병도 결정되었다. 무쓰가 저술한 외교 기록 《건건록蹇蹇錄》에는, 각의가 시작되자마자 무쓰가 스기무라의 전보를 내각원들에게 보여주고 그다음으로 무쓰 자신의 의견으로서 청이 출병할 경우에는 일본도 상응하는 군대를 파견해 "조선에 대한 권력의 평균을 유지"할 필요가 있다고 말하자, "모든 각료가 이 의견에 찬동"했다고 쓰여 있다. 이어 참모총장 아리스가와노미야 다루히토 친왕과 참모차장 가와카미 소로쿠의 임석을 요구해 조선에 군대를 파견하는 것을 협의했다고 쓰여 있다. 이렇게 해서 전시 정원으로 8,000명이 넘는 혼성 1개 여단의 파견이 결정되었다.

각의가 열린 같은 날에 육해군 대신과 참모총장, 해군 군령부장에게 내려진 조칙에 나타난 "동국同國(조선국) 기류寄留 아국민 보호"라는 출병 목적으로서는 어울리지 않게 너무 큰 병력이었다.

2. 갈피를 잡지 못하는 청일 정부

청일 양군의 조선 도착

조선에 출병하기 직전인 1894년 5월, 청에서는 광서제 光緒帝[14]의 명령으로 성경성盛京省(랴오양遼陽), 직례성直隷省[15], 산 둥성에서 북양군을 중심으로 하는 육해군 합동 대연습이 실시되었다. 대연습을 주재한 북양대신 이홍장은 10년의 세월을 들여서 건설한 북양 육해군과 중국 북부 항구들 의 방비를 확인하기 위해 5월 7일 톈진을 떠나 샤오잔小站,

---

14 1871~1908. 청의 제11대 황제. 어린 나이에 즉위해 서태후가 수렴청정했다. 나중에 변법운동을 지지해 개혁을 시도하고 서태후를 유폐시키려고 했지만, 실패하고 반대로 유폐되었다.

15 1928년까지 존재했던 중국의 행정 구역으로 베이징, 톈진, 허베이 지방이 여기에 해당되며, 1928년 중화민국 정부가 수도를 난징으로 이전하면서 허베이성으로 개편되었다.

뤼순구口, 다롄만大連灣, 웨이하이위威海衛, 자오저우만膠州灣(칭다오靑島), 산하이관을 돌며 각지에서 군대와 방위 시설의 검열을 실시하고 27일 톈진으로 돌아왔다.

이렇듯 대연습 직후였으므로 조선 출병에 대한 북양 육해군의 동원은 재빨랐다. 제원과 양위는 6월 5일 인천에 입항해 경비함 평원平遠과 합류했다. 베이징 교외의 루다이盧臺[16]에 주둔하고 있던 섭사성의 부대는 9일 미명에 충청도 아산에 상륙했고 산하이관에 주둔하고 있던 섭지초의 부대도 12일에 합류, 정예 7영의 병력이 이곳에 집결했다. 이후 다시 증원 부대가 도착해 6월 말에는 아산과 공주 지구에 주둔하는 청군은 2,800명, 포 8문의 규모가 되었다.

일본 측은 6월 2일 각의에서 출병 결정을 내리자, 이전부터 준비한 출병에 관한 구체적인 작업을 진행했다. 그다음 날인 3일, 참모본부에서는 혼성 1개 여단 편제표를 작성함과 동시에 혼성 여단을 2차로 나누어 조선으로 보낼 수송 계획의 책정과 수송선 확보, 나아가 혼성 여단을 파병한 후 제5사단 잔여 부대의 동원 등을 검토했다.

6월 3일 밤 신바시新橋역을 출발하는 열차를 탄 참모본

---

16 저자의 실수로 보인다. 루다이는 베이징이 아니라, 톈진 교외에 있다.

부의 도조 히데노리東條英敎(도조 히데키東條英機[17]의 아버지로 가와카미 소로쿠 참모차장의 측근) 소좌가 동원에 관계된 서류를 가지고 제5사단의 소재지인 히로시마廣島로 향했다. 4일에는 조선 정부가 보낸 정식 파병 요청을 청이 승인했다는 정보가 들어와서 일본군의 출병이 확실하게 되었다. 이에 파견될 군대를 지휘하기 위해 참모본부 내에 대본영을 설치하기로 결정되었다. 5일에는 귀국 중이던 오토리 공사와 모토노 이치로本野一郞 참사관이 해군 육전대와 경찰관을 대동하고 군함 야에야마八重山를 타고 인천으로 향했다.

편제표 등을 지참한 도조 소좌가 5일 오후 히로시마에 도착하자, 노즈 미치쓰라 제5사단장은 오시마 요시마사大島義昌[18] 제9여단장에게 충원 소집을 명령했다. 혼성 여단은 보병 제9여단(히로시마를 위수지로 하는 보병 제11연대와 21연대가 소속)을 기간 부대로 하고, 여기에 기병 1개 중대, 포병 1개 대대(산포), 공병 1개 중대, 치중병대, 위생부, 야

---

17 1884~1948. 일본의 군인이자 정치가로, 관동군 참모장, 육군대신을 거쳐 1941년에 총리대신이 되어 대미 전쟁(제2차 세계대전, 아시아태평양전쟁)을 개시했다. 패전 이후에 A급 전범으로 교수형에 처해졌다.

18 1850~1926. 일본의 군인으로, 1894년 경복궁을 점령하고 성환, 평양 전투에서 활동했다. 육군대장까지 진급했으며, 현재의 총리대신 아베 신조安倍晉三의 외고조부이다.

전 병원 및 병참부를 추가해서 편성되었다. 이 중에서 보병 1개 대대(제11연대 제1대대, 대대장 이치노헤 효에一戸兵衛 소좌)가 선발대로서 6월 9일에 우지나宇品를 출항, 12일 인천에 도착했다. 이어서 제1차 수송대(오시마 여단장이 이끄는 부대, 혼성 여단의 약 반절)가 16일 인천에 도착해서 상륙을 개시했다.

오토리 공사는 6월 10일 해병 300명을 이끌고 한성으로 돌아왔다. 시가는 평온했고 내란이 확대될 가능성은 적었으므로 이치노헤 소좌가 지휘하는 1개 대대 이외의 파견을 중지하라고 그다음 날 외무성에 전보를 보냈다. 그러나 이때 이미 오시마 여단장이 지휘하는 부대는 우지나를 출항했다. 먼저 도착한 이치노헤 대대는 13일에 한성에 들어가서 해병과 임무를 교대하고 경비를 맡았다.

이토 수상의 협조론, 무쓰 외상의 강경론

일본군의 출병이 결정된 6월 상순 단계에서는 공식적으로는 출병 목적이 공사관 및 재류 일본인 보호로 한정되어 있었다.

출병에 착수한 이토 수상의 목적은 청일 협조를 유지하면서 청과 교섭해 조선의 내정 개혁에 착수, 조선을 청과 일본의 공통 세력권으로 만드는 것으로 청군과의 충돌을 회피하기로 방침을 정했다. 이토의 뜻에 따라 오야마 이와오 육군대신은 조선에 파견하는 참모장교에게 이번에는 "우리 공사관, 영사관 및 제국 신민 보호를 위해" 출병한 것이며, "아군과 청군의 충돌은 어디까지나 피하도록" 훈시했다.

그러나 앞서 다뤘듯이 6월 2일 각의에서 무쓰 외상은 일본도 청에 대항해서 출병해 "조선에 대한 권력의 평균을 유지"할 필요가 있다고 말했고, "각료 전부가 이 주장에 찬동"해서 출병이 결정된 경위가 있었다. 각료 중 누구나 출병의 진짜 목적은 조선에서 청국과의 패권 항쟁에 있다고 이해하고 있었다. 이후 무쓰는 청일 개전론자로서 행동했고, 가와카미 소로쿠 참모차장도 개전 준비를 진행했다. 조선 출병이 보도되자, 신문에 대청 강경론이 게재되었고 의용병 송출送出 운동도 시작되었다. 국민 사이에서 대청 강경론과 개전론의 힘이 커져서 개전론자를 지지하게 되었다.

조선의 수도 한성은 평온했고 전주를 점령한 농민군은 화약을 맺고 물러갔다. 그럼에도 대병력을 보내고, 다시 후속 부대의 출병 준비를 하고 있던 이토 내각은 파병한 군대를 "보람도 없이 귀국"(6월 11일부 오토리 공사에게 보낸 무쓰 외상의 서간)시킬 수는 없어서, 어떠한 성과를 거두

무쓰 무네미쓰

어 국면을 타개할 필요가 있었다.

이토는 6월 13일 각의에서 청일이 공동으로 농민군 진압을 맡고, 농민군을 진압한 후 청일이 공동으로 조선의 내정 개혁을 맡을 것을 청과 교섭하도록 제안했다. 청일 협조를 유지하면서 조선에 대한 일본의 존재감을 높인다는 성과를 노린 제안이었다. 각의는 이를 승낙하려고 했으나 개전을 바라는 무쓰의 반대로 결정할 수 없었다. 무쓰가 개전을 주장한 이유는 외상으로서 그가 담당한 조약 개정 교섭에서 실수를 거듭해 국내외의 위기를 초래하고 말았으며, 이 실패를 만회하기 위해서 청일 협조가 아닌 개전을 원했다는 오이시 가즈오大石一男《조약개정교섭사条約改正交渉史》)의 해석은 설득력이 있다. 같은 날 각의가 끝나고 이토는 왕봉조 주일 청 공사와 회담해 각의에 제출한 이토안을 협의했다. 왕 공사가 일본군의 철수를 강하게 주장했으므로 이토가 타협해, 양자는 내란 종결 후에 청일 양국군이 철병하고 그 후 조선 내정 개혁에 대해 협의하기로 합의했다. 이날 이토와 왕봉조의 합의가 실현되었다면 개전은 없었을 것이다.

그런데 6월 15일 각의에서 이토의 청일 협조론이 후퇴하게 된다. 이 각의에서 무쓰가 13일의 이토 수상의 제안에 '일본군을 철군시키지 않고 조선의 내정 개혁에 대해서 청과 협의를 하고, 청이 내정 개혁에 동의하지 않을 경우에도 일본 단독으로 내정 개혁을 진행한다'는 두 개의 항목을 추가할 것을 제안해 각의의 승낙을 얻었기 때문이다. 특히 첫 번째 항목은 이토와의 회담에서 조기 철군을 강하게 주장했던 왕 공사의 생각과 대립하는 것이어서 청이 받아들일 수 없는 조건이었으며, 다른 항목도 청의 거부가 예상되었다. 그렇다면 왜 무쓰의 이 제안을 이토가 받아들인 것일까?

청일전쟁 개전에 대해 가장 정평이 있는 연구서인 《일 청전쟁을 향한 길日淸戰爭への道》(저자 다카하시 히데나오高橋秀直) 은 "6월 15일에 이토 내각, 그리고 일본은 대청 개전 방침 을 결의했다"고 쓰고, 이토가 대청 협조에서 대청 개전으 로 입장을 바꾼 이유를 일본 국내에 철군을 반대하는 강 력한 '중의衆意'(다수의 의견)가 존재했던 사실에서 찾고 있 다. 즉 정권 내에 가와카미 참모차장이나 무쓰 외상 등 개 전을 바라는 세력이 존재했을 뿐만 아니라, 출병 이후 정 당 관계에서는 대외경파들뿐 아니라 자유당 내에서도 청 에 대항하는 조선 정책을 실현하자는 움직임(대청·대조선 강경론)이 높아져서 많은 언론 매체들도 이에 동조했고, 또 9월 총선거를 앞두고 정당 각파가 대외 강경론을 겨루는 가운데 이토 내각은 철군에 착수할 수 없게 되어 개전을 향한 길을 선택할 수밖에 없었다고 설명한다. 나도 이 설 명에 동의한다.

그러나 개전으로 향하는 길은 6월부터 7월에 걸쳐서 갈피를 잡지 못하고 헤매게 된다.

제1차 절교서와 영국·러시아의 간섭

6월 16일 무쓰 외상은 왕 공사를 불러서 각의에서 결 정된 방침을 전했다. 이에 대해 21일 왕 공사로부터 청의 회답이 전달되었다. 그 내용은 ① 내란은 이미 평정되었으며 공동 진압할 필요가 없다, ② 내정 개혁은 조선 정부 스스로 해야 할 것이며, 일본은 조선 자주론을 주장하고 있으므로 내정에 관여하는 것은 모순된다, ③ 내란 진정 후의 청일 상호 철병을 정한 톈진조약에 따라 신속히 철병해야 한다는 것이었다. 예상 그대로 일본 측 제안을 전면 거부하는 내용이었다.

같은 날 청의 회답을 받고 정부와 통수부가 모두 참석한 각의에서는 혼성 여단의 잔여 부대(제2차 수송 부대)의 파견을 결정하고 청일 개전은 불가피하다는 점을 확인했다. 게다가 22일 열린 어전 회의에서는 정부와 통수부에 원훈인 야마가타와 마쓰가타까지 참가해서 청의 주장에 전면 대결하는 대청 회답(이른바 제1차 절교서)과 제2차 수송 부대 파견을 최종적으로 결정했다. 메이지 천황은 정부의 개전 방침에 회의적이었으나 내각과 통수부, 원훈의 일치된 의향 앞에 이들의 결정을 승인했다.

제2차 수송 부대는 6월 24일 우지나를 출항해서 27일 인천에 도착했고 29일 한성 교외의 용산에 주둔했다. 이 결과 한성 성내에 이치노헤 소좌가 지휘하는 1개 대대 1,000명, 교외에 오시마 혼성 여단장이 지휘하는 부대 7,000명이 주둔했다.

한편 개전을 향해 움직이기 시작한 일본에 대해서 러시아와 영국이 간섭을 했다. 6월 30일 러시아의 미하일 알렉산드로비치 히트로보Mikhail Alexandrovich Hitrovo 주일 공사는 청과 일본의 동시 철군을 요구하는 러시아 정부의 엄중한 공문을 무쓰 외상에게 건넸다. 이토 수상과 무쓰 외상은 이를 거부하기로 결정했으나, 철군 거부는 러시아의 군사 간섭을 부를 우려도 있어 일본 측의 행동을 규제했다. 이미 6월 25일에 이뤄진 히토로보 공사와의 회담에서 무쓰 외상이 청이 도발하지 않는 한 일본이 먼저 개전하는 일은 없다는 언질을 줬기 때문에, 일본 측이 억지로 대청 개전을 하는 것은 곤란하게 되었다.

러시아의 조정과 병행해서 영국의 존 우드하우스 킴벌리John Wodehouse Kimberley 외상이 조정에 뛰어들었다. 외상은 니콜라스 로데릭 오코너Nicholas Roderick O'Conor 주청 공사를 통해서 청의 의향을 확인하고 나서, 청일 공동으로 조선 내정 개혁을 진행한다는 조건을 확인했다. 그리고 이 교섭이 성립하기 위해서는 양군의 동시 철수가 필요하다는 점을 일본 정부에 전하도록 랄프 파젯Ralph Paget 주일 공사에게 지시했다. 당시 일본에는 러시아와 영국의 조정을 동시에 거부할 힘이 없었기 때문에 이토 수상도, 무쓰 외상도 러시아와 영국의 조정을 받아들일 수밖에 없었다. 제1차 절교서에 이어 조기에 대청 개전을 하려던 일본 측의 방침은 이때 좌절되었다.

그런데 청은 7월 9일, 일본이 철군할 때까지 교섭에 들어갈 수 없다는 예상외로 강경한 대답을 고무라 주타로 주청 공사에게 알렸다. 10일에는 니시 도쿠지로^{西德二郎} 주러 공사로부터 러시아의 무력간섭은 없다는 정보도 들어왔다. 그래서 11일에 열린 각의에서는 영국의 조정을 승낙해 취하고 있던 대청 교섭 노선을 버리고 개전 준비 재개를 결정했다. 12일에는 영국의 조정을 거부한 청에 앞으로 일어날 사태의 책임이 있다는 제2차 절교서를 보내기로 결정했다.

청 정부 내의 주전론과 개전 회피론

지금까지 1894년 2월 이래 조선에서 발생한 동학의 봉기와 갑오농민전쟁의 동향, 또 그에 대한 일본의 대응을 살펴봤다. 그렇다면 전쟁 상대국인 청의 움직임은 어떠했을까?

당시 청 정부의 상황은 일본 이상으로 복잡했다. 청의 광서제(1871~1908)는 1887년 친정을 시작¹⁹했는데, 이때

---

19 하지만 이것은 명목적이었으며, 서태후가 여전히 권력을 가지고 있었다.

이홍장

젊은 광서제의 측근인 옹동화翁同龢와 이홍조李鴻藻가 정책
결정에 중요한 영향을 끼치고 있었다. 그러나 여전히 중요
국무에는 서태후西太后가 관여했다. 게다가 국정과 외교를
논의하는 부서로 군기처軍機處(황제의 최고 자문 기관)와 총리
아문總理衙外교 담당)이 있었다. 군기처는 예친왕禮親王이, 총
리아문은 경친왕慶親王이 중심이었고, 양쪽에 출사한 손육

문孫毓汶과 서용의徐用儀가 실력자였다.

베이징의 중앙 정부 이외의 관련자 중에서 정책 결정에 중요한 발언권을 가진 사람은 직례 총독이자 북양대신인 이홍장이었다. 북양대신은 북양 육해군을 통괄하고 파병 및 무기를 해외로 발주할 수 있는 권한을 가졌다. 또 재외 공관에 대해 공문서 왕복을 통해 사실상의 지휘를 맡아, 총리아문과 북양대신은 외교권을 나눠 가졌다. 게다가 북양대신은 1881년 이래 조선 사무를 관할했고, 1885년 이래에는 한성에 주재하는 원세개를 통해서 조선의 내정, 외교에 관여했다.

일본의 적극적인 움직임에 대해서 대조선 문제의 책임자인 이홍장은 일본과의 개전을 회피하는 방향으로 움직였다. 그는 군비 확장을 추진한 일본의 움직임을 파악했으며 청과 일본의 군비 실태를 알고 있었으므로, 열국에 공작을 해서 일본을 누르려고 했다. 베이징 정부의 중추부에 있던 손육문과 서용의도 이홍장의 개전 회피론을 지지하고 있었다. 서태후 또한 이홍장에 대한 오랜 신뢰와 이해 12월로 예정된 60세 탄생일 축전을 무사히 맞이하고 싶다는 생각에서 개전 회피로 기울었다.

한편 주전론의 중심인물은 광서제와 젊은 황제를 보좌하는 측근인 옹동화와 이홍조였다. 청의 대외 정책은 서태후·손육문·이홍장과 같은 실력자가 주도했으나, 강경한 정론을 주장하는 옹동화와 이홍조의 주장이 광서제의 의사를 배경으로 정책 결정에 영향을 끼쳤다. 7월 9일 총리아문에서 고무라 공사에게 영국의 조정을 거부하는 강경한 대답을 전해 일본의 개전론을 되살린 것도 이러한 청 정부 내 정치 역학의 결과였다.

7월 9일 이후 황제, 군기처, 총리아문, 황제 측근인 옹동화와 이홍조는 조선 문제에 관해서 논의했지만 개전도, 전쟁 회피도 결정할 수 없었다.

그러한 상황에서 이홍장은 국내의 반대파에게 협공을 당해, 단번에 대군을 보내서 일본군을 압도하거나 혹은 전혀 파병하지 않고 개전을 회피한다는 대담한 고등 정책을 취할 수 없었다. 대신 정치적·전략적으로 졸렬한, 조금씩 증원 부대를 보낸다는 선택을 할 수밖에 없게 되었다. 결국 이홍장은 7월 19일 아산에 2,300명의 원군을 보낸다는 출동 명령을 내렸고, 별도로 6,000명을 평양으로 보낼 계획을 세웠다.

일본 측은 이 증원 부대 파견을 청의 대일 개전 의도를 보여주는 것으로 파악하고 이홍장이 가장 피하고 싶었던 개전을 단행하게 된다.

3. 전쟁이 시작되다

7월 19일의 개전 결정

이홍장이 2,300명의 병사와 무기를 아산으로 보낸다는 정보는 청에 주재하는 외교관이나 무관으로부터 차례차례 전해졌고, 7월 19일 정부와 대본영은 대청 개전을 결정했다.

이날 해군에 청군 증파 부대를 저지하라는 명령이 하달되었다. 그것은 연합함대聯合艦隊[20]를 이끌고 조선 서해안의 제해권을 장악함과 동시에 풍도豊島 또는 안면도 부근에 근거지를 설치하고 증병을 목적으로 하는 "청국 함대

---

[20] 일본 해군의 중핵 부대로 2개 이상의 상설 함대로 편성되었다. 연합함대 사령장관이 이를 지휘했으며, 일본 해군 내부의 약칭으로는 GF(Grand Fleet)라고 불렸다. 현대 일본에서는 連合艦隊로 주로 표기한다.

및 수송선을 파쇄破碎"하라는 지령이었다. 같은 날 조선에 있는 오시마 혼성 여단장에게도 청군 병력이 늘어나기 전에 혼성 여단의 주력으로 아산에 있는 청군을 격파하라는 지령이 전해졌다.

7월 19일은 육군과 해군 모두 전투 준비에 들어가 청의 육해군과 접촉할 경우 전투 상태에 돌입하라는 명령을 받은 날이었으며, 일본이 최종적으로 전쟁으로 향하는 길을 걷게 된 날이었다. 그러나 이 단계에서도 메이지 천황이나 이토 수상은 청과 타협할 가능성을 찾고 있었다.

상비함대21와 서해함대22를 합친 연합함대는 7월 23일 사세보를 출항했다. 본대, 제2유격대, 수송선과 호위함은 25일 조선 서해안의 군산 앞바다에 도착했다.

상대인 이홍장이 파견한 대략 2,300명의 증원 부대는 애인愛仁·비경飛鯨·고승高陞 등 세 척의 영국 선적 화물선을 타고 7월 24일부터 25일에 걸쳐 차례대로 아산에 도착할 예정이었다. 애인, 비경은 24일 중에 도착해 1,150명의 병사와 대포, 탄약, 식량, 군자금 등을 양륙했다. 그리고 정

---

21 1889년에 경비소함대에서 개편되어 주력함과 신예함으로 구성되었으며 1903년에 해대解除되어 제1, 2함대로 분리되었다.

22 원래는 노후함 등의 2선급 군함으로 편성되어 연안 방비를 맡는 경비 함대라는 명칭으로 불렸는데, 청일전쟁이 발발하기 전 경비 함대라는 이름이 전시에 어울리지 않는다는 이유로 서해함대로 개명되었다.

찰을 위해 먼저 출발한 연합함대 제1유격대의 요시노高野 · 아키쓰시마秋津洲 · 나니와 등의 고속 순양함군은 7월 25일 새벽 풍도 부근에서 청 해군의 순양함 제원·광을廣乙과 조우해 전투에 돌입했다. 이른바 풍도 해전이다.

풍도 해전

해군 군령부가 편찬한《27, 28년 해전사》(1905년) 등 일본 측 기록은 청의 제원이 먼저 발포해서 전투가 시작되었다고 쓰고 있다. 한편 중국 연구자는 일본 측이 먼저 공격했다고 주장한다. 일본 측에서도 근대 조일 관계사 연구의 제일인자 다보바시 기요시田保橋潔나 최근 청일전쟁 통사를 쓴 하라다 게이이치原田敬一는 7월 19일 대본영이 공격 명령을 내렸고 그에 따라 일본 측이 선제공격했기 때문에 전투가 시작되었다고 여기는 것이 자연스럽다고 말한다. 또 이전에 영국이나 러시아로부터 청에 대한 선제공격을 삼가라는 경고가 있었으므로 일본 측은 자료를 개찬改撰해 청의 선제공격에 의한 개전이라고 강변했을 가능성이 있다.

7월 25일 해전은 제원이 도망을 시도하고, 광을은 좌초해 일본 측의 우세 속에 끝나려고 했다. 그때 다시 포함 조강操江에게 호위를 받던 고승호(청군 1,100명이 탑승하고 대포 14문 탑재)가 나타났다. 조강은 항복했으나, 고승호는 나니와(함장 도고 헤이하치로東鄕平八郞[23] 대좌)가 임검臨檢[24]할 때 항복을 거부했기 때문에 일본은 고승호를 격침하고 영국인 고급 선원 3명만을 구조했다. 풍도 해전의 결과, 아산으로 증파될 예정인 청 측 병력의 약 반절의 수송이 저지되어 이어서 벌어지는 성환成歡과 아산 전투가 일본군의 승리로 이어지게 된다.

결과적으로 혼성 제9여단에 의한 아산 지역의 청군에 대한 공격이 지연되었기 때문에 풍도 앞바다에서 발생한 해군의 전투가 (이 전쟁에서) 청일 간 최초의 전투가 되었다. 이때 선전 포고 혹은 개전 통고 이전에 일본 해군이 청 군함을 공격한 사실, 청의 증원 부대와 무기를 실은 영국 선적 화물선을 격침한 사실은 영국 여론의 대일 비난을 초래해 외교상 그리고 국제법상 문제가 되었다. 그러나 국제법의 대가로 평가받는 토머스 에스킨 홀랜드Thomas Erskine Holland와 존 웨스트레이크John Westlake가 나니와의 행위는 용인할 수 있다고 주장해 영국 여론은 진정되었다. 그

---

23 1848~1934. 일본의 군인으로 러일전쟁 때에 쓰시마 해전에서 러시아 발틱함대를 전멸시켰다. 이후 해군 원수로서 해군 내에 막대한 영향력을 발휘했는데, 말년에 해군 군축에 관한 런던조약을 둘러싼 문제에서 군축에 반대했다.
24 상대국의 선박, 항공기를 검문하는 행위.

야마모토 호스이의 〈조선 풍도 앞바다 해전도〉(《도쿄아사히신문東京朝日新聞》 1894년 8월 10일 부록).

렇지만 이후에도 국제법 문제가 전쟁 과정에서 발생하게 된다.

조선 왕궁 무력 점령

연합함대가 조선으로 청군이 증파되는 것을 저지하기 위해 사세보를 출항한 7월 23일 조선의 수도 한성에서도 일본군이 조선 왕궁을 공격해서 점령, 조선 국왕을 "사로 잡는"(무쓰 무네미쓰,《건건록》 제1차 판본의 용어) 충격적인 사태가 발생했다.

일본은 '제1차 절교서'를 청의 주일 공사에게 건네고 대청 개전을 향한 길을 걷기 시작했다. 하지만 러시아와 영국의 간섭으로 인해 개전으로 향하는 길은 좌절되었다. 7월 초 조선에서는 개전 이유를 찾으라는 무쓰 외상의 지시에 따라, 7월 3일 오토리 공사가 조선 정부에 내정 개혁에 관한 구체적인 제안을 했다. 10일에 조선 측 개혁위원과 오토리의 첫 회합이 있었는데, 16일 조선 정부는 내정 개혁은 일본군이 철수한 이후에 착수할 것이라고 말하고 철군을 요구했다.

조선 정부의 대응에 대해 개혁 의사가 없다고 판단한 오토리는 일본군을 동원해 왕궁을 포위해서 군사적 위협으로 요구의 실현을 꾀하는 계획을 세웠다. 7월 18일부로 오토리는 왕궁을 포위해서 요구 실현을 시도할 것을 제안하는 전보를 무쓰 외상에게 보냈고 무쓰는 이를 용인했다. 그러나 각의에서는 왕궁 포위와 같은 강경한 수단을 취하는 행위에 대한 이의가 제기되었다. 그 결과 무쓰는 19일부로 오토리에게 보낸 답신에서 "정당하다고 인정되는 수단을 취할 것"이라며 오토리를 지지하면서도 한편으로는 구미 각국이 미심쩍게 여기는 왕궁 포위 계획을 금지했다. 나아가 이홍장이 조선에 증파를 결정한 것을 "청국은 무력으로 우리에게 적대하는 것으로 인정"할 수 있으므로 일본은 대항 수단을 취한다는(개전한다는) 사실을 알렸다.

오토리가 주장하는 왕궁 포위책을 부정하면서 대청 개전을 알리고 오토리에게 "정당하다고 인정되는 수단을 취할 것"을 지시한 이 전문의 진의는 파악하기 어렵다. 그 결과 한성에서는 오토리와 이미 한성에 있던 오시마 요시마사 혼성 제9여단장이 외상의 중지 지령을 무시하고 움직여 혼란스러운 대청 개전 상황이 전개됐다.

오토리 공사는 20일, 청군의 퇴거를 요구하는 등의 내용이 실린 공문을 조선 정부에 보내고 회답 기한을 7월 22일로 정했다. 받아들일 수 없는 요구를 조선 정부가 거절할 것을 예상한 행동이었다. 이와 동시에 오토리 공사는 모토노 이치로 참사관을 오시마 혼성 제9여단장에게 파견해, 조선 정부가 요구를 받아들이지 않을 경우 우선 1개 대대의 병력을 움직여 왕궁을 포위하고 조선 측이 굴복하지 않으면 여단의 전 병력으로 왕궁을 포위할 것을 의뢰했다. 오토리는 그 후 고종의 아버지로 민씨 정권과 대립하던 대원군을 왕궁으로 들여보내 정부의 수뇌로 삼고, 조선 정부로 하여금 아산에 있는 청군에 대한 공격을 일본에 의뢰하도록 해서 대청 개전의 구실을 얻는 계획을 세웠다. 오시마 여단장은 이 계획을 승낙하고 7월 22일부터 아산으로 진군하는 계획을 일시 연기했다. 1개 대대가 아니라 처음부터 전 여단 병력을 동원해서 조선 왕궁 공격을 실행했다.

7월 22일 밤, 조선 정부의 회답이 일본 공사관에 도착했다. 예상한 대로 거부한다는 회답이었다. 23일 오전 0시 30분 "계획대로 실행하라"라는 오토리 공사의 전보가 오시마 여단장에게 도착하자, 혼성 제9여단은 용산을 출발해서 한성으로 향했고, 오시마 여단장은 일본 공사관에 들어가 지휘를 맡았다.

보병 제21연대장 다케다 히데노부武田秀山 중좌가 이끄는 제2대대와 공병 1개 소대가 오전 5시경 왕궁으로 들어가는 영추문迎秋門으로 침입, 경비하던 조선군과 교전을 벌인 뒤 왕궁을 점령해 국왕을 구속했다. 조선군과의 전투는 산발적으로 오후까지 이어졌고 일본군 병사 1명이 전사했다. 이날 일본 공사관의 스기무라 후카시 서기관이 일본에 의한 추대 공작을 완강히 거절하고 있던 대원군을 데리고 나와 왕궁으로 들어갔고, 그다음 날인 24일에 대원군 밑에서 새로운 내각이 조직되었다.

훗날 좋지 않은 사실은 은폐되었고 이 사건에 대해서도 역사의 위조가 이루어진다. 러일전쟁 개전 후에 출판된 공간公刊 전사로 참모본부에서 편찬한 《메이지 27, 28년 일청전사》 제1권(1904년)에서는 왕궁 점령을 먼저 사격을 가한 조선군에 일본군이 반격해서 왕궁을 점령한 자위

적·우발적 사건으로 설명했다. 저명한 청일전쟁 연구자인 나카츠카 아키라中塚明는 후쿠시마 현립 도서관 사토문고佐藤文庫에 소장되어 있던 《일청전사 초안》을 검토하는 과정에서, 일본 공사관과 혼성 여단이 사전에 계획해서 실행한 왕궁 점령 사건이 초안 단계에서는 상세하게 묘사되어 있지만 공간 전사에서는 다르게 기록되어 여기에서도 '역사의 위조'가 이루어진 사실을 해명하고 있다(《歷史の僞造をただす》[25]).

이 '역사의 위조'가 이루어지기 이전에 당시 언론은 왕궁 점령 사건의 개요에 관한 사실을 거의 정확하게 전했다. 예를 들면 당시 저명한 신문 기자 가와사키 사부로川崎三郎(호는 시잔紫山)가 지은 두툼한 분량의 청일전쟁 통사인 《일청전사》전 7권(1896~1897)의 제1권에는 오토리 공사와 혼성 제9여단이 계획적으로 조선 왕궁을 공격해서 점령한 사실이 서술되어 있어서, 사건이 계획적이었음을 알고 있는 국민도 실은 적지 않았다.

---

25 《1894년, 경복궁을 점령하라!》(박맹수 옮김, 푸른역사, 2002)라는 제목으로 국내에 출간되었다.

혼성 제9여단의 남진

왕궁 무력 점령 작전을 위해 아산 지구로 진군하는 계획은 연기되었고 7월 25일 오시마 여단장은 혼성 제9여단 주력(보병 3,000명, 기병 47기, 산포 8문, 병참 부대)을 이끌고 아산으로 향했다.

그다음 날인 26일, 아산의 청군을 몰아낼 것을 의뢰하는 조선 정부의 공문을 수령했다는 오시마 공사의 보고가 들어왔다. 아산에 있는 청군을 공격할 대의명분을 얻기 위해 필요한 문서였지만, 무쓰의 《건건록》마저 "한정漢 廷으로부터 아산에 있는 청국 군대를 국외로 쫓아내달라는 위탁을 억지로 받았다"고 쓰고 있듯이 국왕, 대원군, 외무독판(외무대신) 조병직趙秉稷이 저항하자 협박해서 내도록 한 공문이었다. 그러나 조선 측이 저항한 결과, 애매한 내용이 되고 만 듯해 공개되지 않았다. '쫓아내달라고 의뢰'하는 공문과 함께 조청 조약의 폐기 통지와 일본군의 징발에 협력하라는 지방 관청에 대한 훈령도 내려졌다.

한성에서 아산으로 남진하는 혼성 제9여단이 처음으로 직면한 것은 보급 문제였다. 오시마 소장의 지휘 아래 있는 혼성 제9여단은 보병 이외에 소규모였지만 포병, 기병, 공병, 그 외의 부대들도 갖춘 미니 사단이었다. 그러나 히로시마를 출발할 때에 맞추지 못해 수송을 담당하는 치중병 부대와 병참부에는 짐말도, 군부도, 도보 차량(다이하치구루마大八車[26])도 배속되지 않았다. 그렇기 때문에 혼성 제9여단은 인천이나 한성에 머무르는 한 전투력이 있었으나 아산까지 이동해서 전투할 능력은 없었다. 아산으로 향하기 위해서는 조선 현지에서 군부軍夫·인부와 마소를 징용할 필요가 있었다. 덧붙이면 군부란 군인인 치중수졸輜重輸卒 대신에 물자 운반을 담당하기 위해 민간인을 고용해서 임시 채용 군속으로 삼은 것이었다.

결국 이동할 때 군부로서 인천과 한성에 거주하는 일본인을 동원했지만 인원수가 한정되었으므로 7월 25일 출발할 때에는 무력으로 위협해서 조선인 인부와 소, 말을 징발했다. 그러나 강제적으로 동원된 인부들이 그날 심야에 수원에서 소, 말을 끌고 도망쳤기 때문에 아산으로 진격하는 데 지장을 초래했다. 이때 식량뿐 아니라 소총탄이나 산포탄도 분실되었다. 보병 제21연대 제3대대에서는 소속된 인부와 소, 말 전부가 도망가서 혼성 제9여단이 26일에 출발하는 것이 곤란해졌으므로 대대장 고시마사쓰나古志正綱 소좌가 책임을 지고 그다음 날 자결하는

---

26 에도 시대부터 쇼와 초기에 이르러 자동차가 보급되기 전까지 물자 운반에 사용된 목재로 된 수레로, 사람이 끌었다.

이상 사태까지 발생했다.

조선 정부로부터 7월 25일에 일본군의 징발에 협력하라는 훈령이 내려진 후부터는 지방 관청의 대응도 개선되었으나, 식량과 수송 수단의 부족과 때마침 시작된 무더위는 일본군의 행군을 힘들게 했다. 그렇지만 혼성 제9여단 주력은 27일 진위振威현에, 28일 소사장素沙場에 도착해서 야영했고, 그곳에서 청군이 아산의 동북 방향, 전주 가도 위에 있는 성환에 포진하고 있다는 사실을 알게 된다.

성환 전투

상대인 청군은 섭사성이 약 2,500명을 이끌고 성환에 포진해 야전 축성을 하고 야포 6문을 설치해서 일본군의 공격에 대비하고 있었다. 섭사성과 상담한 후에 사령관 섭지초 제독은 1영을 이끌고 공주 방면으로 후퇴하는 도중 천안에 도달했다. 성환에 있는 청군은 주력을 성환과 그 동쪽에 있는 앵속방주산罌粟坊主山[27]에 포진하고 일부는 계곡을 사이에 둔 북서 방향의 은행정銀杏亭 고지에 배치했다. 일본군의 오시마 여단장은 우익대로 은행정 고지

---

27 실제 지명은 아니다. 1904년 참모본부에서 편찬한 《일청전사》에 따르면 월봉산 근처의 언덕 모습이 정수리에만 머리카락이 남아 있는 어린아이 머리 같다고 해서 그렇게 불렀다고 한다.

를 견제하고 주력으로 앵속방주산을 공격하는 작전 계획을 세웠다.

7월 29일 미명부터 일본군은 야영지로부터 이동을 개시했지만, 우익대(대장 다케다 히데노부 중좌)는 비와 만조로 하천의 물이 불어나는 가운데 낯선 논 지대를 행군하는 데 어려움을 겪었다. 도중에 전위대가 안성천을 건너 가룡리佳龍里 마을에 접근했는데, (오전) 3시 20분경 마을 안쪽으로부터 사격을 당해 중대장 마쓰자키 나오오미松崎直臣 대위가 전사하고 병사 다수가 죽거나 다쳤다. 우익대장은 오른쪽으로 우회해서 적을 공격하려고 했으나, 이때 도키야마 슈조時山襲造 중위와 병사 22명은 발이 푹푹 빠지는 강에서 익사했다. 이 전투는 '안성 도하전安城渡の戦い'이라는 이름으로 일본에서 보도되었다. 그 후 이 전투에서 죽을 때까지 나팔을 계속 분 시라카미 겐지로白神源次郎(나중에 기쿠치 고헤이木口小平로 변경28)의 용감한 모습이 미담으로 신문에 보도되어 칭찬을 받았다. 이러한 희생을 내면서 우익대는 은행정 고지에 도달했다.

오시마 여단장이 지휘하는 주력은 전위 대대로 앵속

---

28 시라카미는 원래 나팔수였지만 예비역으로 소집된 시점에는 나팔수가 아니었다고 한다. 기쿠치 고헤이는 그날 전사한 나팔수였다.

세키구치 마사지로関口政治郎가 그린 성환 전투.

방주산에 접근하고 후속 부대로 청군의 양익을 포위 공
격했다. 앵속방주산의 청군이 후퇴하기 시작하자, 섭사성
이 백마를 타고 수백 명의 부하를 지휘해 구원하러 와서
격전이 이어졌다.

　　오전 7시경, 일본군은 앵속방주산의 진지에 돌입했다.
이 상황을 보고 성환과 은행정 고지 부근의 청군이 남쪽
으로 후퇴해 일본군은 승리를 거두었다. 일본군의 사상자
는 82명이었고, 포탄 254발과 소총탄 6만 7,801발을 소비
했다. 육군이 공식 간행한 전사인《메이지 27, 28년 일청
전사》는 청군의 사상자가 500명 이상이라고 기술했고 그

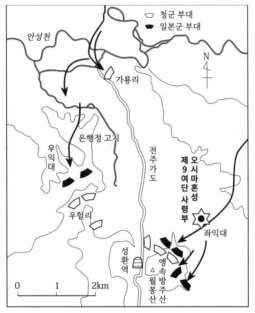

성환 전투

청군 부대
일본군 부대

안성천

가룡리

N

은행정 고지

우익대

전주가도

제9여단혼성 오시마 사령부

우헐리

좌익대

성환역

앵속방주월봉산산

0 1 2km

노무라 후사오 감수·구와다 에쓰시 편찬《근대일본전쟁사·제1편 일청·일러전쟁》(同台經濟懇話会, 1995)을 근거로 저자가 작성.

후의 일본 연구자들도 이를 답습했으나 중국 측 자료로 본다면 지나치게 큰 숫자일 가능성이 있다.

오시마 여단장은 청군 주력이 아직 아산 방면에 있다고 확신하고 아산을 향해 출발해 오후 3시경 도착했다. 그러나 청군의 모습은 찾아볼 없었다. 성환 전투에서 승리했으나 청군에 궤멸적인 타격을 준다는 목적은 달성할 수 없었던 것이다.

혼성 제9여단은 한성으로 귀환해서 북쪽의 청군과 대치하기 위해, 7월 31일 아산을 출발해 8월 5일 주둔지가 있는 용산으로 돌아왔다. 그리고 오토리 공사, 조선 국왕의 특사 이윤用九 외에 다수의 일본 거류민이 참가한 개선식에 임했다.

그러나 패배한 청군 장병들은 일본군이 추격하지 않은 결과, 남쪽에 있는 공주에 약 3,000명이 재집결해서 섭지초나 섭사성의 지휘 아래 평양으로 귀환했다.

섭사성의 《동정일기東征日記》에 따르면, 성환에서 패한 다음 날인 7월 30일 섭사성은 공주에서 섭지초와 만나 군대를 수용해서 평양으로 돌아가 재기를 꾀할 것을 설득했다. 31일에 공주에서 북동쪽으로 행군을 시작해 청주, 청안淸安, 진천, 청풍淸風에 이르렀고, 이곳에서 북서쪽으로 방향을 바꾸어서 원주, 춘천, 금화金化, 이천, 수안遂安, 상원祥原을 거쳐서 8월 28일 평양에 도착한 것이다.

《동정일기》에 의하면, 청군은 식량과 숙소를 조선 측으로부터 제공받으며 일본군과 접촉을 피했고 낙오자가 발생하면 대기해서 수용하고, 비 때문에 행군이 곤란해지면 대기하며 주도면밀하게 도피해 전투력을 유지하면서 평양에 도착했다. 행군 도중 8월 13일 낭천狼川에서 평양

수비대장인 좌보귀左寶貴가 파견한 정찰병과 만났고, 18일에 평양에 집결해서 재기를 꾀하라는 이홍장의 전보를 접했으며, 20일에는 좌보귀가 마중을 보낸 기병대와 만났다. 섭지초는 먼저 평양으로 들어갔으나, 섭사성은 미약한 후위를 담당해 400킬로미터에 걸친 어려운 철수 작전을 성공시켰다. 이것은 군사적으로 대단하다고 해도 과언이 아니다.

선전 조서를 둘러싼 혼란 — 전쟁은 언제 시작되었나?

육지와 해상에서 전투가 시작되자, 청일 양국 모두 선전 포고를 향해 움직였다.

우선 청은 7월 29일 주일 공사의 귀국을 명령했고, 30일에 총리아문이 주청 각국 공사에게 개전 책임은 일본에 있다는 문서를 보냈으며, 다시 31일에 총리아문의 경친왕이 고무라 공사에게 청일수호조규 폐기와 국교 단절을 통고했다. 8월 1일에는 광서제의 선전 상유宣戰上諭가 발표되었다. 일본 측에서도 7월 31일 주일 각국 공사에게 교전 통고서를 전했으므로 국제법상 양국은 전쟁 상태에 들어간 셈이었다.

이토 수상은 7월 30일 이토 미요지伊東巳代治[29] 내각 서기관장과 이노우에 고와시井上毅[30] 문상文相[31]에게 선전 조서 기초를 명령했다. 이노우에 문상은 대일본제국 헌법 기초에 참여했고 제1차 이토 내각에서 초대 내각 법제국內閣法制局 장관을 맡아 그동안 조칙 기초에 종종 참여한 경험이 있었기 때문이다. 이 시기의 독특한 한자어를 많이 넣은 메이지 천황의 조칙에는 그가 손을 보았다.

7월 31일 각의에 제출된 조칙안은 개전 상대국 문제와 개전 명목을 둘러싼 논의가 속출해 승인받지 못했다.

개전 상대국 문제란 청이라는 한 나라와 전쟁을 하는지, 청 및 조선과 전쟁을 하는 것인지, 각내에 두 가지 의견이 있었기 때문이다. 7월 23일 조선 왕궁 점령 사건에서 다노우에 이와키치田上岩吉 일등병이 전사했으므로 육군이 전쟁 상대국을 '청국 및 조선국'으로 하도록 주장했으리라 생각된다.

그러나 광서제의 선전 상유가 8월 1일 발표되었으므로, 이에 대항해서 조급히 선전 조칙을 결정할 필요가 생겼다. 8월 2일 각의에서 타협이 성립해 전쟁 상대국을 '청국', 날짜를 8월 1일로 하는 선전 조칙안이 결정되었다. 이

---

29 1857~1934. 일본의 관료이자 정치가. 대일본제국 헌법 기초에 참가했다. 만년에는 군축을 반대하고, 중국과의 유화적 외교인 시데하라 외교를 비판했다.

30 1844~1895. 일본의 관료이자 정치가. 법제국 장관과 문부대신 등을 역임했고, 대일본제국 헌법, 군인칙유, 교육칙어 등의 기초에 참가했다.

31 내각제도에서 교육을 담당하는 문부대신의 약자이다.

조칙안은 곧 천황의 재가를 거쳐 2일 《관보》 호외로 공포되었다.

이와 관련해 개전 후 잠시 동안 정부 내에서 개전일을 언제로 하느냐가 논의되었다. 이때 논리적으로는 아래와 같이 다섯 개의 개전일이 성립할 수 있었다.

① 7월 23일, 연합함대가 청국 군함 및 수송선을 격퇴할 목적으로 출항하고, 혼성 여단이 조선 왕궁을 공격, 점령한 날. 해군 및 당초에는 육군도 이날을 주장.

② 7월 25일, 풍도 해전 발생일.

③ 7월 31일, 일본이 교전 통고서를 중립국에 나눠준 날. 외교상, 국제법상 개전일.

④ 8월 1일, 선전 포고의 형식적 날짜. 가장 근거 박약.

⑤ 8월 2일, 선전 조서가 실제로 각의에서 결정되어 공포된 날.

개전일 문제는 국내에서 전시법을 언제부터 적용하느냐와 관련 있고, 군인에게 특히 깊은 관계가 있었다. 결국 9월 10일 각의에서는 7월 25일을 개전일로 결정한다. 그 결과 공식적으로는 7월 24일 발생한 조선 측과의 전투는 청일전쟁에서 사라지게 되었고 육군 공간 전사에서 '역사의 위조'가 이루어져 우발적 사건으로 처리되게 되었다. 명령에 따라서 전투에 참가해 사망한 다노우에 이와키치

일등병은 법적으로는 전사자 취급을 받을 수 없게 된 것이다.

최근 연구에서는 대본영이 설치되어 전쟁 지도를 하고 있는 단계에서 발생한 7월 23일 전투를 단순한 우발적 사건에 의한 전투로 취급하는 것이 아닌 '조일전쟁' 혹은 '7월 23일 전쟁'으로 정의하고, 7월 25일에 시작해 1895년 4월의 강화조약 체결과 5월의 강화조약 비준으로 끝나는 '협의의 청일전쟁'과 합쳐서 광의의 청일전쟁의 일부로 취급하는 견해가 힘을 얻고 있다. 그런데 그렇다면 뒤에서 상세히 말하겠지만 강화조약을 비준한 후에 일본의 영토가 된 대만에서 발생한 전투를 어떻게 생각하느냐는 논의가 발생한다. 청일전쟁은 개전 시기와 함께 종결 시기에 대해서도 다양한 견해가 있으며, 전쟁이 언제 시작되어 언제 끝났는지를 논의하는 것은 청일전쟁 그 자체의 성격을 논하는 것으로 이어지게 된다. 그렇기 때문에 이 점에 대해 나의 의견은 마지막 장에서 다시 제시하려고 한다.

개전에 대한 메이지 천황의 생각

메이지 천황의 사적을 기록한 《메이지 천황기明治天皇紀》 제8의 1894년 8월 11일 항목에는 메이지 천황과 청일전쟁 개전에 관한 흥미로운 일화가 기록되어 있다.

선전 조서가 공포된 뒤, 히지카타 히사모토土方久元 전 궁내대신이 이세 신궁伊勢神宮[32] 및 선제릉先帝陵(진무릉神武陵[33]·고메이릉孝明陵[34])에 파견할 칙사 인선에 대해서 천황에게 상담을 했더니, 천황은 의외로 이번 전쟁은 "원래 짐의 본의가 아니었다. 각신閣臣들이 전쟁을 할 수밖에 없다고 상주함에 따라 이를 허락했을 뿐인지라, 이를 신궁 및 선제릉에 알리는 것은 매우 괴롭다"고 발언했다는 것이다. 즉 청일전쟁은 본의가 아닌 전쟁이었지만 대신들의 요청에 따라 어쩔 수 없이 허락했으므로, 선조에게 보고 따위는 하고 싶지 않다며 거부한 것이다. 히지카타는 놀라서 그런 생각은 잘못되었다며 강하게 간언했지만, 천황이 '네 얼굴 따위는 보고 싶지 않다'며 화를 내어 히지카타는 어쩔 수 없이 물러났다.

히지카타 궁상을 질책한 다음 날 천황이 반성해 히지카타를 불러서 칙사의 인선을 들었으므로 사태는 수습되었다. 그러나 천황은 11일에 궁중 삼전三殿[35]에서 거행된 봉

---

32 미에 현 이세 시에 소재하는 신사로 황실의 씨족신인 아마테라스오미노카미天照大神 등을 제사 지내고 있다.

33 나라 현 가시하라 시 니시 오쿠보 정에 소재하는 천황릉으로 전설상 일본 최초의 천황인 진무 천황이 안장되어 있다고 한다.

34 교토 부 교토 시 히가시야마 구에 소재하는 천황릉으로 메이지 천황의 아버지인 고메이 천황이 안장되어 있다.

고제奉告祭에 결석해 식부장式部長[36] 나베시마 나오히로鍋島直大가 대신했다. 개전 봉고제와 같은 중대한 제사를 다른 사람에게 대신하게 한 행위는 이례적인 일이었다. 천황은 청과의 전쟁을 납득하지 못했던 것이다. 그렇다면 왜 메이지 천황은 개전을 "본의가 아니다"라고 생각한 것일까?

예를 들면, 니시카와 마코토西川誠는 자신의 저서에서 다음과 같이 지적한다. 메이지 천황은 모험적인 대외 진출을 피하는 피전론자避戰論者였다. 이 생각에는 아버지인 고메이 천황이나 전 시보侍補[37](사사키 다카유키佐佐木高行나 모토다 나가자네元田永孚)의 영향, 혹은 천황이 신뢰하고 있었던 이토 수상 등 조슈파가 국력을 감안해서 대외 진출에 억제적인 대외 정책을 편 것의 영향이 있었다. 더욱이 천황은 패배에 대한 공포가 커서 선조로부터 오랫동안 이어져 내려온 제위와 국가를 위태롭게 하는 모험책을 기피했다 (《明治天皇の大日本帝国》).

아이야마 유키오檜山幸夫는 더 구체적으로 이 건에 대해 설명한다. 메이지 천황은 조선에 출병하는 것 자체에는 반

---

35 궁중 내에 연결된 세 건물의 총칭. 삼종 신기 중 하나인 거울이 소장되어 있는 현소賢所로 역대 천황 및 황족의 영을 모시는 황령전皇靈殿, 천신지기天神地祇를 모시는 신전神殿으로 구분된다.
36 궁내성에서 궁중 의식을 담당하던 부서.
37 메이지 초기에 궁내성에 설치된 직책으로 천황의 보좌 및 지도가 목적이었다.

대하지 않았다. 그러나 출병 결과 청과의 관계가 악화되자 정부의 결정에 회의적 입장이 되어, 각의 결정을 승인할 때 이토 수상이나 무쓰 외상에게 상세한 설명을 요구했다. 이 때문에 이토나 무쓰는 천황과 만나는 것을 피하게 되어 중요한 정세 보고나 결정이 천황에게 보고되지 않거나 사후에 보고되었다. 천황은 특히 사정이 좋지 않은 일을 숨기는 무쓰의 외교 지도에 불만을 가지고 있었다. 최종적으로는 사전에 승인을 얻지 않은 상태로 "갑자기 선전 조서를 제시받고 숙고할 여지가 없이 재가를 하게 되었다"며 격노했다고 해석한다(檜山,《日淸戰爭》).

메이지 천황은 돌다리도 두들겨보고 건너는 신중한 성격의 소유자였다. 그 판단 기준은 선조로부터 이어받은 "만세일계萬世一系"의 제위와 국가를 위태롭게 하는 것에 대한 공포에 기초하고 있었다. 또한 메이지 천황은 40대라는 장년기를 맞이해 자신의 의사를 주장하게 되었다. 그렇기 때문에 중요한 정보를 숨기고 개전으로 나아갔고 끝내 상담도 없이 선전 조서 재가를 강제한 이토와 무쓰의 태도에 분노했다. 그것이 "짐의 전쟁이 아니라, 대신들의 전쟁이다"라고 말했던 사태의 진상일 것이다. 이러한 천황의 성격은 청일전쟁으로부터 10년 뒤에 벌어진 러일전쟁의 개전을 결정할 때에도 나타나서, "사해가 모두 형제라고 생각되는 세상에 어찌 파도가 이는가?"라는 시를 읊었다. 이것은 메이지 천황의 불안의 표현이었다.

그러나 메이지 천황은 단순한 평화주의자가 아니었다. 한때의 분노가 진정되고 사태를 이해하게 되자, 전쟁 지도에 부지런히 노력했다. 그렇지만 청일전쟁은 천황에게는 큰 심적 부담이었다. 그것을 시사하는 기록이 있다.

청일전쟁이 종결되자 메이지 천황은 대본영이 있던 히로시마에서 도쿄로 돌아왔다. 돌아오는 도중 교토에 체재한 1895년 5월 12일에 개인적으로 친한 추밀고문관 사사키 다카유키 한 사람만을 불렀다. 그리고 보통은 과묵한 메이지 천황이 청일전쟁에 대해서 일방적으로 계속 떠들고 사사키는 단지 들었을 뿐이었다(津田茂麿,《明治聖上と臣高行》). 이 행동은 전쟁 중에 큰 스트레스를 받았다는 걸 알 수 있고, 측근인 사사키에게 그 속마음을 계속 이야기하는 것으로 그것을 발산한 사실을 보여주고 있다.

제3장
한반도
점령

1. 평양 전투

전쟁 지도 체제

조선으로 출병하는 것이 결정되자, 전년도에 공포된 전시 대본영 조례에 따라서 1894년 6월 5일 참모본부 내에 대본영이 설치되었다. 전시 대본영 조례에서는 시종무관, 군사내국원, 막료, 병참총감부, 관리부 및 육상陸相, 해상海相을 대본영 구성원으로 했다. 그런데 천황에 직속되어 군의 의례와 인사를 관할하고 군사상 자문에 응하는 독일과 같은 시종무관국(군사내국)은 설치되지 않았으므로 참모총장 아리스가와노미야 다루히토 친왕이 막료장이 되어 막료를 통괄하여 천황에게 작전 계획 등을 상주했다.

이때의 참모총장은 "제국 전군의 참모총장"이었다. 참

모총장 밑에서 육군의 책임자는 참모차장(가와카미 소로쿠), 해군 책임자는 군령부장[1](나카무타 구라노스케中牟田倉之助, 7월 17일에 가바야마 스케노리로 교체)이었다. 가와카미는 또 병참총감을 겸임해서 육군의 작전 전반을 장악했다.

7월 17일 처음으로 궁중에서 대본영 회의가 열렸다. 천황이 임석하고 야마가타 아리토모 추밀원 의장도 출석을 명받았으며, 나아가 27일 회의부터 이토 수상도 출석했다. 야마가타는 현역 육군 대장으로 무관이었지만, 이토는 문관이었으며 대본영에 참석하는 것은 이례적인 일이었다. 그러나 이토는 수상임과 동시에 번벌 세력 내의 최고 실력자로, 천황의 신임도 두터웠으므로 문관이지만 대본영에 참석해 전쟁의 작전 지도에 관여했다. 또 나중에 무쓰 무네미쓰 외상도 대본영에 참석했다. 8월 5일에는 대본영을 궁중으로 옮기고 니시노마루西の丸에 있는 메이지 궁전明治宮殿의 정전正殿을 회의실로 삼고 사무실도 궁전 안에 두었다.

8월 27일에는 조슈 출신의 전 육군 차관 오카자와 구와시岡澤精 소장이 처음으로 시종무관으로 임명되어 군령

---

1   일본 해군의 작전을 맡는 군령부의 수장으로, 나중에 군령부 총장이라는 이름으로 바뀌었다.

관계의 사무를 다루었고 대본영에 출석했다. 덧붙이자면 전후 1896년 4월 1일에 대본영이 해산되자, 시종무관제가 정해져 군령 관계의 상주는 시종무관장이 관장하게 되고 육해군 대신의 상주는 시종장의 소관이 된다.

단기전에서 장기전으로

청과의 전쟁을 결의한 이상, 어떠한 기본 방침으로 전쟁을 할 것인지를 정할 필요가 있었다. 8월 5일 참모총장 아리스가와노미야 다루히토 친왕과 가와카미 소로쿠 참모차장이 천황과 만나서 '작전 대방침'을 설명했다는 기술이 《메이지 천황기》(문헌상 출처는 《다루히토 친왕 일기熾仁親王日記》)에 있으므로 예전에는 이날에 기본 방침이 결정되었다고 여겨졌다. 하지만 최근 연구 결과, 청일전쟁의 기본 방침은 6월 21일까지 육해 공동 작전안으로 작성되었으며 같은 날 임시 각의에서 설명되었다. 이를 기초로 삼아 7월 중에 '작전 대방침'이 결정되어 7월 23일 사세보를 출항한 이토 스케유키伊東祐亨 연합함대 사령장관이나 7월 30일 조선으로 출정 명령을 받은 노즈 미치쓰라 제5사단장에게도 이 방침이 교부된 사실이 밝혀졌다.

'작전 대방침'의 요점은 황해와 발해의 제해권을 장악하고 가을까지 육군 주력을 발해만 북안으로 수송해서 수도인 베이징 주변 일대에서 직례 결전을 청군과 벌인다는 것으로, 단기 결전을 지향했다. 이 작전은 육군이 1880년대부터 구상하고 있었던 것이다. 그러나 제해권이 불충분할 경우에는 당분간 조선을 확보하는 데 노력하고, 나아가 제해권이 청 해군에게 장악될 경우에는 조선에 파견한 혼성 제9여단에게 원군을 보내 적을 요격하기로 되어 있었다.

그러나 7월 25일 풍도 해전 이후, 해군이 추구하던 함대 결전의 기회는 오지 않아 제해권을 장악하지 못했다. 이 때문에 8월 9일 '작전 대방침'은 변경되어 직례 결전은 이듬해 봄 이후로 연기되었다. 단기 결전을 목표로 삼고 있던 청일전쟁은 해를 넘겨 장기전으로 바뀌게 되었다.

이 방침 전환은 8월 31일 '동계 작전 방침'으로 정리되었다. '동계 작전 방침'에서는 직례 작전의 근거지로 삼기 위해 랴오둥반도 끄트머리의 뤼순을 점령하고, 동시에 평양 부근의 안전을 확보하기 위해 조선 국내의 적군을 소탕하고, 그 외 직례의 적군을 분산시키기 위해 만주의 중심 도시 펑톈奉天을 치기로 했다. 나아가 봄에 있을 직례 작전에 대비해 평양 부근에 대군을 보내는 것도 계획하고 있었다.

이 계획들을 실현하기 위해 조선 국내를 점령하고, 압

록강을 넘어 만주로 침입할 목적으로 8월 14일 제5사단에 제3사단을 추가해서 제1군을 편성할 것을 결정했다. 다시 9월 21일 라오둥반도의 뤼순 점령을 목표로 삼고 제1·제2사단과 혼성 제12여단으로 제2군을 편성하는 것이 결정되었다.

제5사단 본대, 조선으로

오시마 요시마사 소장이 지휘하는 혼성 제9여단을 보낸 뒤, 일본에 머무르던 제5사단은 7월 30일 대본영으로부터 도한渡韓 명령을 받았다. 부대를 수송선으로 인천에 수송하는 것이 가장 효율적이었으나, 제해권이 확보되지 않았기 때문에 사단 사령부와 함께 최초로 출발한 부대는 부산과 원산에 상륙해서 육로로 한성을 향했다. 부산과 한성 사이는 약 1,000리(약 400킬로미터), 원산과 한성 사이는 약 500리(약 200킬로미터)의 험로였다.

제5사단장 노즈 미치쓰라 중장은《메이지 27, 28년 진중 일기明治二十七八年陣中日記》라는 제목의 종군 일기를 남겼다. 본인이 아닌 부관이 기록한 것으로 원본과 청서본이 각각 16권씩 있으며, 1894년 6월 4일부터 1895년 5월 15일까지를 극명히 기록했다.

이 일기에 따르면 8월 4일, 노즈와 사단 사령부는 구

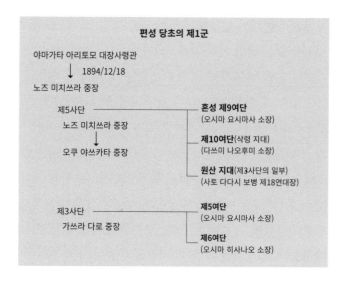

편성 당초의 제1군

야마가타 아리토모 대장사령관

↓ 1894/12/18

노즈 미치쓰라 중장

제5사단 ──────────── **혼성 제9여단**
　노즈 미치쓰라 중장　　　　(오시마 요시마사 소장)

　↓　　　　　　　　　**제10여단**(삭령 지대)
　오쿠 야쓰카타 중장　　　　(다쓰미 나오후미 소장)

　　　　　　　　　　　원산 지대(제3사단의 일부)
　　　　　　　　　　　(사토 다다시 보병 제18연대장)

제3사단 ──────────── **제5여단**
　가쓰라 다로 중장　　　　　(오시마 요시마사 소장)

　　　　　　　　　　　제6여단
　　　　　　　　　　　(오시마 히사나오 소장)

마모토마루熊本丸를 타고 우지나를 출항, 6일에 부산에 도착했다. 같은 날 노즈는 대본영으로부터 사전에 지시받은 루트인 부산에서 한성으로 향하는 중로中路는 길이 좋지 않으니 1개 대대만을 중로로 진군시키고, 나머지 부대는 원산에 상륙할 것을 구신具申했지만 대본영은 이를 거부했다. 어쩔 수 없이 8일부터 행군을 개시했는데, 병사의 피로를 줄이기 위해 배낭(한 사람당 5관貫, 약 18킬로그램이나 된다)을 부산으로 돌려보냈고(9일), 고용한 조선인 인부에게 지불할 "한전韓錢이 바닥을 드러냈기" 때문에 "인부가 도망침에 따라 전진하기 쉽지 않았고"(11일), "지금 한전 및 양식이 부족해서 전진하기 쉽지 않은"(13일) 등 힘든 행군을 알려주는 글이 매일 기록되었다.

8월 14일 낙동洛東에 도달한 노즈는 견디다 못해서 중로는 도로가 험한 데다가 이 상황에서 한전과 양말糧秣(인간의 식료와 말 사료)이 부족해 물자를 운반할 조선인 인부를 고용하는 것이 곤란하므로 후속 부대는 원산 또는 인천에 상륙시키도록 구신했다. 대본영에서도 사정을 헤아려 제5사단 후속 부대는 연합함대의 호위 아래 인천으로 직행시켰다. 노즈 일행은 이후, 험준한 조령을 넘어 충주(충청도)에 이르렀고, 가흥부터는 배를 타고 한강을 따라 내려가 행군 개시로부터 열흘 이상 지난 8월 19일에 한성에 도착했다.

원산에 상륙한 것은 보병 제22연대(마쓰야마松山) 제2대대 및 후속인 보병 제12연대(마루카메丸龜) 제1대대와 포병이었는데, 그들도 중로를 따라 올라온 사령부에 못지않은 고생을 체험했다. 마쓰야마 중학 체육 교사로 열렬한 그리스도교도였던 하마모토 리사부로濱本利三郎는 6월 13일 소집 영장을 받고 8월 2일 마쓰야마 교외의 다카하마高浜에서 배를 타고 5일 원산에 도착했다. 하사관으로서 종군한 하마모토는 《일청전투 실험록日清戰鬪實驗錄》을 남겼다.

하마모토가 속한 제2대대(대대장 야스미쓰 노부에安滿伸愛

소좌)는 장교, 병졸 900명과 일본인 군부 400명으로 구성되었다. 8월 6일 원산을 출발한 부대는 무더위의 습격을 받아 낙오자가 속출했는데, 작은 체구인 일본 군인은 5관 정도 되는 배낭과 4킬로그램의 무라타 총을 합쳐 20킬로그램이 넘는 장비 때문에 40도에 달하는 조선의 여름 더위에 당하고 말았다. 그런데다가 8일 회양淮陽에 도착했을 때에는 징발한 300여 마리의 소의 과반이 피로로 인해 쓰러졌고, 조선인 인부들은 도망쳤다.

식량을 짊어진 인부들은 피로 때문에 움직일 수 없어서 고통스러운 나머지 "단번에 베어줘"라고 말했다고 한다. 감독관이 군기의 엄격함을 보여주기 위해 인부 한 명을 베었으나, 피로가 심한 인부들은 겁에 질리기만 하고 일어서려고 하지 않았다. 결국 야스미쓰 대대장은 인부가 짊어질 수 있는 양 이외의 짐은 버리기로 결단했다. 그런 뒤 징발대를 먼저 보내 식량을 확보하게 하고, 더운 낮을 피해 야간 행군을 하기로 결정했다고 한다.

이상과 같은 가혹한 행군의 결과, 8월 하순이 되어 제5사단은 한성 부근에 겨우 집결했다.

짐을 옮기는 병사의 부족 — "수송의 한계"

여기에서 청일전쟁에서 육군의 탄약 및 물자 수송 방

법에 대해서 확인해보도록 하자.

프랑스군이나 독일군에게 배운 일본 육군은 수송 수단으로 본래 말을 써야 했다. 포신이 길고 무거운 야포는 만마輓馬(수레를 끄는 말)가 끌고 이동하고, 포신이 짧은 산포는 분해해서 태마駄馬(짐을 나르는 말)로 운반했다. 탄약·물자 운반은 유럽에서는 마차를 썼지만, 도로 사정이 나쁜 일본에서는 태마를 부리는 것이 기본이었다.

청일전쟁 단계의 일본에서는 체격이 빈약한 재래종 일본 말이 주류로, 질과 양 면에서 말을 확보하는 것이 쉽지 않았다. 그렇기 때문에 말 대신 병사가 도보 차량을 끌거나, 지게를 지고 옮기는 경우도 있었다.

태마란 구체적으로는 말에 얹은 특수한 안장에 짐을 나누어 실어 나르는 운반법이고, 도보 차량이란 다이하치 구루마大八車(리어카의 전신인 목제 이륜 짐차)에 태마 두 마리분의 짐(약 188킬로그램)을 싣고, 치중수졸輜重輸卒 3, 4명이 끄는 것을 말한다.

종종 오해받지만, 같은 짐을 옮기는 병사라도 치중병輜重兵과 치중수졸은 전혀 다르다. 쉽게 설명하자면 치중병은 태마 또는 마차로 짐을 옮겼고, 치중수졸(중일전쟁 시기부터 '특수병特殊兵'으로 개칭)은 도보로 짐을 옮겼다. 치중병은 다른 병종과 똑같이 병영에 살며 승진할 수 있었지만, 치중수졸은 영내 기간이 짧고 중일전쟁까지 승진하지 못해 이등병으로 끝나는 경우가 많았다. "치중수졸이 군인이라면 나비나 잠자리도 새"라는 야유를 받았고, 이만큼 경시된 병종이었다.

실제로는 민간에서 말을 징발하는 것은 어려웠고, 더욱이 훈련을 마친 치중수졸도 적었으므로 전쟁이 시작되자 민간인을 임시 군속인 군부로서 일시 고용해서 부족한 태마와 치중수졸에 대응했다. 메이지 시기 일본 육군의 최대 약점은 군마의 부족과 군마의 불량이었다고 해도 과언이 아니다. 청일전쟁, 그리고 러일전쟁에서도 육군의 치중 부대나 병참 부대는 기본대로 구성되지 못하고 변칙적으로 구성되었다.

최초로 조선으로 건너간 오시마 요시마사 소장이 지휘한 혼성 제9여단은 치중병이 규정된 수를 밑돈 데다가 말도, 도보 차량도 없어 수송 능력이 결여되어 있었다. 청군이 있는 아산을 향해 남하하기 위해서 거류민으로부터 군부를 모집하고 조선인 인부와 말을 강제적으로 모았으므로 혼란이 발생했다.

다음으로 조선에 건너온 노즈 미치쓰라 중장이 지휘하는 제5사단 잔여는 보병·포병·기병·공병 외에 사단 내의 지원 부대로서 대소가교종렬大小架橋縱列(공병이 쓰는 가설교

청일전쟁에 출정한 사단에서 동원한 인마의 수

사단		인원 합계	각 병과	그중 치중수졸	군부	만마	태마	도보 차량
야전사단	근위	13,880	13,118	2,217	0	1,585	805	0
	제1	20,086	15,559	1,846	3,768	384	1,142	1,405
	제2	20,052	15,957	2,452	3,351	384	1,142	1,405
	제3	18,087	14,982	1,231	2,354	0	4,154	0
	제4	19,972	19,198	2,213	0	1,970	1,190	0
	제5	20,878	15,928	2,136	4,169	0	785	0
	제6	17,808	16,982	2,438	90	497	3,581	0
	임시	5,875	5,551	1,011	4	0	1,041	0
	제7							
	계	136,638	117,275	15,544	13,736	4,820	13,840	2,810
병참부	근위	4,151	436	0	3,492	0	0	989
	제1	4,804	370	11	4,256	0	11	1,216
	제2	4,783	356	25	4,256	0	9	1,216
	제3	4,893	363	13	4,346	0	733	1,000
	제4	4,800	361	9	4,264	0	9	1,216
	제5	1,703	287	18	1,022	0	0	0
	제6	3,841	634	363	3,053	0	360	870
	임시	45	4	0	0	0	0	0
	제7							
	계	29,020	2,811	439	24,689	0	1,122	6,507
합계		165,658	120,086	15,983	38,425	4,820	14,962	9,317

주: 만마, 태마는 마리 수, 도보 차량은 대수.
출처: 육군성 편, 《메이지 27, 28년의 전역 통계》 상권의 〈동원 인마 총원〉(41~43쪽).

자재를 옮기는 부대), 탄약 대대, 치중병 대대, 위생대, 야전 병원을 갖추고 본격적인 병참부도 가진 총원 1만 4,500명의 대부대였다.

그러나 이 부대에서도 치중수졸은 정원의 반절 이하인 963명밖에 동원되지 않아, 사단과 병참부에는 5,000명을 넘는 군부가 고용되어 수송을 맡았다. 군부들이 지게로 탄약이나 식량을 옮길 수밖에 없었기 때문에, 제5사단의 군사 물자 수송 능력은 엄청 낮았다.

제3사단의 동원

대본영은 8월 4일, 나고야의 제3사단 동원을 명령했다. 제3사단장 가쓰라 다로 중장은 예전에 자신이 중심이 되어 정비해온 군사 시스템을 시험할 좋은 기회로 파악하고 벼르고 있었다.

당초 제3사단은 랴오둥반도를 점령하고 직례 결전을 준비하는 전력으로 평가받고 있었다. 랴오둥반도의 도로가 좋지 않고 말 사료 확보가 어렵다고 오해를 받았으므로, 사단의 치중 부대(탄약이나 식량을 옮기는 부대)의 편제를 태마에서 도보 차량으로 변경했다. 그 후 제3사단은 조선으로 이동하게 되었는데 조선에서는 태마가 유효하다는 정보가 전해지자, 대본영은 태마 편제로 되돌리고 다시 수송력 강화를 위해 군부와 도보 차량을 준비시켰다. 그리고 제3사단은 8월 말 나고야를 출발, 조선으로 향했다. 제5사단과 비교하면 태마와 군부와 도보 차량을 갖춘 제

3사단의 수송 능력은 높았다.

9월 1일 대본영은 제5사단과 제3사단을 합쳐 제1군을 편성했다. 이미 8월 30일 추밀원 의장 야마가타 아리토모 대장이 제1군 사령관에 임명되었다. 제1군의 목적은 청군을 한반도에서 몰아내는 것이었다. 그러나 제1군, 특히 제5사단의 최대 문제였던 수송 능력은 개선되지 않았고, 이후 한성에서 북진해서 평양, 나아가 압록강을 향해 행군할 때 식량 부족으로 몇 번이나 발이 묶일 수밖에 없었다.

후술하겠지만 제1군에 이어 편성됐고 오야마 이와오 대장이 지휘하게 된 제2군에는 당초 제1사단, 제2사단, 혼성 제12여단(제6사단 소속)이 배속되었다. 이 부대들은 태마에다가 군부를 다수 고용(각 사단마다 약 8,000명의 군부를 고용해서 도보 차량을 끌게 했다)하는 것으로 수송력을 높였고, 또 황해 해전 이후 일본에서 랴오둥반도까지 직접 해상 수송되었으므로 제1군만큼 물자 수송에 고생하지 않았다.

노즈 제5사단장의 평양 공격 결의

제1군 사령관 야마가타는 9월 4일 도쿄를 출발해 히로시마를 경유해서 13일 한성에 들어갔다. 가쓰라가 이끄는 제3사단도 같은 시기 인천과 한성에 도착했다. 9월 15

일 야마가타 사령관과 가쓰라 제3사단장은 한성을 출발해 북진을 개시, 그날 밤은 벽제관에서 머물렀다. 다음 날인 16일 그곳에서 평양을 점령했다는 보고를 받았다. 노즈 미치쓰라 제5사단장이 야마가타 제1군 사령관의 명령을 기다리지 않고 독단으로 평양을 공격한 것이다.

1개월쯤 전인 8월 19일, 한성에 들어온 노즈 제5사단장은 먼저 출발한 오시마 요시마사 혼성 제9여단장과 협의해 평양의 청군은 "많아봤자 1만 4,000~5,000명"일 것으로 추측하고, 청일의 결착이 지어지지 않은 상황 속에서 조선 정부는 동요하고 있으므로 제5사단을 중심으로 조기에 평양을 공격하는 것이 필요하다고 판단해 적은 병력으로 평양을 공격하기로 결의했다.

노즈 사단장이 입안한 평양 공격 계획은 다음과 같았다. ① 혼성 제9여단(오시마 여단장)을 의주 가도에서 북상시켜 정면에서 공격하게 한다. ② 삭령朔寧 지대[2](다쓰미 나오후미立見直文 제10여단장)는 동쪽에서 평양으로 쳐들어간다. ③ 제3사단에서 먼저 출발해서 원산에 상륙한 사토 다다시佐藤正 보병 제18연대장이 이끄는 부대를 원산 지대元山支隊

---

2   일본의 군사학에서 지대는 작전상의 목적을 달성하기 위해 독립적으로 기동하는 부대를 가리킨다.

로 명명해 북쪽에서 평양을 공격한다. ④ 노즈 사단장은 사단 주력을 이끌고 십이포^{十二浦}에서 대동강을 도하해서 평양 북서 방면으로 우회해서 적의 퇴로를 끊는다. 이 작전은 육군대학교 교관이었던 클레멘스 멕켈 소령으로부터 배운 것으로, 철도·운하 등 교통수단이 발달한 유럽 평원에서 전투를 벌일 때 펼치는 분산과 집중의 원칙을 지형이 험하고 수송 기관이 불량한 조선에서 기계적으로 모방한 것이었다.

노즈는 8월 30일 아침, 대본영에 "나는 다음 달 1일부터 전 사단으로 북진을 시작할 것이며, 병참 업무가 시급하므로 서둘러 증원하겠다"고 보고했다. 제5사단의 운반 능력이 특히 낮은 이유는 이미 지적했지만, 이 상황을 무시하고 노즈와 오시마가 억지로 북진했던 것이다.

노즈의 진중 일기에는 오시마 여단장에게 "운반 인부 및 짐을 옮길 소와 말을 징발하기가 곤란할 때"는 "병졸을 사역"하라고 지시한 사실이나(9월 2일) 한성과 평양의 중간 지점에 있는 서흥부^{瑞興府}에서 이뤄진 혼성 제9여단의 징발 상황이 적혀 있다. 조선인은 일본군에 대해 엄청 냉담해서 "우리 군대에 돌을 던지는" 경우마저 있었고, 서흥 부사는 도망치거나 면종복배^{面從腹背}의 태도를 취해 징발이 어려워 혼성 여단의 전위인 이치노헤 소좌가 이끄는 대대는 소와 말도 쌀도 얻을 수 없었다고 말하고 있다. 또 오시마 여단장이 "오늘 중으로 짐을 옮길 소와 말 100마리, 쌀 150석을 징발해주지 않으면 서흥 전부를 소각"한다고 서흥 부사를 협박했고, 오시마가 5일부로 노즈에게 보낸 서한에 이 사실을 보고(9월 8일)한 내용 등도 기록되어 있다. 조선 관민의 적개심 속에서 제5사단이 진군한 사실을 알 수 있다.

그 결과 식량은 항상 부족해 평양 전투 1일째(9월 15일) 아침, 사단 주력과 원산 지대는 쌀 등의 상식常食은 갖지 못하고 휴대 구량 이틀분만 가졌을 뿐이었다. 삭령 지대는 휴대 구량 이틀분과 상식 이틀분을 가졌지만 상식의 내력은 쌀이 아닌 "밤과 대두 혼합"이었다. 한편 본 가도의 의주 가도를 전위대로서 전진해 식량 확보에 비교적 유리했던 혼성 여단은 상식 이틀분과 휴대 구량 이틀분을 확보하고 있었다.

휴대 구량은 딱딱하게 구운 비스킷이나 빵, 혹은 도묘지호시이道明寺糒(물로 삶는 건조 쌀밥)로 된 주식과 통조림, 말린 생선, 소금에 절인 생선, 쓰쿠다니佃煮[3] 등 부식의 조합이었다. 공성전은 장기전이 될 가능성이 높았다. 그러나

3　설탕과 간장 등으로 달짝지근하게 조린 일본 음식.

일본군은 식량이 부족했기 때문에 장기전을 치를 상태가 되지 못했다. 이런 상황에서 이뤄진 평양 공격은 상식적이지 않은 무모한 시도였다.

한편 평양 방위의 책임자인 청군 측 섭지초는 싸울 의지가 부족해 회합에서 철수를 제안했다. 그러나 좌보귀가 화를 내며 주전론을 주장했으므로 퇴각설은 채용되지 않았다. 다시 이홍장과 광서제가 수성이 아닌 출격을 재촉했으므로 청군은 9월 7일 7,000명이 출격했다. 그러나 그날 밤 중화부에서 청군은 아군끼리 싸우는 모습을 보였고, 이로 인해 요격전은 실패하고 말았다. 청군의 사기는 한층 저하되었다.

청과 일본의 무기 차이

평양은 대동강 우안에 위치한 남북으로 긴 성곽인 내곽內郭과 외곽外郭이 둘러싸여 있었다. 평양성 내곽의 가장 북부에 있는 보루는 을밀대乙密臺로, 그 북측에 제1보루에서 제5보루까지 건설되었고, 그것이 북측의 방어선이 되었다. 외곽 가장 북쪽에 있는 제1보루는 목단대牧丹臺라고 불리며 성벽으로 둘러싸여 서쪽의 현무문玄武門으로부터만 침입이 가능한 견고한 구조였다. 평양 전투에서는 목단대 공방이 초점이 되었다. 성벽으로 둘러싸인 외곽의 남부와 서부에도 많은 보루가 건설되어 있었다. 나아가 평양의 강 건너편, 대동강 좌안에도 몇 개의 보루가 만들어졌고, 거기에 임시 부교가 가설되어 성내와 좌안을 연결했다.

청군은 약 1만 5,000명의 병력에 산포 28문, 야포 4문, 개틀링 기관포 6문을 갖추고 있었고, 공격 측인 일본군은 약 1만 2,000명의 병력에 산포 44문을 갖추고 있었다.

청일전쟁에서 사용된 일본의 대포는 이탈리아에서 기술을 도입한 7센티미터 청동포(구경은 75밀리미터)로 최대 사정거리는 야포가 5,000미터, 산포는 3,000미터였다. 그러나 유효 사정거리는 이보다 짧았다. 유럽 선진국에서는 주조 강철제 대포가 일반화되었으나, 일본의 기술 수준이 낮았고 일본 국내에 동銅 자원은 풍부했기 때문에 성능이 조금 뒤처지는 청동제 대포가 채용되었다. 도로 사정이 나쁜 조선에서 싸우는 것을 전제로 해서 제5사단과 제3사단의 포병 연대는 산포 편제(포신이 길고 무거운 야포가 아닌, 위력은 약하지만 분해해서 태마로 옮길 수 있는 기동성 높은 산포만 장비)였다. 보병은 단발인 무라타총을 사용했다.

이에 비해 청군은 독일의 크루프Krupp사에서 제조한 주조 강철제 야포와 산포를, 보병은 독일제 수입 소총 또는 독일제 소총을 모델로 해서 국산화한 것을 사용했고, 그중에는 독일제 신형 연발총을 가진 병사도 있었다. 무기 수준은 청군이 뛰어나서, 평양 전투에서 청군의 우수한 무기가 효과적으로 사용되자 일본군은 곤경에 처했다. 청일전쟁에서는 일본군의 무기 쪽이 우수했다는 주장이 있는데, 이것은 명백한 오류이다.

격전 ─ 혼성 제9여단의 정면 공격

일본군은 9월 14일까지 평양 주변에 도착해 전투 준비에 들어갔다. 가장 빨리 평양에 접근한 것은 혼성 제9여단으로, 12일에는 평양에서 3킬로미터 남쪽에 있는 대동강 좌안의 영제교永濟橋에 도달, 청군과 소규모 전투에 들어갔다. 삭령 지대는 평양 동북 방향의 국주현國主峴 부근에서 대기했고, 원산 지대는 평양 북방의 감북산坎北山에서 야영했다. 사단 주력은 십이포에서 대동강을 도하하는 데 시간이 필요해 평양 서쪽에 늦게 도착했다.

평양 전투 및 혼성 제9여단의 공격과 실패에 대해서는 하라다 게이이치의 상세한 연구가 있으므로, 이 연구에 기초해 설명하겠다(《日清戦争》 및 〈混成第九旅団の日清戦争〉).

9월 15일 일본군은 평양을 세 방향에서 공격했다. 평양 북서로 우회해 들어온 사단 주력은 평양성 외곽 남서 돌출부에 있는 안산安山 보루 공략을 시도했지만, 청군이 포격과 만주 기병의 돌격으로 대항했으므로 공격은 실패

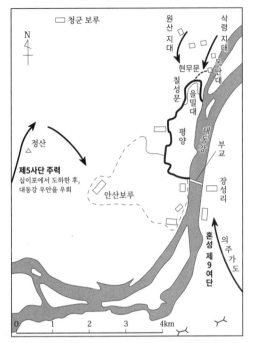

평양 전투(1894년 9월 15일)

□ 청군 보루

N

원산지대

삭령지대

옥탄대

현무문

칠성문

을밀대

평양

대동강

부교

장성리

의주가도

정산

제5사단 주력
십이포에서 도하한 후,
대동강 우안을 우회

안산보루

혼성 제9여단

0 1 2 3 4km

구와타 에쓰시《근대 일본 전쟁사·제1편 일청·일러전쟁》(同台經濟懇話会, 1995)을 기반
으로 저자가 작성.

했고, 퇴각해서 다음 날 미명에 공격할 준비를 했다.

더 구체적으로 보도록 하자. 15일의 주요 전투는 혼성
제9여단이 대동강 좌안에서 공격한 것과 삭령·원산 두
지대가 북측에서 공격한 것이었다. 오시마 요시마사 혼성
여단장은 전날 다쓰미 나오후미 삭령 지대장에게 연락할

때에 "내일 15일 오전 8시 전후에는 평양에서 각하와 악수하고 천황 폐하 만세를 외치며 축복하고자 한다"라고 큰소리치며, 단순한 견제가 아니라 혼성 제9여단이 중심이 되어 평양을 점령하려고 했다. 성환에서 청군을 무찌른 오시마는 청군의 실력을 얕잡아 보고 있었다.

혼성 제9여단은 9월 15일 오전 0시쯤부터 야영지를 출발해 3대로 나누어 평양 좌안의 부교가 가설된 도하 지점인 장성리長城里(일본 측은 선교리船橋里라고 불렀다)로 향했고, 오전 4시가 지나서 장성리 남쪽의 중비가中碑街에 도달해 청군의 보루를 공격했다. 3개의 보루 중 1개는 보병이 오전 5시에 점령했지만, 나머지 2개 보루는 견고해서 청군이 "기관포 및 연발총"으로 사격해 일본군의 전진을 저지했다. 날이 밝음과 동시에 혼성 제9여단의 포병대는 보루를 지근거리에서 포격했으나 효과는 없었다. 게다가 대안對岸 우안의 평양성 외곽에 진지를 구축한 청군 포병대로부터 측면에 맹사를 받았다. 혼성 제9여단은 보병과 포병 모두 탄약이 떨어졌고, 식량과 물도 부족했다. 총검 돌격을 시도한 중대도 있었으나 효과는 없었고, 일부 중대는 장교 전원을 잃어 전투력이 미약해졌다.

그날 오후 혼성 제9여단은 출발 지점을 향해 퇴각했다. 혼성 제9여단의 손해는 사망자 130명, 부상자 290명으로 공격에 참가한 혼성 제9여단 병력의 약 1할이 손해를 입어 전투력은 대폭 저하했다. 오시마 여단장은 사단장에게 보낸 보고서에 "우리 여단은 지금 충분한 작전 능력을 갖추지 못한" 상태에 있다고 쓸 수밖에 없었다.

평양 점령과 청군의 패주

한편 삭령 지대와 원산 지대는 야간에 이동해 9월 15일 날이 밝기 전에 평양성 북측 보루에 공격을 개시했다. 제2보루부터 제4보루까지를 오전 7시경까지 차례차례 점령했고, 두 지대는 다시 견고한 목단대를 공격했다. 포병과 보병의 연이은 돌격으로 오전 8시경 삭령 지대는 목단대를 점령했고, 이어서 원산 지대의 보병 제18연대 제6중대가 현무문으로 들어갔다.

이때 하라다 주키치原田重吉 일등병이 현무문으로 올라갔고, 이에 소대장인 미무라 이쿠노스케三村幾之助 중위와 다른 병사들도 따라서 기어올라 현무문 안으로 들어갔다. 이윽고 문을 안쪽에서 열어 제6중대가 문을 점령했다. 이 사건을 〈평양 현무문 일번 진입平壤玄武門一番乗り〉이라는 제목으로 각 신문이 보도해 하라다 주키치는 현무문의 용사로서 이름이 알려지게 되었다.

외곽의 목단대를 점령하고 이어서 내곽 북단에 있는

을밀대를 공격했지만, 물 없는 해자와 견고한 성벽으로 방어되는 을밀대에서는 저항이 계속되었다. 오전 11시쯤, 을밀대 남서 칠성문七星門에서 청군 보병 200명 정도가 출격해 기자릉箕子陵 고지에 전개해 있던 원산 지대를 공격했다. 그로부터 30분 뒤 다시 칠성문에서 100여 명이 출격했다. 모두 원산 지대가 포격과 총격으로 격퇴했는데, 처음 출격할 때 선두에 섰다가 포격으로 전사한 인물이 주전론을 주장했던 바로 그 좌보귀였던 사실이 나중에 밝혀졌다.

좌보귀가 죽은 뒤에도 일본군은 을밀대를 공략할 수 없어서 그 자리에서 숙영 준비에 들어갔다. 그런데 오후 4시 30분쯤, 갑자기 을밀대에 백기가 내걸렸다. 그리고 청군은 휴전 후에 고국으로 퇴각한다는 내용을 담은 평안도 관찰사 민병석閔丙奭의 편지를 휴대한 조선인이 일본군을 방문했다.

삭령·원산 두 지대는 야간 입성을 피하고 그다음 날에 입성하고자 그 자리에서 숙영했다. 그날 밤 벼락이 치고 비가 내리는 가운데 오후 8시경부터 청군은 대열을 짜서 평양을 탈출했다. 도중에 원산 지대에게 공격을 받긴 했지만 대부분은 북방으로 도주해서 중국 영내로 들어갔다. 사단 주력은 상황을 파악하지 못한 상태로 다음 날로

5대 우타가와 구니마사目歌川国政가 그린 평양 전투.

넘어간 오전 0시 30분부터 외곽의 암문暗門과 문양관文陽關을 강습해 청군이 버리고 도망친 평양을 점령했다.

평양 전투에서 발생한 일본 측 손해는 사망자 180명, 부상자 506명, 실종 12명이었으며 평양을 정면에서 공격한 혼성 제9여단과 을밀대 공격을 맡은 원산 지대가 많은 피해를 봤다. 청군은 좌보귀 이하 2,000명의 사망자를 냈고 600명 이상이 포로가 되었다. 청군의 사망자가 많았던 이유는 탈출할 때 원산 지대의 공격을 받았기 때문이다. 평양을 점령한 일본군은 대량의 무기 등을 얻었다. 하지만 그것보다도 2,900석의 쌀, 즉 제5사단의 약 1개월분의 식량에 상당하는 쌀을 얻어 식량 사정이 개선된 것이 그 후의 활동을 고려하면 큰 가치가 있는 것이었다.

전투 경과를 돌이켜보면, 9월 15일 전투는 일본군에 유리했다고 말할 수 없었다. 제5사단 주력과 혼성 여단의 공격은 양쪽 모두 실패해서 일시 철수했다. 북측에서 공격한 삭령 지대와 원산 지대는 성 밖의 보루와 외곽의 목단대를 점령했지만, 을밀대 진지에서는 저지당해 내곽을 점령할 수 없었다. 16일 이후에도 탄약과 식량을 풍부하게 소지하고 있던 청군이 저항을 계속했다면 식량 보급에 문제가 있던 일본군은 위기에 빠졌을 가능성도 있었다. 사기가 낮은 청군이 패주해서 자멸했기 때문에 일본군은 승리를 거둔 것이다.

운 좋게 승리했지만 그 정치적 의미는 컸다. 일본 국내에서는 평양의 승리가 대대적으로 보도되었고 이 일전으로 청 세력은 조선에서 쫓겨났다. 이홍장은 실제로는 패배했음에도 성환 전투에서는 승리했다고 황제에게 보고했다. 그러나 평양에서 패전한 결과 그는 영전을 박탈당했고, 이홍장을 탄핵하는 상소가 연이었다.

2. 황해 해전과 일본 정세

9월 17일의 조우

제해권을 장악하기 위해 연합함대는 북양함대를 찾았으나, 함대 결전의 기회는 좀처럼 찾아오지 않았다.

이홍장은 북양함대를 온존할 방침으로 정여창 제독에게 쓸데없는 전투는 피하고, 일본군이 발해만과 황해의 해상 방어선을 쉽사리 침범하지 못하게 하라고 명령했다. 개전 후에도 황해 북부의 제해권을 확보할 수 없었으므로, 대본영은 제1군 소속의 2개 사단에 험난한 육로를 통해 평양으로 향하도록 명령했다.

한편 청 함대는 조선으로 가는 원군인 명군銘軍 10영 4,000명의 대동구大東構(압록강 하구 북안에 있는 항구)로 향하는 수송을 호위한 뒤 돌아가던 도중, 9월 17일 정오 전에 일본 함대와 접촉했다. 두 함대는 오후 0시 50분부터 전투에 들어갔고 일몰에 이르러 전투는 종료되었다. 이른바 황해 해전黃海海戰이다.

이 전투에 참가한 함선은 일본 측은 12척, 약 4만 톤, 청 측은 14척, 약 3만 5,000톤이다.

구경 21센티미터 이상의 중포는 일본 측은 11문, 청 측은 21문으로 청이 우위였으며, 경포는 일본 측은 209문, 청 측은 141문으로 일본이 우위, 함선의 평균 속력은 일본이 우위였다.

또한 일본이 무장갑함無裝甲艦이 주력인 데 비해 청은 장갑함이 주력이었다. 전투 대형은 일본 측이 단종진單縱陣이었고 청 측은 공격력·방어력 모두 강력한 정원(기함)과 진원을 선두로 하는 인차횡진鱗次橫陣이었다. 승조원의 숙련도와 사기에서는 일본 측이 우세했다는 의견이 있지만 청수병의 사기는 높았다는 지적도 있다.

승리 — 과도기의 군사 기술과 제해권 확보

그런데 전투 결과 청 측은 경원·치원·초용超勇이 침몰했고 양위는 좌초된 후 파괴되었다. 일본 측의 속사포는 효과를 발휘했으나 정원·진원에 대항하기 위해 만든 삼경함(마쓰시마·하시다테·이쓰쿠시마)에 장비된 32센티미터 포

오가타 게코尾形月耕가 그린 황해 해전.

는 무용지물이었다. 정원·진원은 각각 200발 전후의 명중
탄을 맞았고, 정원은 화재가 발생했으나 두 전함 모두 전
투력을 유지해 일본 함대의 본대와 전투를 계속했다.

일본 측은 침몰함은 없었지만, 마쓰시마·히에이·아카
기가 큰 피해를 봤다.

황해 해전 결과, 군사 기술적인 관점에서는 그때까지
상식이었던 충각을 이용한 충돌 공격은 시대에 뒤처졌고,
소구경 속사포는 승조원을 살상하기에는 효과적이지만
장갑을 갖춘 대형 함의 전투력은 빼앗을 수 없다는 사실
이 밝혀졌다.

해전은 일본 측의 우세로 끝났다. 청 해군의 전력을 완
전히 파괴할 수는 없었지만 이후 청 함대는 웨이하이위,

류궁다오劉公島 기지에 머무르게 되어 황해의 제해권은 일본 측에 돌아갔다. 그 결과 일본 측은 대동강 이북, 랴오둥반도에 육군 병력과 물자의 해상 수송이 가능해졌다.

9월에 들어서자 대본영은 히로시마로 이전하게 되었고 9월 15일 메이지 천황이 히로시마에 도착했다. 그 직후인 16일에 평양 점령, 또 20일에 황해 해전에서 승리했다는 소식이 히로시마에 도착했다. 신문은 평양 전투와 황해 해전을 일본군의 대승리라고 보도했고, 국민은 열광해 국민의 전쟁 협력과 정부를 지지하는 움직임은 점차 강해졌다.

개전 전에는 정당이 정부의 연약한 조약 개정안을 비판했으나, 7월 16일에 조인, 8월 27일에 공포된 영일통상항해조약에 대해서 대외경파는 다소 불만을 보였지만 신조약 반대 운동은 발생하지 않았다. 전쟁은 막 시작되었고, 두 차례의 전승으로 안정된 정치 기반을 마련한 이토 수상은 조선 문제나 강화 문제에 대해서 생각할 여유를 가지게 되었다.

메이지 천황과 히로시마 대본영

히로시마는 제5사단 사령부가 설치된 군사 도시였다. 또한 근처에 해군의 구레 진수부鎭守府와 구레 군항도 설치되었고, 히로시마 시 남부에 우지나라는 좋은 항구도 있었다. 그리고 고베에서 출발하는 산요 철도山陽鐵道가 개전 직전인 1894년 6월 히로시마까지 개통되었다. 그렇기 때문에 산요 철도와 이미 개통된 도카이 철도東海鐵道, 일본 철도日本鐵道를 사용하면 센다이仙台(제2사단 소재지), 도쿄(근위사단과 제1사단 소재지), 나고야(제3사단 소재지), 오사카(제4사단 소재지)를 경유해서 아오모리靑森에서 히로시마까지 철도로 연결되어 매우 효율적으로 군대를 수송할 수 있게 되었다. 이로써 히로시마는 청일전쟁에서는 조선, 중국, 대만으로 향하는 군대의 출정 기지가 되었고 전쟁의 진전과 함께 도쿄에서 히로시마로 대본영이 이동하게 되었다.

9월 1일 아리스가와노미야 참모총장이 상주하니 히로시마로 대본영을 옮기자는 주장이 제기되었다. 교통 및 통신 수단을 갖추지 못한 시대에 조선, 나아가 중국 본토에서 벌어질 것으로 예상되는 전투를 전선에 가까운 장소에서 지휘할 필요가 있다는 것을 이유로 들었다. 훗날의 직례 결전을 상정한 대본영 도청론渡淸論으로 이어지는 주장이었다. 그다음 날 이토 수상과 메이지 천황은 이 문제에 대해서 상의한 뒤 8일에 대본영을 히로시마로 이동시키기로 했고, 다음 날 9일에는 이토도 천황을 따라 히로시마로 향하기로 결정되었다.

9월 13일 메이지 천황과 시종장, 궁내대신, 참모총장 다루히토 친왕 이하의 대본영 막료들은 신바시역에서 철도편으로 히로시마로 향했고 15일 저녁 히로시마에 도착했다. 히로시마 대본영은 9월 15일부터 이듬해 4월 26일까지 7개월 정도, 히로시마 성내의 제5사단 사령부에 설치되었다.

2층 건물인 제5사단 사령부의 방 하나가 천황의 거주처로 할당되었다. 2층에는 이외에 천황용 의상실, 목욕탕, 화장실, 그리고 시종장과 시종의 대기실, 대본영 어전 회의를 하는 군의실軍議室이 있었고, 1층에는 대본영 각 부서의 사무실이 설치되었다. 천황은 히로시마 체재 중에는 이 방에서 생활했고, 아침에 일어나 저녁에 취침할 때까지 군복을 착용하고 군화를 신었다. 야간 조명은 궁성 내와 똑같이 촛대를 썼고, 동절기에는 난방 시설을 권유받았지만 전장에는 난로가 없다며 작은 화로로 몸을 녹였다. 옛 히로시마 번주 아사노 나가코토浅野長勲의 별장인 이즈미 저택泉邸을 '비상어입퇴소非常御入退所'로 삼아, 이곳에 머물며 군인 등을 초대해 연회를 여는 경우도 있었다.

대본영 어전 회의

메이지 천황이 출석했던 대본영 어전 회의는 실제로 작전을 입안·결정하는 장소가 아니라 대개 전황 보고를 듣는 장소였다. 이 밖에 천황은 출정 혹은 개선한 장교들의 알현을 받거나, 혹은 개별로 전장에서 온 귀환자로부터 전황 보고를 듣고, 각 전역마다 노획한 전리품이나 청군 포로를 보기도 했다. 개전 전의 천황은 대청 전쟁에 소극적이었으나, 히로시마에서는 점차 전쟁 지도를 열심히 하게 되어 〈성환의 역戰〉, 〈황해의 대첩〉, 〈평양대첩〉 등의 군가를 불렀고, 이 노래들을 육군 군악대를 불러서 연주하게 하거나 혹은 요고쿠謠曲[4]조의 절을 붙여 부르게 했다.

이러한 가운데 점차 전장에 가까운 히로시마로 친정하여 대본영에서 솔선해서 전쟁을 지도하고, 소박하고 자유롭지 못한 삶을 계속했다. 이때 전장의 장병들의 노고를 생각한다는 '군인 천황'상이 형성되어 국민의 전쟁 협력과 동원의 계기가 되었다.

그리고 '군인 천황'상을 보완한 것이 황후였다. 황후는 궁녀들을 동원해 자신도 직접 붕대를 만들어 육군 예비병원이나 전장으로 보냈다. 또한 전쟁터에서 얻은 부상 등

4　일본 전통극인 노能의 대본에 가락을 붙여서 부르는 것.

으로 손발을 잃은 장병들에게 의족과 의수를 하사하고, 나아가 직접 부상병을 위문했다. 1895년 2월에는 도쿄 육군 예비 병원에 행차했고, 3월에 히로시마를 방문했을 때에도 히로시마 육군 예비 병원의 병실을 돌며 병사들을 위문했다.

청일전쟁 와중의 총선거

제2차 이토 내각이 1893년 이래 재야의 반번벌 세력, 특히 대외경파의 공격을 받아 제5의회와 제6의회를 연속해서 해산한 사실과, 그 결과 1894년에 두 차례의 총선거가 실시되는 이상 사태가 벌어졌던 사실은 이미 제2장에서 다루었다. 제6의회는 전쟁이 시작되기 직전인 6월 2일 해산되었으나, 대외경파는 다가올 총선거를 향해 조약 이행론에서 대청·한 강경론으로 논의의 중심을 옮기면서 정부를 공격해 비번벌 내각의 실현을 목표로 삼았다. 정부와 재야 반번벌 세력의 대립은 7월 25일의 청일전쟁 개전으로도 해소되지 않았다.

대외경파는 대청 개전 소식이 전해지자, 이토 내각을 대신해 국민 각층의 지지를 얻는 강력 내각을 조직해 전쟁 지도를 해야 한다고 주장했다. 대외경파의 대표적 신문이었던, 도쿠토미 소호가 경영하는 《국민신문國民新聞》은

7월 31일 자 사설에서 "국민적 전쟁"을 하자고 주장했다.

선전 조서가 공포된 뒤에도 평양 전투와 황해 해전까지 1개월 반 동안 눈에 띄는 전투가 없는 상황 속에서 여론은 초조해했고, 불만이 팽배했다. 똑같이 대외경파를 지지하는 주장을 전개하던, 구가 가쓰난陸羯南이 경영하는 《니혼日本》은 8월 23일 자 사설에서 출병 후 이미 3개월이 경과했음에도 아직도 청일 간 결전이 벌어지지 않은 상황에 강한 불만을 드러냈고, 이어서 이토 내각에 대한 불신을 표명했다.

청일전쟁이 한창이던 9월 1일, 제4회 총선거가 실시되었다. 정부에 타협적인 자유당은 13석을 잃고 106석이 되었으나, 제1당을 유지했다. 대외경파 쪽 정당들의 경우 입헌개진당은 3석을 잃어 45석이 되었고, 입헌혁신당과 국민협회는 각각 40석, 30석으로 미미하게 증가해 이들 3당과 무소속이 합계 147석이었다.

자유당이 제1당을 차지했지만, 대외경파의 각파가 연합하면 자유당을 상회한다는 점에서 선거 전에 비해 중의원 상황에는 큰 변화가 없었다. 대외경파가 무소속 의원을 적극적으로 설득한다면 중의원 의원 정원 300석의 과반수를 얻을 가능성이 높았다. 제2차 이토 내각에 해산 전과 같이 매우 힘든 의회 대책이 필요할 것이라고 예상되는 형국이었다.

이 상황에 대해서 도쿄에 머무르던 구로다 기요타카 체신대신과 이노우에 가오루 내무대신은 이토 수상에게 총선거 직후의 임시 의회를 대본영이 있는 히로시마에서 개최하고, 동시에 그곳에 계엄령을 선포해서 정부를 비난하는 대외경파를 지지하는 신문 기자나 정당에 관련된 장사들의 활동을 제한하자고 제안했고, 이토도 이 제안을 받아들였다.

9월 22일부로 히로시마에 의회를 소집하는 천황의 조서가 발포되었다. 제7 임시 의회는 10월 15일에 소집됐는데 회기는 7일 동안이었고, 단 한 번의 의회 개최를 위해 제5사단 서쪽 연병장에 목조 1층 건물인 임시 의사당이 건설되었다. 그리고 각의와 추밀원의 심의를 거쳐 10월 5일, 히로시마 시내와 우지나를 임전지경臨戰地境[5]으로 정하는 계엄령이 시행되었다.

히로시마에서 열린 제7 임시 의회

10월 8일, 제7 임시 의회가 개최되었다. 18일에는 천

---

5 "임전지경이란 전시 또는 사변이 발생했을 때에 일반적으로 경계해야 할 지방을 구획해 임전 구역으로 설정한 것으로……." (출처: 日高巳雄, 戒厳令解説, 良栄堂, 1942)

황이 임시 의사당에 임석한 가운데 개원식이 거행되었고, 그다음 날인 19일에는 양원 의장이 참여해 천황 칙어에 대한 귀족원·중의원의 봉답서奉答書를 각각 제출했다. 수상의 연설은 19일에 귀족원, 20일에 중의원에서 있었다. 이어서 와타나베 구니타케渡辺國武 장상藏相은 청일전쟁 수행을 위해 필요하다고 전망되는 경비 1억 5,000만 엔을 임시 군사비 예산안으로 하고, 이 임시 군사비 예산안의 재원으로 1억 엔의 공채를 모집할 것 및 임시 군사비를 1894년 6월부터 전쟁 종결까지 특별 회계로 할 것을 제안했다.

이 제안에 대해서 중의원은 그날 바로 만장일치로 임시 군사비 예산안과 관련 법안을 가결했고, 그다음 날 귀족원 또한 만장일치로 가결했다. 이후 중의원은 각 회파가 협의한 결과, '정청征淸 사건 및 군비에 관한 건의안', '원정 군대의 전공을 표창하는 결의안', 천황의 친정에 감사를 드리는 상주안을 가결했다.

'정청 사건 및 군비에 관한 건의안'은 대외경파의 한쪽 날개를 맡은 입헌혁신당의 시바 시로柴四郎[6] 외 15명이 원안

---

6 1853~1922. 일본의 정치가이자 소설가. 미국 유학에서 돌아온 후 도카이 산시東海散士라는 이름으로 내셔널리즘을 고취하는 소설을 썼으며, 이후 조선에서 을미사변에 가담해 재판을 받았지만 무죄 처분을 받았다. 이후 중의원 의원 등을 지냈다.

을 제출한 것이다. 이 결의안은 "거국일치 관민협화擧國一致官民協和"해서 전쟁을 수행하는 것이 필요하며, 전쟁 수행을 위해서 "군비의 정리, 확장"을 시도해야 함을 강조했다. 대외경파가 이토 내각을 쓰러뜨리는 것을 목표로 삼은 종래의 노선에서 거국일치해서 군비를 충실하게 하여 청일전쟁을 수행하는 노선으로 방향을 전환한 것이다. 임시 의회의 예정 회기는 7일 동안이었으나, 겨우 4일 동안 어떠한 파란도 없이 모든 심의를 마치고 10월 22일 임시 의회는 폐회했다.

1890년에 개최된 제1의회부터 1894년에 개최된 제6의회까지의 초기 의회에서는 번벌 정부가 제출한 예산안에 대해서 민당 측이 정비 절감, 민력휴양을 주장하며 삭감을 가했고, 이어서 대외경파 정당들이 연합해서 조약 개정 문제로 정부를 공격했으므로 정부와 중의원은 심하게 대립해 해산과 총선거가 반복되었다. 그러나 청일전쟁 하에서 대본영이 설치된 히로시마에서 개최된 제7의회에서는 '거국일치'가 실현되어 정부와 중의원의 관계는 대립에서 제휴로 비중을 옮기며 새로운 단계로 들어갔다.

3. 갑오개혁과 동학 농민군 섬멸

갑오개혁 — 친일 개화파 정권의 시험

여기에서 눈을 전쟁의 무대가 된 조선 쪽으로 돌려보도록 하자.

1894년 7월 23일, 오토리 공사는 혼성 제9여단으로 하여금 조선 왕궁을 점령하게 하여 국왕 고종을 '포로'로 삼았고, 다음 날에는 대원군을 섭정攝政으로 삼고, 민영준 등의 민씨파를 추방한 새 정권을 만들었다. 게다가 25일 풍도 해전으로 청일이 전투 상태로 들어가자, 27일 온건 개화파인 김홍집을 수반으로 하는 친일 개화파 정권을 수립시켰다.

이 정권은 국정 전반에 대해서 심의, 결정할 권한을 가진 군국기무처軍國機務處를 설치하고, 김홍집이 군국기무처

총재를 겸임해서 개혁을 수행했다. 그 군국기무처에서는 개화파인 김윤식, 어윤중, 유길준兪吉濬, 김가진金嘉鎭, 안경수安駉壽 등이 군국기무처 의원으로서 중추적 역할을 맡았다. 이 개혁을 갑오개혁甲午改革이라고 부르는데, 1894년 7월 김홍집 정권 성립부터 1896년 2월 국왕의 아관파천俄館播遷으로 정권이 붕괴할 때까지 시도된 개혁들을 가리킨다.

갑오개혁은 조선 근대화의 기초가 되는 자주적 개혁의 모습과 일본에 종속되어 청일전쟁 수행에 협력하는 모습 등 두 가지 측면이 지금까지 지적을 받고 있다.

갑오개혁에서는 갑신정변 시절부터 존재하던 개화파의 자주적 개혁 계획의 실현을 지향했다. 궁중과 정부의 분리를 실현하고, 근대적인 정치 제도 개혁, 과거 제도 폐지와 새로운 임용 제도 도입, 봉건적인 신분 제도와 가족 제도의 개혁, 재정 일원화와 조세 금납화 및 통화 개혁 등의 재정 개혁, 청에 대한 종속 관계의 폐지 등의 다양한 개혁안이 제기되었다.

한편 오토리 공사가 요구한 일본인 고문관과 군사 교관 초빙, 일본 통화의 국내 유통 용인, 방곡령⁷ 금지 등을

---

7   조선 말기에 시행되었던 경제 정책 중 하나로, 식량난 해소를 위해 식량 수출을 금지하는 행위이다. 특히 개항 이후, 일본 상인들이 경제에 침투하면서 곡물을 갖은 수단을 다해 일본으로 유출했다. 이에 대항해 1889년 9월 함경도 관찰사

받아들이기도 했다. 게다가 일본 측 요구에 따라 8월 26일 조선이 일본의 전쟁에 전면적으로 협력하는 것을 내용으로 한 대일본대조선양국맹약大日本大朝鮮兩國盟約에 조인했다. 일본군은 이 맹약에 의거해 조선 측에 식량과 군사 물자 운반을 위한 인부와 소, 말의 제공을 강요했다.

이렇듯 갑오개혁은 일본에 종속되어 일본이 수행하는 대청 전쟁에 협력하는 측면을 강하게 가지고 있었으므로 개화파 이외의 조선인의 반발을 불렀다. 보수적인 정치 세력, 특히 섭정인 대원군은 개화파 주도의 개혁에 강한 반감을 가지고 한편으로 청군과 연락하고, 혹은 동학 농민군과 연락하고, 나중에는 자객까지 써서 개화파 정권을 타도하려고 했다. 또한 동학 농민군을 포함한 조선의 민중들은 일본에 종속되어 전쟁 협력의 부담을 강압하는 개화파 정권과 그들의 개혁안을 반대했다.

이노우에 가오루 공사 부임과 조선의 보호국화

일본 정부가 열강에 제시한 청일전쟁의 개전 이유는 조선의 '내정 개혁'이었다. 그렇게 이유를 제시했기 때문

조병식이 시행한 방곡령이 유명하다. 이 사건으로 일본은 자국 상인들이 손해를 봤다고 주장하며 손해배상을 요구했다. 하지만 1901년까지 방곡령이 다시 시행된 사례가 보인다.

이노우에 가오루

에 이토 수상은 내정 개혁에서 성과를 거둘 필요를 느끼고, 오토리 공사로는 역부족이므로 맹우인 이노우에 가오루에게 내무대신을 사직하고 관직으로는 한 등급 아래인 조선 주재 공사에 취임할 것을 의뢰했다. 이토는 원훈이며 전 외상으로서 조선 문제를 잘 아는 이노우에가 수상급 대물 공사로서 조선의 개혁을 수행할 것을 기대한 것이다.

평양 전투, 황해 해전이 벌어진 지 1개월 후인 10월 15일 이노우에는 조선 주재 공사로 임명되어 27일 한성에 도착했다. 부임한 당초 이노우에는 조선 정부 내의 개화파나 국왕 측근과 접촉해서 반일적인 태도를 명확히 하고 있던 대원군 세력에 대항했고, 그러고 나서 11월 20일과 21일 이틀 동안 국왕과 만나 대원군을 섭정에서 파면할 것을 요구함과 동시에 내정 개혁 요강 20개조를 상주해서 새로운 개혁을 촉구했다. 나아가 왕비인 민비가 정치에 개입하는 것도 금지했다.

12월에는 조선 정부가 개조되어 지금까지 개혁을 담당해온 군국기무처는 폐지되고, 정치 실권은 새로 설치된 내각으로 옮겨져 갑신정변의 주모자로서 추방당했던 급진 개화파 박영효, 서광범이 각각 내무대신, 법무대신으로 입각했다. 그들 급진 개화파, 특히 일본에 망명했던 박영효는 더 친일적이라고 기대를 받았기 때문이다. 나아가 이노우에는 마흔 몇 명의 일본인 고문의 고용을 요구해그들을 중심으로 내정 개혁을 실행하게 했다. 이와 동시에 전신과 철도 등의 이권을 획득해 조선을 실질적인 보호국으로 만들려고 시도했다.

제2차 농민전쟁 — 반일·반개화파

이야기는 조금 되돌아가지만, 1894년 6월 11일 조선 정부와 전주 화약을 맺은 후 동학 농민군은 전라도 각지로 흩어져서 각 읍에서 자치를 시행했다. 경상도나 충청도에서도 동학 세력이 강한 지역에서는 똑같이 자치가 실행되어 이를 조선사 연구자들은 도소都所 체제라고 부른다. 도소란 각 읍에 설치된 농민군 자치 본부를 가리키며, 때로는 자치 책임자 본인을 의미하는 경우도 있었다. 그중 전봉준은 농민군 자치의 책임자로서 대도소大都所라는 직명을 띠고 각지를 순회했다.

도소 체제에서 농민군은 국법을 존중하면서도 개혁 정치를 진행했다. 평등주의와 평균주의를 실행하기 위해 노비와 천민의 해방이나 잡세雜稅의 폐지, 횡포를 부리는 양반과 부민富民 등에 대한 징벌, 빚 말소, 소작료 납입 정지, 민중 측에 서서 각종 소송을 처리한 것이 그 구체적 내용이다. 농민군에는 부농이나 많은 소농이 참가했는데, 대부분은 농번기 때문에 고향으로 돌아갔다. 그렇기 때문에 농민군의 주체는 빈농과 무산자와 천민 등으로 옮겨졌고 자치와 개혁의 급진화가 진행되었다. 하층민의 활동은 농민군의 무뢰無賴화와 종이 한 장 차이였다. 그리고 이러한 사태를 전봉준도, 재촌지주在村地主(향반鄕班) 출신의 동학 지도자들도 우려했다.

새로 정부의 전라도 관찰사가 된 김학진金鶴鎭[8]도 농민군의 무뢰화를 가만히 두고 보지 않았다. 그러나 김 관찰사는 약간의 군사력밖에 없어 7월과 8월 두 차례에 걸쳐 전주에서 전봉준과 회담한 결과, 치안 기구로 집강소執綱所를 설치하여 농민군에게 치안 유지를 위임하려고 했다. 전봉준은 이를 받아들였으나, 남접南接(전라도를 중심으로 하는 동학 조직)의 지도자 중에서도 전봉준 다음가는 실력을 가졌던 김개남金開南은 집강소 설치를 마지막까지 거부했다.[9]

동학 농민군, 그리고 전봉준은 대원군이 섭정으로서 집정의 자리에 앉은 것을 지지하고 대원군에게 기대하고 있었다. 한편 대원군은 개화파 정권의 정책을 적대시하여 개화파 정권이 일본의 괴뢰에 지나지 않다고 생각하고 있었다. 대원군은 농민군에 밀서[10]를 보냈다. 밀서에서 대원군은 농민군의 북상을 촉구하면서 평양에 있는 청군과 협력해 일본군을 협공하라고 말했다.

---

8 1838~1917. 조선 말기의 관료로서 형조판서와 공조판서를 역임했고, 갑오농민전쟁이 일어나자 전라도 관찰사로 임명되어 전봉준과 타협했다. 병합 후 남작 작위를 받았다. 2006년 친일반민족행위진상규명위원회가 발표한 일제 강점기 초기의 친일반민족행위자 106인 명단에 포함되었다.

9 저자의 착오이다. 김개남 역시 집강소 설치에 가담했는데, 전봉준과의 행동 차이를 '집강소 거부'로 착각한 듯하다.

10 이 부분을 둘러싸고 의견이 엇갈리고 있다. 유영익은 대원군이 전봉준 등을 사주했다고 주장했고, 배항섭과 김형식 등은 대원군과 전봉준은 모종의 관계를 맺었지만 제2차 봉기에 대원군의 영향력은 미미했다고 주장했다. 전봉준이 대원군의 정치적 명성을 활용한 것으로 보는 '대원군 원격 활용설'도 있다. 이영재 〈대원군 사주에 의한 동학농민전쟁설 비판-유영익의 '대원군 사주使嗾설' 비판을 중심으로〉(《한국 정치학회보》50집 2호. 2016)를 참조하길 바란다..

나아가 9월 15일 평양 전투 이후에 대원군은 국왕의 밀서를 위조해서 농민군의 재봉기를 재촉했다. 밀서를 받은 전봉준은 추수가 끝나기를 기다렸다가 11월 상순에 다시 봉기했다. 이때 전봉준은 전라도 관찰사 김학진의 협력을 얻고 있었으며 김학진은 농민군의 식량이나 무기 입수에 편의를 봐주었다.

이 제2차 농민전쟁은 봉기 목적을 제1차 농민전쟁의 반민씨 정권에서 반일과 반개화파 정권으로 바꿨다. 그리고 전봉준이나 농민군은 자신들을 '충군애국忠君愛國'의 의병으로 불렀다.

제1차 농민전쟁에서 동학 교조인 최시형은 무력 봉기에 반대했으나, 제2차 농민전쟁 때 전봉준은 북접北接(충청도를 중심으로 하는 동학 조직)에 공동 출병을 호소했고 일부 북접은 호응했다. 그러나 북접과 남접의 다툼은 제2차 농민전쟁 기간 중에도 이어졌다. 한편 제2차 봉기에서는 제1차와 비교해 농민군의 규모가 대폭 확대되었다. 전봉준의 부대는 다시 봉기한 시점에 4,000명 정도였으나, 북상해서 충청도 공주에 다다랐을 때에는 4만 명에 달했다.

동학 농민군에 대한 제노사이드

당시 아직 공사였던 오토리는 무쓰 외상과 협의하면

서 일본군을 파견해서 조선군과 협력해 동학 농민군을 진압하려고 했다. 10월 하순, 개화파가 지도하는 조선 정부는 동학 농민군을 진압하기 위해 양호 순무영兩湖巡撫營을 설치하고 신정희申正熙를 도순무사都巡撫使로 임명했다.

이노우에 가오루가 공사로서 한성에 도착한 10월 27일, 이노우에는 대본영의 이토 수상에게 동학 농민군 진압을 위해 5개 중대를 서둘러 파견할 것을 요청했다. 이를 수락하여 대본영에서는 한성 수비대로서 후비 보병 제18대대(3개 중대)를 파견하고, 여기에 다시 3개 중대를 파견하겠다고 답했다. 나중에 추가된 이 3개 중대는 청일 개전과 함께 시코쿠四國 출신의 후비병을 동원해서 마쓰야마에서 편성되어 시모노세키 해협에 있는 히코시마彦島 수비대로서 근무하고 있던 후비 보병 제19대대(대대장 미나미 고시로南小四郎 소좌)였으며, 조선 파견 후 제2차 농민전쟁에서 봉기한 동학 농민군을 공격한 중핵 부대가 된다.

일본군은 조선군과 공동으로 동학 농민군을 진압하는 작전을 발동했다. 이 작전의 중심이었던 후비 보병 제19대대는 11월 12일 한성 교외의 용산 주둔지를 출발해서 세 갈래로 나누어 남하했고, 이외에도 약간의 후비병 부대가 원군으로 파견되었다. 작전의 목적은 충청도와 전라도의 동학 농민군을 포위 섬멸하고, 전라도 서남부로 몰아

제2차 농민전쟁 진압을 위해 출동한 일본군의 진로(1894년 11월~1895년 2월)

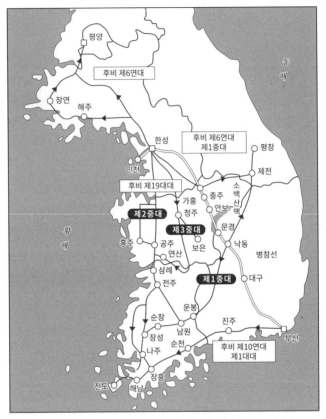

출처: 나카쓰카 아키라·이노우에 가쓰오·박맹수, 《동학농민전쟁과 일본—또 하나의 일청전쟁》(高文研, 2013)을 기반으로 저자가 작성.

넣어서 두 번 다시 봉기하지 못하게 하는 것이었다.

당초 작전 기간은 29일 동안으로, 12월 9일에는 작전을 종료하고 전군이 경상도 낙동洛東으로 집결할 예정이었다. 일본군 이외에 조선 측에서는 중앙군 2,800명 외에 각 지역의 지방 영병營兵과 갑오농민전쟁에 대응하기 위해 조직된 민병인 민보군民堡軍이 참가했다. 조선 측이 병력 수에서 상회했지만, 지휘권은 일본군이 장악했다.

동학 농민군과의 대규모 전투는 충청도 공주성에 들어간 제19대대 제2중대와 조선 정부군을 북접과 남접의 동학 연합군이 11월 20일에 공격하면서 시작되었다. 2차에 걸친 공주 전투는 12월 7일까지 이어졌고, 농민군은 수적으로는 앞섰음에도 불구하고 소총(스나이더총Snider-Enfield)을 장비한 일본군 앞에 다수의 희생자를 내고 패배했다.

이후 일본군과 조선군의 연합군은 충청도 각지에서 승리를 거두고 전라도로 침입했다. 동학 남접의 지도자인 김개남, 전봉준, 손화중孫化中이 차례대로 체포되었고 일본군은 동학 농민군을 전라도 서남부에 몰아넣고 해군의 협력도 얻어 철저하게 섬멸했다.

작전은 당초 예정을 2개월 가까이 연장해서 1895년 2월 말까지 계속되었다. 미나미 대대장은 작전 종료 후에 〈동학당 정토약기東學黨征討略記〉라는 강연록에서 이노우에 공사와 인천 병참감 이토伊東 중좌의 명령을 받아 가능한 많은 동학 농민군을 죽일 방침을 취했다고 밝혔다. 이것은 동학 농민군의 재봉기와 일본군 병참선에 대한 공격에 대해 대본영의 가와카미 소로쿠 병참감이 동학 농민군을 "모조리 살육"하라고 명령했던 것과 궤를 같이하고 있다.

제2차 농민전쟁에서 발생한 농민군의 희생자에 대해서 조경달趙景達이 쓴《이단의 민중 반란—동학과 갑오농민전쟁異端の民衆反乱ー東学と甲午農民戦争》[11]에서는 일본군과 조선 정부군이 사용한 탄약 숫자를 든 후, 전체 희생자가 3만 명이 훨씬 넘는 것은 확실하며 그 외에 척살刺殺, 박살撲殺, 상처를 입은 후에 사망한 경우 등을 추가하면 5만 명에 육박할 기세라는 추정 계산치를 제시하고 있다. 더욱 확실한 희생자 수(일본군과 조선 정부군 양자에게 살해된 농민군 희생자의 수)의 추정에 대해서는 앞으로의 연구를 기다려야 하는 부분이 남아 있지만, 청일전쟁에서 최대의 희생자는 조선에서 발생했을 가능성이 높다.

---

11 《이단의 민중 반란》(박맹수 옮김, 역사비평사, 2008)이라는 제목으로 국내에 출간되었다.

제4장
중국 침공

1. 일본군의 대륙 침공

제1군의 북진과 청군의 요격 체제

1894년 9월 중순 평양을 점령한 뒤, 노즈 제5사단장은 사단을 둘로 나누어 제1제단梯團(다쓰미 나오후미 보병 제10여단장)을 안주 부근에 북진시키고, 사단 주력인 제2제단을 평양에 주둔시켰다. 평양 이북은 청군이 약탈한 뒤였기 때문에 식량 확보가 어렵다고 생각했기 때문이다.

제1군에 소속된 또 하나의 사단인 제3사단은 오사코大追 지대(먼저 출발해 평양 전투에 참가한 원산 지대를 제외한 보병 제5여단)가 원산에 상륙해서 평양으로 향했고, 제3사단 주력(보병 제6여단 기간基幹)은 가쓰라 사단장과 한성에서 의주 가도를 따라 북상해 9월 말까지 평양에 도착했다.

야마가타 아리토모 제1군 사령관은 9월 25일 평양에

도착해서 청군이 압록강과 랴오둥반도 부근에 집결하고 있다는 정보를 얻고, 서둘러 압록강을 향해 전진할 것을 결의했다. 10월 1일 제1군의 북진을 명령했다. 제3사단은 10월 3일 평양을 출발했고 제5사단은 5일 평양을 떠나 북진을 시작했다. 그런데 도중에 식량 보급이 어렵게 되어 선견 부대의 식량이 부족해진 사태가 벌어졌다. 이 때문에 6일에는 야마가타 제1군 사령관이 전진을 일시 중지하고 병사들에게 식량을 운반하도록 명령해서 보급 개선을 시도했고, 14일에 전진을 재개시켰다.

그다음 날 군사령부는 안주에 도착해 그곳에서 대본영에서 온 전보를 받았다. 그 전보에는 뤼순 점령을 목적으로 하는 오야마 이와오 대장의 제2군이 조직되어 10월 하순에 해로를 통해서 랴오둥반도로 수송되므로 제1군은 "전면의 적을 견제하고 간접적으로 제2군의 작전을 원조"하라는 지시가 담겨 있었다.

그 뒤 제1군은 10월 17일에 선두인 제10여단이 압록강 남안의 의주를 점령했고 나머지 주력도 22일 의주 남측 지역에 도착했다.

일본 육군의 제1군이 압록강에 다가갔을 때, 청군의 요격 체제는 다음과 같았다.

청 정부는 뤼순에 주둔하던 송경宋慶(사천 제독四川提督)에

일본군의 조선·청 본토 침공도(1894년 6월~1895년 3월)

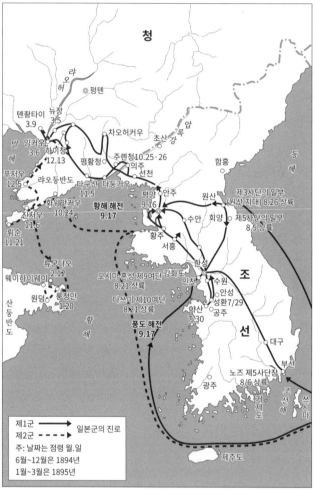

출전: 운노 후쿠주海野福寿, 《일청·러일전쟁日淸·日露戦争》(集英社, 1992)을 기반으로 저자
가 작성.

게 휘하의 의군毅軍을 이끌고 조선 영토인 의주의 대안에 있는 주롄청九連城으로 가서 유성휴劉盛休(명자군銘字軍 총통), 섭지초(성환·평양에서 온 패잔병 약 1만 명을 지휘)와 주롄청 방위에 대해서 협의하도록 명령했다. 다시 헤이룽강黑龍江 장군 이크탕가依克唐阿, Iktangga(만주인)에게도 주롄청으로 가도록 지시했다.

송경과 이크탕가가 압록강 방위의 책임자가 되었는데 주롄청에는 송경을 총지휘관으로 하여 약 1만 8,000명이 포 73문으로 진지를 구축하고, 또 도보로 압록강을 건널 수 있는 약 15킬로미터 상류에 있는 수구진水口鎮[1] 대안에는 이크탕가가 지휘하는 5,500명, 포 8문을 배치해서 방어했다. 송경은 다시 주롄청 정면의 후산虎山에 전진 진지를 구축하고 방어를 강화했다. 이 후산 전진 진지의 공방이 압록강 도하 작전의 초점이 되었다.

압록강 도하 작전

제1군은 주롄청 공격을 10월 25일에 실시하려고 계획했다. 그 준비로 24일에 사토佐藤 지대[2](제3사단 보병 제18연대

---

[1] 조선시대에 평안도 의주부에 설치된 국경 방어 시설로, 1883년에 혁파되었다가 다음 해에 다시 세워졌다.
[2] 당시 보병 제18연대장 사토 다다시佐藤正 대좌의 성을 따서 그렇게 불렸다.

주력)가 수구진 부근에서 수위가 얕아진 압록강을 도보로 건너 대안의 적(이크탕가가 지휘하는 부대)을 공격해 견제하고, 그날 야간에는 후산 전면의 압록강에 군교軍橋를 만들려고 했다. 가교 재료가 불량했기 때문에 시간이 필요했지만 25일 오전 6시경에 겨우 완성했다.

10월 25일 아침, 제3사단 보병 제5여단(오사코 나오하루大迫尚敏 소장)이 군교와 민간의 배를 사용해 압록강을 도하했고, 약 7,000명의 병력으로 후산의 전면 진지를 공격했다. 이 공격에 대해 후산의 청군 수비대는 반격했고, 나아가 섭사성 부대, 유성휴의 명자군 및 송경 직할의 의군, 마옥곤馬玉崑 등의 부대가 구원하러 왔으므로 제5여단은 고전을 겪었다.

제5여단의 상황을 보고 다쓰미 제10여단장(제5사단 소속)은 지정된 도하 순번을 앞당겨서 지휘하의 제12연대와 제22연대에게 다리를 건너게 해서 후산의 청군을 공격했고, 다시 아이허靉河를 건너서 주롄청 동북의 류슈거우楡樹溝를 점령했다. 이후에도 후산 북방에서는 격전이 이어져서 제6연대(제3사단 보병 제5여단 소속)가 한때 위기에 처했지만, 원군을 얻어서 후산 북방의 리즈위안栗子園을 점령했다. 이날 밤 청 측 총사령관 송경은 의군을 이끌고 북방의 평황청鳳凰城 방면으로 퇴각했고 이 사실을 안 청 측의 부대들도 철수했다.

10월 25일 밤, 제5사단 제10여단은 주롄청 북동의 마거우馬溝와 후산에서 야영했고, 제3사단은 나아가 그 동북 방향의 웨이즈거우葦子溝 방면에서 야영했다. 즉 제3사단은 우익·동측에서, 제5사단은 좌익·서측의 주롄청 쪽에서 숙영했다. 제1군 사령관은 26일의 공격에서는 군사 물자의 수송 능력이 비교적 우월한 제3사단을 북진하게 해서 평황청 방향으로 향하도록 했고, 군사 물자 수송 능력에 결함이 있는 제5사단으로 하여금 주롄청을 점령하게 했다. 나아가 제5사단을 서쪽의 안둥현安東縣과 항구가 있는 다둥거우大東溝로 향하게 했는데, 일본에서 오는 해운을 이용해 수송력 부족을 보강하고자 그런 명령을 전달한 것이었다.

가쓰라 사단장과 다쓰미 여단장의 독주

그런데 일선 지휘관들은 이미 독단으로 군사령부의 생각과는 다른 행동을 취하고 있었다. 무선 전신이 없던 시절이었고, 전투 중이라 전신선도 전선까지 이어지지 않았기 때문에 전투 중에 전선 사령관이 일일이 군사령부에 연락해서 지시를 받을 수는 없었다. 그렇기 때문에 전선 지휘관의 독단이 필요하게 되었다.

다쓰미 제10여단장은 주롄청에 이미 적이 없음을 알자, 펑톈 가도를 따라 북쪽으로 향해 적을 추격하기로 결의했다. 한편 가쓰라 제3사단장은 주롄청의 청군이 퇴각한 사실을 알자, 독단으로 제3사단 주력의 이동 방향을 서쪽으로 바꾸어 안둥현으로 향했다. 그 때문에 주롄청 북쪽에서 제10여단과 제3사단 주력은 교차하게 된다. 이 행동들은 제1군 사령부의 작전 계획에 반한 것이었으며, 특히 가쓰라의 행동은 이례적이었다.

가쓰라의 행동에 대해서 도쿠토미 이이치로德富猪一郎(도쿠토미 소호의 본명)가 편찬한 《공작 가쓰라 다로전公爵桂太郎傳》에서 가쓰라는 제1군 사령부의 명령대로 북진해서 펑황청 방면으로 향한다면 제3사단은 랴오둥반도 경비를 담당하게 되어 직례 결전에 참가할 수 없다고 생각했다. 그래서 제3사단을 직례 결전에 참가시키기 위해 제1군 사령부 명령과는 반대로 사단을 서쪽으로 돌려 안둥현으로 향했다는 것이다. 이 때문에 가쓰라는 "군사령부로부터 미움을 받아, 한때는 곤란한 입장에 처했을 정도"(청일전쟁 당시 제3사단 참모장 기고시 야스쓰나木越安綱의 말)였다고 기록하고 있다.

가쓰라가 저지른, 상궤를 벗어나 명령을 무시한 행동은 야마가타를 비롯한 제1군 사령부의 빈축을 샀고 야마

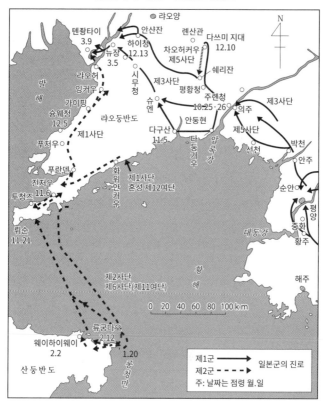

일본군의 랴오둥반도·산둥반도 침공도

출전: 구와타 에쓰시桑田悅 편, 《일본의 전쟁日本の戦争》(原書房, 1982)을 기반으로 저자가 작성.

가타와 행동을 같이하던 노즈 제5사단장도 화를 냈을 정도였다. 그러나 가쓰라의 명령 무시는 불문에 부쳐졌다. 왜냐하면 야마가타는 평양을 공격했을 때 노즈의 독단을 허용했으며, 노즈도 조선에서 보급을 무시하고 독단으로 작전을 수행했던 공통된 약점이 있었기 때문이다.

이후 제1군 사령부는 제5사단 주력과 제3사단에서 추출해서 편성한 혼성 제5여단(오사코 소장이 지휘)으로, 송경이 버리고 도망친 평황청을 공략하려고 했다. 그런데 다쓰미 제10여단은 혼자 힘으로 전진해서 10월 29일에 전위인 기병 대대가, 31일에는 본대가 평황청에 입성해 점령하고 말았다. 평황청 작전에 참가할 필요가 없어진 오사코 혼성 여단은 서쪽으로 전진해서 다둥거우(10월 31일)와 다구산大孤山(11월 5일)이라는 중요한 항구 지역을 점령했다.

제10여단장 다쓰미 나오후미 소장은 원래 구와나 번桑名藩의 무사 출신으로, 보신전쟁戊辰戦争[3]에서는 라이진타이雷神隊[4]를 조직해 관군과 싸웠다. 사법관을 거쳐서 육군에 들어가 세이난·청일·러일전쟁에 참가한 전술가로 전쟁을 잘하는 장군이었다. 평양에서는 삭령 지대를 이끌고 목단대를 공략한 평양 전투의 공로자이기도 했다. 독단으로 저지른 평황청 점령 후에도 다쓰미는 소속 부대를 전진시

---

3 1868년에서 1869년까지 왕정복고를 거쳐 메이지 신정부를 구성한 사쓰마, 조슈, 도사 번 등을 중심으로 하는 신정부군과 구막부군 사이의 전쟁을 가리킨다. 전쟁이 발발한 해의 간지가 무진년에 해당되었기 때문에 무진의 일본식 발음을 따서 보신전쟁이라고 부른다.

4 보신전쟁 당시 신정부에 저항하던 구와나 번 항전파가 조직한 부대 중 하나.

켜 병력 부족에 시달렸지만, 평황청 탈환을 시도하는 이크탕가 장군의 군대와 격전을 벌였다.

가쓰라 제3사단장뿐 아니라, 제5사단의 간부들 중에서도 사단장 노즈 미치쓰라 중장, 제9여단장 오시마 요시마사 소장, 그리고 제10여단장 다쓰미 소장 등 3명은 모두 하나같이 독단과 독주를 저지른 군인이었다.

제2군 편성 — 뤼순반도 공략으로

제3장에서 쓴 대로, 평양 전투와 황해 해전의 전승 보고가 도착하자 대본영은 직례 결전을 위한 근거지로 삼을 것을 목적으로 하는 뤼순반도 공략 작전을 실행할 수 있다고 판단했다. 이에 9월 21일 제2군 편성에 착수했다.

제2군은 이미 야전 사단과 병참부 모두 동원이 완료된 제1사단(도쿄, 야마지 모토하루山地元治 중장)과 혼성 제12여단장(제6사단 소속, 고쿠라, 하세가와 요시미치長谷川好道[5] 소장)을

---

5 1850~1924. 일본 야마구치 현 출신의 군인. 청일전쟁과 러일전쟁에서 활약했으며, 특히 러일전쟁 중에는 한국 주차군 사령관으로서 을사조약 체결에 반대하는 의병을 진압했다. 이후 참모총장을 맡았으며, 육군 원수의 칭호를 수여받았다. 2대 조선 총독으로 취임했지만, 3·1운동에 대한 책임을 지고 물러났다. 군사사가 마쓰시타 요시오松下芳男의 말에 따르면, 기생을 관사에 데리고 살면서 이에 항의하는 부하를 증오하는 등 부패하고 인성이 좋지 않은 군인이었다고 한다.

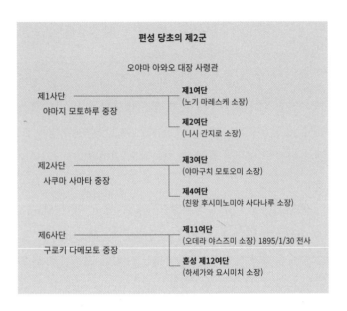

편성 당초의 제2군

오야마 아와오 대장 사령관

제1사단 — 야마지 모토하루 중장
- 제1여단 (노기 마레스케 소장)
- 제2여단 (니시 간지로 소장)

제2사단 — 사쿠마 사마타 중장
- 제3여단 (야마구치 모토오미 소장)
- 제4여단 (친왕 후시미노미야 사다나루 소장)

제6사단 — 구로키 다메모토 중장
- 제11여단 (오데라 야스즈미 소장) 1895/1/30 전사
- 혼성 제12여단 (하세가와 요시미치 소장)

합쳐 우선 편성되었다. 이 부대들을 랴오둥반도로 보내 진저우金州를 공격하고, 그러고 나서 "영구 방어 설비"를 가진 뤼순(뤼순은 당시 뤼순구旅順口라고 불렸지만 이 책에서는 뤼순으로 통일했다)을 공략하기 위해 제2사단(센다이, 사쿠마 사마타佐久間左馬太 중장)을 동원함과 동시에 임시 공성창臨時攻城廠(캐논포 16문과 구포 14문으로 구성)을 편성해 파견한다는 계획이었다.

9월 25일 육군대신 오야마 이와오 대장을 제2군 사령관으로 임명하고 10월 8일부로 "제1군과 서로 연락하고,

연합함대와 서로 협력하여 뤼순반도를 점령"할 것을 명령했다.

오야마 육군대신이 출정한 후에는 사이고 쓰구미치 해군대신이 육군대신을 겸임했지만, 육군성의 실권은 고다마 겐타로児玉源太郎[6] 육군 차관이 장악했다. 고다마는 대본영 어용괘御用掛를 겸임하여 인마人馬 동원 관계 업무 및 외정 작전의 전개에 필요한 복잡한 병참 업무를 가와카미 소로쿠 참모차장(병참총감을 겸임)이나 친구인 데라우치 마사타케寺內正毅[7] 참모본부 제1국장(대본영 운수 통신 부장을 겸임)과 연락하며 운용했다.

당시 대본영 육군부의 실력자는 가와카미, 고다마, 데라우치였으며 그들이 청일전쟁의 육군 실무를 장악하고 있었다고 할 수 있다. 그러나 전장에 출정했던 군사령관(야마가타 제1군 사령관과 오야마 제2군 사령관)과 사단장들(노즈 제5사단장, 가쓰라 제3사단장, 야마지 제1사단장, 그 후 사쿠마

---

6 1852~1906. 일본의 군인이자 정치가. 대만 총독으로서 일본의 식민지 통치의 기틀을 닦았고, 육군대신을 맡았으며 나중에는 대러시아 전쟁 계획을 수립했다. 러일전쟁 당시에는 만주군 총참모장으로 활약했다. 러일전쟁 이후 참모총장 재직 중이던 1906년에 급사했다.

7 1852~1919. 일본의 군인이자 정치가로 군정 분야에서 능력을 발휘해 출세했다. 러일전쟁 당시 육군대신을 맡았고, 초대 조선 총독으로서 무단통치를 실시했다. 나중에 총리대신이 되었지만, 제1차 세계대전 중에 물가 폭등으로 인해 쌀소동이 발생하자, 사직하고 실의 속에서 사망했다.

사마타 제2사단장과 구로키 다메모토黑木爲楨 제6사단장도 출정)은 가와카미나 고다마보다도 선임 혹은 동년배 군인이었으며, 게다가 보신전쟁과 세이난전쟁에서 겪은 실전 체험을 자랑하고 있었으므로 대본영의 지시에 반드시 순종하지는 않았다.

무모한 뤼순 공략 계획

제2군의 선진으로서 선발한 제1사단의 상륙 지점은 랴오둥반도의 화위안커우花園口로 지정되어 10월 24일부터 30일 사이에 세 차례로 나누어 청군의 저항을 받지 않고 상륙했다. 상륙 후 제1사단은 진저우성을 점령하고(11월 6일), 이어서 다롄만大連灣의 포대들도 점령했다. 혼성 제12여단도 11월 7일 상륙을 완료해 제2군의 제1진이 진저우성 주변에 집결했다.

진저우 점령 후 제2군 사령부는 정보 수집을 한 결과 뤼순을 방위하는 청군 병력은 원래 있던 수비병과 진저우, 다롄만의 패잔병을 합해서 합계 1만 2,000명으로 새로 모병한 인원이 많아 전투 능력은 낮은 점, 동시에 진저우 북방의 복주復州[8] 방면에서 대동군大同軍과 명자군이 진

8　지금의 와팡뎬瓦房店 시이다. 1913년에 푸샨復縣으로 이름이 바뀌었다가, 1985

저우를 회복하라는 명령을 받고 접근하고 있다는 정보를 얻었다(뤼순 점령 후, 뤼순 수비병은 1만 3,000여 명으로 수정되었다). 이 정보를 분석하고 오야마 제2군 사령관은 제2사단을 상륙시키기 전에 제1사단과 혼성 제12여단, 임시 공성창(11월 15일 다롄만에 도착할 예정)으로 당장 뤼순 공격을 실행할 결심을 했다.

이때 제2군의 총수는 거의 3만 5,000여 명, 그중 전투력이 없는 군부가 1만 명 이상을 차지하고 있었으리라 생각된다. 군부는 주로 병참 부대에서 일했는데, 제1사단과 임시 공성창에는 적지 않은 수의 군부들이 야전 사단이나 임시 도보 포병 연대에서 활동하고 있었다. 제2군의 병력은 군부를 제외하면 뤼순 방위군의 약 2배에 지나지 않았다. 이 중에서 후방 수비대와 지원 부대를 제외하면, 뤼순 공격에 참가할 전투 가능한 인원수는 더욱 감소한다. 이 정도의 병력으로 북쪽에서 진저우 탈환을 노리는 청군을 견제하면서 견고한 뤼순 요새를 공격하는 것은 무모하다고 말할 수 있는 대담한 작전 계획이었다.

년에 현재의 이름으로 변경되었다.

2. '문명 전쟁'과 뤼순 학살 사건

구미의 눈과 전시 국제법

일본 정부는 8월 1일부로 발포한 '청국에 대한 선전 조서'에서 전쟁 목적으로 조선의 내정 개혁 실시와 독립 보장을 들면서 전쟁을 전시 국제법을 준수하며 수행할 것을 선언했다. 영일통상항해조약이 조인된(7월 16일) 후에도 영국 이외의 불평등조약 체결국과의 조약 개정 교섭을 앞둔 일본 정부는 청일전쟁이라는 무대에서 일본군이 전시 국제법을 준수한 '문명 전쟁'을 수행할 수 있는 능력을 가졌음을 보여주려고 했다. 일본이 문명 국가의 일원임을 구미 국가들에 선전해서 조약 개정 교섭을 위한 촉진 수단으로 삼을 작정이었던 것이다.

또 민간인 중에서도 후쿠자와 유키치福澤諭吉는 청일전

오야마 이와오

쟁을 가리켜 문명국인 일본과 야만국인 청의 전쟁, 즉
"문야의 전쟁文野の戦争"이라고 주장했다. 그는 《시사신보時事
申報》 지상에서 전쟁 지지를 표명함과 동시에 스스로 군사
헌금 조직화의 선두에 서는 등 적극적으로 전쟁에 협력했
다. 국민도 이 주장들을 받아들였다. 곧 '문명 전쟁文明戦争'
론이나 '문야의 전쟁'론은 국민의 내셔널리즘과 전쟁 협
력을 촉진하는 역할을 했다.

이렇듯 청일전쟁에서는 전시 국제법 준수가 대전제였

으며, 그 때문에 다양한 준비가 이루어졌다. 개전 당시 육군대신이었던 오야마 이와오는 1886년에 적, 아군을 묻지 않고 부상자를 보호하기로 결정한 적십자조약(제네바조약)에 일본 정부가 가맹할 때 참가한 경험이 있었다. 그는 국제법 준수에 가장 의욕적인 육군 수뇌였다. 오야마는 개전 조서의 '국제법을 준수한다'는 문구을 계승하여 "전쟁은 나라와 나라의 싸움이며 일개 개인끼리의 한恨에 있지 않다"로 시작하는 적십자조약을 준수할 것을 명령한 육군대신 훈령을 발표했고, 출정하는 병사들에게 인쇄한 훈령을 소지하게 했다.

제2군이 조직되었을 때, 법률 고문으로서 아리가 나가오有賀長雄가 종군해 오야마 제2군 사령관과 상담하며 군부의 무기 휴대 금지나 중국 민간인으로부터 징발할 때의 규칙 등을 제정해서 전시 국제법을 청일전쟁에 적용하려고 했다.

제1군에는 법률 고문이 종군하지 않았지만, 가쓰라 제3사단장은 오랫동안 독일 유학을 체험했으므로 전시 국제법 지식을 가지고 있었다.

해군에는 법과대학 교수 호즈미 노부시게穂積陳重의 추천으로 다카하시 사쿠에高橋作衛가 법률 고문으로서 기함인 마쓰시마에 승함해 국제법 문제 처리를 맡았다.

아리가와 다카하시는 전쟁이 끝나자 육해군 자료를 가지고 프랑스와 영국으로 건너갔다. 아리가는 프랑스어로 《일청전역 국제법론日淸戰役國際法論》(일본어 번역본은 철학서원哲學書院에서 1896년에 출간되었다)을, 다카하시는 케임브리지대학 출판부에서 《일청전쟁에서 국제법 사례Case on International Law during the Chino-Japanese War》(1899년)를 출판해서 청일전쟁에서 일본군이 국제법을 준수했다고 주장했다. 아울러 풍도 해전 때의 고승호 격침 사건이나 다음에 소개될 뤼순 학살 사건 등 국제법 위반 의혹을 갖게 하는 사건의 변명을 맡았다.

뤼순 요새 공략 작전

제2군은 11월 14일 진저우를 출발해서 뤼순으로 향했다. 최초의 전투는 18일 투청즈土城子와 슈앙타이거우雙臺溝 사이에서 아키야마 요시후루秋山好古[9] 소좌가 지휘하는 수색 기병이 청군의 공격을 받으면서 시작되었다. 이때 사망자 11명, 부상자 35명을 내고 일본군은 후퇴했다. 다음 날

---

9 1959~1930. 일본 에히메 현 출신의 군인. 러일전쟁에서 기병대를 이끌고 활약했고, 나중에 육군대장으로 진급하여 조선군 사령관과 교육총감을 역임했다. 소설가 시바 료타로司馬遼太郎의 소설 《언덕 위의 구름坂の上の雲》과 동명의 드라마의 주인공이기도 하다.

뤼순 요새 공략도(1894년 11월 21일)

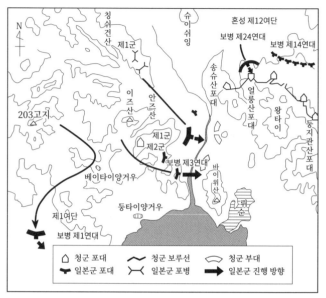

출전: 노무라 후사오 감수·구와타 에쓰시 편, 《근대 일본의 전쟁사·제1편 일청·일러전쟁》
(同台經濟懇話会, 1995)을 기반으로 저자가 작성.

전장에 유기된 일본군 사망자가 목이나 손발 등을 절단당
한 상태로 발견되었다.

11월 20일 일본군이 뤼순 배면의 청 측 방어선에 도달
했다. 뤼순에서는 행정 책임자인 공조여龔照璵 도대道臺[10] 및
군대 지휘관인 세 통령統領 황사림黃仕林, 조회업趙懷業, 위여성

---

10 도대는 옛 중국의 지방 장관인 도원道員의 별칭이다.

뤼순을 공격하고 있는 일본군. 고바야시 기요치카小林淸親의 그림.

衛汝成이 도망쳤지만 강계제姜桂題, 서방도徐邦道, 정윤화程允和, 장광전張光前 등의 장군들은 여전히 뤼순을 지키기 위해 노력하고 있었다. 뤼순을 방위하는 포대는 바다 쪽과 후면의 방비로 구분되었다. 북양 해군의 군항과 함선 수리용 도크를 지키기 위해 바다 쪽에는 영구 축성된 포대군群이 늘어섰고 중포 58문, 경포 8문, 기관포 5문이 설치되었다.

육지 쪽에서 이뤄지는 공격을 막기 위한 후면 방비는 임시 축성이었지만, 북측에서 뤼순으로 들어오는 뤼순 가도 동쪽에 송슈산松樹山·얼룽산二龍山·둥지관산東鷄冠山 등의 포대들이, 가도 서측에는 안즈산棦子山 포대군이 있었고 중포 18문, 경포 48문, 기관포 19문이 배치되었다.

바다 쪽에 비해서 배면의 방어는 미완성으로, 방어의 약점은 가도 서측의 안즈산 포대군이었다. 또한 동서의 배면 포대군의 중간 지점에 있는 바이위산白玉山은 뤼순 방위의 전술상 거점이었다.

11월 21일 미명에 뤼순 공격이 시작되었다. 혼성 제12여단이 뤼순 가도 동측의 포대군을 견제하는 가운데, 일본군의 주력인 제1사단이 뤼순 방위의 약점인 안즈산 포대군을 공격했다. 보병 제2여단장 니시 간지로西寬二郎 소장이 지휘하는 부대(중심은 보병 제3연대)를 선두로 공격이 개시되었고, 야마지 제1사단장도 사단 예비대를 이끌고 이를 뒤따랐다. 오전 7시 30분, 먼저 안즈산 밑에 있는 포대를 점령하고, 이어서 안즈산 동서東西 포대를 8시를 지나 점령했다.

제1사단의 공격에 이어서 혼성 제12여단의 우익 종렬(주력은 보병 제24연대)이 얼룽산·송슈산 포대에 대한 공격을 개시했고, 11시경 일본군의 포격으로 우연히 송슈산 포대의 탄약에 불이 붙어 폭발한 사태를 이용해서 11시 30분쯤 얼룽산 포대를 점령했다. 좌익 종대(보병 제14연대)도 12시쯤 둥지관산을 점령하고 이어서 그 남측에 있는 포대들을 점령했다. 뤼순 요새 공격에 위력을 발휘할 것이라고 기대를 받았던, 임시 공성창에 소속된 캐논포는 너무 무거워서 운반하는 데 시간이 걸리거나 고장이 많아 기대했던 효과를 거둘 수 없었다.

같은 시각 안즈산 포대를 점령한 후 뤼순 시가지로 침입하려고 한 제1사단에 대해 송슈산 포대와 류자커우로부터 이어지는 바이위산 라인에서 저항을 계속하며 일본군의 뤼순 시가지 침입을 저지하던 청군은 송슈산 포대의 폭발을 목격했다. 청군은 이에 동요하며 시가지 방향으로 퇴각하기 시작했고, 청군의 조직적 저항은 이 시점에 끝났다.

11월 21일, 어둠 속의 뤼순 점령

북방의 슈이시잉水師營에 있던 제2군 사령부는 이 단계에서 사실상 뤼순이 함락되었다고 판단했다. 12시가 지나서 제1사단에게 뤼순 점령을 명했고, 혼성 제12여단에게는 적의 탈출을 막고 제1사단의 뤼순 점령을 돕도록 지시했다.

그런데 오후 1시 반에 뤼순을 향해 이동 중이던 제2군 사령부에 송경이 지휘하는 청군이 진저우를 공격했다는 보고가 들어왔다. 정오쯤에 시작된 청군의 진저우 공격에 맞서 병력에서 열세인 일본 측은 노획한 청군의 크루프포로 반격했고, 청군은 야간에 마침내 철수했다.

뤼순 공격 중 배후에서 청군의 공격을 받은 오야마 제2군 사령관은 공격군의 동요를 피하기 위해 이 보고를 부하에게 보여주지 않았다. 하지만 오후 4시쯤 뤼순의 청군 저항력을 파괴했다고 판단되자 이날 전투에 참가하지 않았던 노기 마레스케乃木希典[11] 제1여단장에게 보병 제15연대 제3대대 외의 부대를 이끌고 진저우 수비대를 구원하도록 명령했다. 다시 오후 6시에 아와야 미키粟屋幹 소좌에게 보병 제1연대 제2대대 외의 부대를 이끌고 진저우로 향하도록 명령했다. 그러나 노기 소장이 보병 제15연대 제3대대의 상황을 파악할 수 없어서 출발은 그다음 날로 연기되었다.

이야기를 뤼순 점령 시점으로 되돌리자. 제1사단장은 뤼순 점령 명령을 오후 2시경에 받았고, 보병 제2연대장 이세치 요시나리伊瀬知好成 대좌에게 제2연대에 보병 제15연대 제3대대를 추가해서 뤼순 바다 쪽의 황진산黃金山과 그 동측의 포대들을 점령하도록 지시했다. 이세치 대좌는 지

---

11 1849~1912. 일본의 군인. 세이난전쟁부터 러일전쟁까지 활약했다. 메이지 천황이 사망하자, 아내와 함께 자살했다. 러일전쟁 도중, 뤼순 요새 공방전에서의 평가를 둘러싸고 긍정과 부정적 의견이 분분한 인물이다.

휘하의 부대들을 바이위산 북측 중턱에 모아서 오후 3시 30분에 보병 제2연대 제1대대를 선두로 뤼순 시가지에 돌입해, 오후 4시 50분에 황진산 포대 등의 포대들과 병영을 점령했다. 이미 날은 저물기 시작했고 그날 밤은 폭풍우가 불어 기온은 내려갔지만, 대다수 부대들은 그 자리에서 밤을 새웠다. 이세치 대좌의 부대만이 시가지에서 사영舍營할 수 있었다.

11월 22일에는 각 부대가 뤼순 주변의 포대 점령과 패잔병 소탕을 맡았다. 23일 오야마 제2군 사령관은 뤼순·슈이시잉의 경비를 혼성 제12여단에게 담당하게 하고 제1사단은 진저우 방면으로 이동하도록 명령했다. 시가지와 뤼순·진저우 사이의 패잔병 소탕은 25일쯤까지 이어졌다.

그리고 뤼순 점령 소식이 세계로 전해졌을 때, 일본군은 뤼순 학살 사건을 일으켰다는 비난을 받게 된다.

학살 ─ 서로 다른 사건의 모습

뤼순 학살 사건이란 현대 중국에서는 '뤼순 대도살旅順大屠殺', 구미에서는 Port Arthur Massacre 또는 Port Arthur Atrocities라고 불린다. 1894년 11월 21일의 공격으로 일본군은 뤼순의 주요 지역을 제압했고, 그날 저녁과 그다음 날 이후 시가지와 주변을 소탕했다. 이 소탕 과정에서 일본군이 포로와 비전투원(여자나 노인 포함)을 무차별 살해했다고 구미의 신문, 잡지가 비난했던 것이다. 현재 중국 측은 뤼순 대도살의 피해자를 약 2만 명으로 계산하고 있다.

이 사건은 중국에서 학교 교육에 포함되어 뤼순에는 사건을 전시하는 거대한 만충묘萬忠墓 박물관도 세워져 있다. 박물관의 현판 글씨는 설립 당시의 수상인 리펑李鵬이 쓴 것이다. 애국주의 교육을 받은 세대의 중국인에게 이 사건은 일본 군국주의의 침략성을 보여주는 상징적인 사건으로 기억되고 있다. 또한 서양의 역사서, 대학교의 아시아사 교과서에서도 이 사건을 다루고 있다.

그러나 다른 한쪽 당사자인 일본에서는 이 사건의 지명도가 낮다. 그뿐 아니라 저명한 청일전쟁사 연구자인 후지무라 미치오藤村道生가 저서인 《일청전쟁日清戦争》(岩波書店, 1973)[12]에서 사건의 피해자 수를 6만 명으로 잘못 기술했기 때문에 이에 기초해서 과장된 사건상이 이야기되는 한편, 학살 사건 그 존재 자체를 부정하는 논자도 있다. 여기에서는 뤼순 학살이란 무엇인지, 즉 사건 범위, 사건 규모,

---

12 《청일전쟁》(허남린 옮김, 소화, 1997)이라는 제목으로 국내에 출간되었다.

가메이 고레아키가 찍은 〈적의 시체를 뤼순커우 북쪽 교외 들판에 매장하는 상황〉(《메이지 27, 28년 전역 사진첩明治廿十七八年戰役寫眞帖》에서).

그리고 사건 원인에 대해서 검토해보고자 한다.

제2군과 함께 종군하던 구미의 언론인과 관전 무관은 11월 21일의 시가전과 그다음 날 이후에 벌어진 시가지 소탕 작전에서 일본군이 패잔병을 포로로 잡지 않고 무차별 살해하거나 포로와 민간인을 살해하는 광경을 목격했다. 이 모습을 보고 놀라 이를 일본군에 의한 학살이라고 비난하며, 청일전쟁은 '문명 전쟁'이라는 일본 측 주장에 의문을 제기했다. 바로 이것이 구미 신문과 잡지가 문제 삼은 Port Arthur Massacre이며, 장소와 시간과 피해자 수는 꽤 한정되어 있다.

이에 비해 현대 중국에서는 뤼순과 그 주변에서 일어난 전투와 전투 이후 소탕 과정에서 살해당한 병사와 민간인 희생자를 모두 뤼순 대도살의 희생자라고 넓게 파악하고 있다. 이렇게 하면 학살 사건의 피해자 수는 많아지게 된다.

사건 규모에 대해 현대 중국에서는 피해자 수가 약 2만 명이라고 하고 있다. 이 숫자의 근거는 청일 강화조약 비준 이후 뤼순을 돌려받으러 간 청 측 위원인 고원훈顧元勳이 세운 만충묘 묘비명에서 유래한다. 만충묘가 세워진 장소는 일본 측 뤼순구 행정서行政署와 제12여단이 "각지에 흩어져 있는 적병의 시체 1,300여 구를 각각 화장"해서 1895년 1월 18일 불교식 추도식을 거행해 유골과 유회를 매장하고 '청국진중망장사지묘淸國陣中亡將士之墓'라는 목제 묘비를 세운 곳으로 생각된다(《扶桑新聞》, 1895년 2월 27일, 〈我軍厚く旅順に敵の戰死者を祭る〉).

고원훈이 세운 만충묘는 만충묘 박물관에 인접한, 청일전쟁 100주년을 기념해서 건립된 새 만충묘 부지 내에 현재도 보존되어 있다. 그곳에는 희생자 수로 "1만 800一萬八百"이라는 숫자가 새겨져 있다. "1만 800"이라는 숫자의 근거는 불명이지만, 이 비석을 세운 고원훈이 생각하고 있던 청 측 뤼순 수비군의 인원을 새겼을 가능성이 있다. 제2차 세계대전 후인 1948년에 중수重修 만충묘가 건립되었는데, 그곳에는 "우리 동포의 사난死難 대략 2만여 명"이라는 글이 새겨졌다. 이것이 사망자 2만 명 설의 근거이다. "1만 800"이 어떠한 사정으로 1만 8,000명으로 잘못 이해되었고 나아가 "대략 2만여 명"이 되었는지 예측해볼 수 있는 대목이다. 중수 만충묘는 일본식 묘비이기에 학살 사건의 희생자를 추도하는 데에는 어울리지 않다고 여겼는지, 현재는 철거되어 중국식 새 만충묘가 건립되었다.

뤼순 공략 직후 제2군 참모장 이노우에 히카루#上光 대좌는 가와카미 참모차장에게 청군 사망자는 뤼순 방면 2,500명, 뤼순과 진저우 사이에서 2,000명, 총계 4,500명이라고 보고했다. 구미의 보도에 의해 뤼순 학살이 문제가 되었을 때, 대본영 수뇌인 참모총장 아리스가와노미야가 오야마 제2군 사령관에게 보낸 서간(12월 20일)에서 "뤼순구가 함락될 때, 제2군은 제멋대로 살육을 가해 포박한 상태로 포로를 태워 죽였고, 또 인민의 재산을 약탈하는 매우 야만적 행위"가 있었던 점에 대해서 해명을 요구했다. 제2군이 뤼순에서 벌인 무차별 살인, 포로 살해, 약탈세 가지에 대한 회답을 요구한 것이다.

이에 대해 오야마의 구신서는 뤼순 시가지의 병사와 민간인을 "혼일混一해서 살육"한 사실(즉 무차별 살인)과 징계를 위해 포로를 살해한 사실이 있음을 인정했지만, 약탈에 대해서는 부정했다. 제2군 사령부도 학살이라고 비난을 받는 사실이 있었다는 점은 인정한 것이다. 그러고 나서 어둠 속에서 벌어진 전투인 점이나, 청군 병사가 군복을 벗어 던지고 도망쳐 민간인과 구별이 가지 않았던 사실을 중심으로 다양한 변명을 하는 데 주력했다(《參謀本部歷史草案十七》).

뤼순반도는 연결부인 류슈툰柳樹屯이나 쑤자툰蘇家屯 주변이 좁아진 자루 입구 모양의 지형이었으므로 청군의 패잔병이 도망치는 것은 쉽지 않았다. 그렇지만 일본군은 병력이 적어 청군의 도망을 저지할 힘이 없었다. 결과적으로 뤼순 방위군의 강계제, 서국도, 정윤화 등의 장군들이나 병사 대부분은 무사히 북쪽으로 도망쳐서 진저우 북쪽의 가이핑蓋平에서 송경군과 합류했다.

따라서 희생자 수가 1만을 넘는 것도, 하물며 2만 명에 달하는 것은 있을 수 없다. 한편 뤼순과 그 주변에서 일본군이 살해한 청군 병사는 4,500명이 넘을 가능성이 있으며 그중에는 정당한 전투에 의한 사망자뿐 아니라 포로로 잡아야 할 병사에 대한 무차별 살해나 포로 살해와 민간인 살해(부녀자, 아이, 노인 포함)가 포함되었음은 확실한 사실이다.

왜 일본군은 학살 행위를 벌인 것인가?
─ 병사의 종군 일기를 읽다

뤼순 공격에 참가한 병사의 일기와 종군 기자로서 뤼순 공격을 보도한 저널리스트의 기사를 읽으면, 청군이 11월 18일 투청즈에서 전사한 일본 병사에게 저지른 잔학 행위를 보고 일본 병사가 분노해 보복을 맹세했다는 것이 원인 중 하나인 것은 확실해 보인다. 그러나 학살의 원인은 그뿐만이 아니다.

제1사단 보병 제15연대 제3대대 소속의 구보타 나카조窪田仲藏 상등병은 11월 19일 투청즈에서 청군에게 목과 손발을 절단당하고 배가 갈라진 일본군의 시체를 보고 "우리는 이를 보고 정말 참기 어려워, 앞으로 적을 보면 모두 죽이기로 모두가 말하며 전진"했다고 기록했다(窪田仲藏,《征清從軍日記》).

또한 혼성 제12여단 소속 보병 제24연대 제3대대 제11중대 소속 소대장인 모리베 시즈오森部靜夫 소위는 목과 손발을 절단당한 사체가 들것으로 후송되는 모습을 본 부하 하사관이나 병사들이 "분개한 기색을 만면에" 보였고

"앞으로 전사자를 위해 반드시 복수를 할 생각입니다"라고 말한 일은 물론 자신도 "내 가슴속은 정말로 매우 불타오르고 있었다"고 심경을 밝히고 있다(森部靜夫,《征清日記》).

하급 지휘관이나 하사관과 병사가 흥분해서 적을 "모두 죽이기"로 하거나 복수한다는 말을 했어도, 상급 지휘관이 그런 행위를 엄격히 금지했다면 학살 사건은 그 정도로 중대해지지 않았을 것이다. 그런데 오히려 병사들을 부추기는 상급 지휘관이 있었다.

제1사단 보병 제2연대 소속 세키네 후사지로關根房次郎 상등병은 투청즈 사건 이후, "야마지 장군으로부터 다음과 같은 명령이 있었다. …… 앞으로는 토민土民이라 할지라도 아군을 방해하는 자는 남김없이 죽이라는 명령이다"라고 기록하고 있다(關根房次郎,《征清從軍日記》).

또 세키네와 같이 보병 제2연대 소속인 오가와 고자부로小川幸三郎의 일기에도 11월 21일 오후 3시 반이 지나고 나서 뤼순 시가지에 침입했을 때, "집합지를 출발할 때, 남자로서 장정인 청나라 사람은 모두 놓치지 말고, 살려두지 말고 모두 죽이라는 명령이 내려졌다. 모든 병사들이 용기가 넘쳤다"라고 쓰여 있다(小川幸三郎,《征清日記》).

이 종군 일기들을 보면, 제1사단장 야마지 중장이나

제2연대장 이세치 요시나리 대좌 등 상급 지휘관이 뤼순을 공격할 때 청군 병사뿐만 아니라 민간인도 살해하도록 지시했을 가능성이 높다.

그 결과 구보타의 《정청종군일기征清從軍日記》에 "지나支那병을 보면 가루로 만들고 싶어 했고, 뤼순 시내에 있는 사람을 보면 모두 죽였다. 그 때문에 도로 등은 죽은 자들만 있어서 행진하기에도 불편하다"라고 묘사된 것처럼 무차별 살해가 벌어졌다.

게다가 대규모 살해는 11월 21일 전투뿐 아니라, 22일 이후의 소탕 작전 과정에서도 이어졌다. 앞서 언급한 구보타 나카조의 부대는 21일 뤼순 시가지 침입에 이어 제1여단장 노기 마레스케 소장의 지휘를 받아 22일 뤼순을 출발해 패잔병을 소탕하면서 북상, 24일 진저우에 도착했다. 그 과정에서 도망치다 낙오한 청군 병사를 "모두 죽이고" 촌락으로 도망친 패잔병은 마을에 불을 질러서 태워 죽였다. 구보타 등이 진저우성 남쪽에 도착해 점심을 먹고 있는데, 바로 눈앞에서 일본군의 전장 청소대(적, 아군의 사망자·부상자를 수용하는 부대)가 아직 살아 있는 청군을 "혹은 베고, 혹은 찔러 죽였다"고 구보타는 일기에 적고 있다.

오야마가 육군대신이었을 때 훈시에서 엄수하도록 강

조한 적십자조약의 정신은 하사관과 병사들에게 철저하게 주입되지 않았고, 보신전쟁이나 세이난전쟁을 체험한 고급 지휘관들도 야마지, 이세치, 노기 등의 언동을 보는 한 그것을 존중하고 있었다고는 생각할 수 없다. 지금까지의 과정을 보면 뤼순 학살은 단순히 청군의 잔학 행위에 대해서 하급 장교나 하사관과 병사 계층이 흥분해서 보복을 했다는 우발적 사건에 머무르지 않는, 일본군의 조직 자체에서 유래해 청일전쟁 시점에 벌어진 구조적 사건으로 봐야 한다.

서양 각국에 대한 변명 공작

청일전쟁이 발발하자 일본 정부는 외무성을 중심으로 일본 측에 유리한 전쟁 정보를 구미 각국에 발신하려고 시도했다. 일본 국내에서 신문 보도를 통제하려고 하는 시도를 당시에는 '신문 조종新聞操縱'이라고 했으므로 구미에 대한 정보 발신은 '외국 신문 조종外國新聞操縱'이라고 불렸다.

청일전쟁에 관한 정보를 구미에 발신하는 업무는 외무성의 재외 공관망이 담당했는데, 아직 일본인 외교관은 언어 능력과 경험 면에서 역부족이었으므로 일본과 관계가 있는 외국인의 힘을 빌릴 필요가 있었다.

막부 말기에 일본에 와서 많은 의학자를 양성한 필리프 프란츠 폰 지볼트Philip Franz von Siebold의 장남인 알렉산더 폰 지볼트Alexander von Siebold가 외무성의 의향을 받아들여 영국, 독일, 프랑스 등 유럽 각국 신문사와 통신사에 공작을 했다. 또한 미국에 대해서는 재미 일본 공사관에 근무하던, 외무성이 고용한 더럼 화이트 스티븐스Durham White Stevens[13]와 일본에 머무르던 미국 언론인 에드워드 하워드 하우스Edward Howard House가 선전을 담당했다. 이외에도 체신성이 고용한 윌리엄 헨리 스톤William Henry Stone이나 요코하마에서 영자 신문《더 저팬 메일The Japan mail》을 발행하던 브링클리 대위Captain Francois Brinkley[14]가 대외 선전에 협력했다.

다시 대북전신회사大北電信會社, Det Store Nordiske Telegraf-Selskab A/S(덴마크 회사로 러시아를 경유해서 유럽과 청과 일본을 연결하는 국제 전신선 및 청국 내의 전신선을 경영[15]) 상하이 지점장인 야코프 헤닝센Jakob Henningsen을 매수해 청의 정보를 수집했다

---

13 1851~1908. 미국의 외교관으로 1904년 대한제국 외부 고문관으로 초빙된 이래 일제의 한국 침략을 노골적으로 두둔하다가, 1908년 샌프란시스코에서 재미 교포 전명운과 장인환에게 저격당해 사망했다.

14 아일랜드계로서 영국 육군 포병 장교로 근무했고, 전역한 후에 일본의 군사 고문을 맡은 경력이 있기 때문에 '대위'라는 별명을 가지게 되었다.

15 현재는 통신 사업에서 철수했으며 헤드셋, 보청기 등의 통신·음향 기기를 생산하고 있다.

(外務省記録,《日淸戰役に際し外国新聞操縦雜件》).

일본 정부는 또한 청일전쟁을 취재하기 위해 일본에 온 서양 언론인을 적극 받아들여 후한 대우를 했다. 일본에 호의적인 보도를 해주길 기대했을 것이다. 영어를 잘하는 이토 미요지 내각 서기관장은 그들과 접촉해 정보를 제공하거나 비싼 해외 전보료를 부담하며 실질적인 매수를 시도했다.

그 외국인 특파원들은 외부와의 통신이 곤란했던 제1군이 아니라, 대개는 해로를 통해 랴오둥반도로 향한 제2군에 종군했다. 제2군 사령부와 행동을 같이한 제임스 크릴먼James Creelman(미국,《뉴욕 월드The New York World》), 라울 라게리Raoul Charles Villetard de Laguérie(프랑스,《르 탕Le Temps》), 프레더릭 빌리어스Frederic Villiers(영국,《블랙 앤드 화이트Black and White》 및 《더 스탠더드The Standard》), 토머스 코웬Thomas Cowan(영국,《런던 타임스》) 등의 특파원과 영국, 프랑스, 미국의 관전 무관들이 학살 사건을 목격했다.

뤼순 학살을 목격하고 구미 세계로 전한 것은 그들만이 아니었다. 제2군이 점령한 뤼순에는 로이터 특파원 스티븐 하트Stephen Hart가 머무르고 있었다. 《더 뉴욕 헤럴드The New York Herald》(뉴욕과 파리에서 영자 신문을 발행)의 아메데 드 거빌Amédée de Guerville 특파원은 일본 해군에 종군, 전투 직후 뤼순에 상륙했다. 또《오야마 이와오 일기》에는 러시아 육군의 콘스탄틴 이폴리토비치 보가크^{Konstantin Ippolitovich Vogak} 대령이 뤼순에 왔다고 적혀 있다. 그는 청일·러일전쟁 시기에 동양에 체재한 정보 활동 전문가이다.

게다가 열국의 함대는 청일전쟁 중에 청일 양국이 장비한 신형 무기의 효과를 확인할 목적으로 일본 함대를 따라오고 있었다. 뤼순이 점령된 직후인 11월 24일 미국, 영국, 프랑스의 군함은 뤼순에 접근해 승조원을 상륙시켜 전적을 시찰하고, 기념품을 가지고 돌아갔다. 앞에서 쓴 바와 같이 다수의 정보원을 통해 뤼순 학살 사건에 관한 소식은 구미 세계로 발신되었다.

그중 가장 눈부시게 보도를 한 것은《뉴욕 월드》의 특파원 제임스 크릴먼이다.《뉴욕 월드》는 뉴욕의 신문왕 조지프 퓰리처^{Joseph Pulitzer}가 경영하던 대중지로 국내 사회 문제에 대한 보도와 캠페인에 힘을 쏟음과 동시에 국제 문제를 열심히 보도하고 있었다.

젊은 크릴먼은 처음 일본에 왔을 때, 일본의 개전 조서가 주장한 정의의 문명 전쟁이라는 주장을 받아들여 일본의 문명화를 찬미하고 일본군의 용감함과 국제법 준수를 칭찬하는 기사를 썼다. 그러나 미국 영사인 호러스 알렌^{Horace Newton Allen}[16]의 주선으로 조선 국왕을 만났을 때 국왕이 자신을 지키기 위해 미군을 파견해달라고 말하자, 크릴먼은 일본이 주장하는 전쟁 목적에 의심을 품기 시작했다. 이어 뤼순 학살을 체험하며 일본을 비판하는 방향으로 전향했다. 그는 일본의 문명화는 외면상에 지나지 않고 그 본질은 야만이며, 재일 미국인의 안전을 지키기 위해 치외법권을 유지해야 한다고 주장했고, 미일 양국 정부가 조인한 미일통상항해조약의 상원 비준에 반대했다. 그가 보낸 기사와 《뉴욕 월드》의 캠페인은 일정한 효과를 거뒀고 미국 상원의 미일통상항해조약 심의에도 영향을 끼쳤다.

《런던 타임스》의 특파원 토머스 코웬은 센세이셔널리즘에는 비판적이었지만 학살 사건에 대해서는 크릴먼과 같은 인식을 가지고 있었다. 즉 일본군은 전투가 끝난 11월 22일 이후에도 포로와 민간인을 학살했고, 만약 일본이 문명국으로 인정받고 싶다면 책임을 져야 한다는 것이었다. 그는 뤼순에서 히로시마로 돌아와 영국으로 기사를 보냈고, 이와 동시에 11월 30일 이토 수상과, 그다음 날 무쓰 외무대신과 회담해서 일본 정부의 선후책에 대해

---

16 1858~1932. 미국의 선교사, 외교관, 의사로서 1884년 갑신정변 당시 중상을 입은 민영익을 수술해 고종과 왕비 민씨의 총애를 받았다. 이후 주한 미국 공사를 맡아 미국의 이권을 챙겼으며, 을사조약 이후 귀국했다.

추궁했다.

뤼순 학살 정보를 접하지 못했던 이토와 무쓰는 코웬의 이야기에 놀라서 정보를 수집해 대응책을 검토했다. 그러나 북양 해군의 기지를 점령해서 사기가 오른 군대를 조사·처분하는 것은 곤란하다고 판단했다. 대본영과 협의한 이토는 "상세히 조사하기에는 위험이 많아 득책이 아니니까 이대로 불문에 부치고, 오로지 변호하는 방편을 취할 수밖에 없을 것 같다(〈総理大臣旅順口事件善後策に関し訓令の件〉, 12월 15일)"는 결론에 도달해 사건 관계자를 처분하지 않고 오로지 변명만 했다. 그때 앞에서 말한 외무성이 조직한 대외 선전망을 이용해 변명을 했지만, 일단 세계로 퍼진 뤼순 학살의 이미지와 일본의 문명화에 대한 의혹을 씻어낼 수는 없었다.

이토나 무쓰가 국제법 준수에 열심인 오야마 제2군 사령관에게 기대하고 있었던 '문명 전쟁'은 사단장·연대장급의 상급 지휘관이나 하사관과 병사들에게도 존중받지 못하고 뤼순 학살 사건으로 이어진 것이다.

3. 동계 전투와 강화 제기

제1군과 대본영의 대립

대본영의 청일전쟁 지도 방침이 당초 단기 결전을 지향하는 '작전 대방침'에서 장기전 구상으로 바뀐 사실, 그리고 8월 말 그것이 '동계 작전 방침'으로 정리되어 1895년 봄 육군 주력을 발해만 북부의 톈진과 산하이관 방면으로 수송해서 청군과 직례 결전을 치르기로 결정된 사실에 대해서는 이미 서술했다(제3장). 그런데 9월 중순에 평양 전투와 황해 해전에서 승리하고 10월 말 압록강 도하 작전이 성공하자 대본영 내에서는 동계 기간이라도 직례 결전을 치를 수 있지 않겠느냐는 구상이 다시 떠올랐다.

한편 압록강 도하 작전을 성공적으로 마무리하고 주롄청에서 펑톈으로 통하는 펑톈 가도상의 요충인 평황청

야마가타 아리토모

을 점령한 뒤 중요한 항구가 있는 다구산의 점령도 가까
워지자, 주롄청에 있던 제1군 사령관 야마가타는 장래의
작전을 위한 근거지를 확보하기 위해 적극적으로 행동에
나설 것이라고 다짐하고 있었다.

야마가타는 11월 3일부로 대본영에 타전했다. 엄동 시
기에 들어 작전을 펼치기 어려워지기 전에 자신의 제1군
이 다음 세 가지 안건 중 하나를 실시하게 해줄 것을 요
청하는 내용이었다. 야마가타가 생각한 세 가지 안건이란
① 화위안커우 부근에서 승선한 뒤 산하이관 부근으로
상륙해 직례 작전을 위한 근거지를 점령한다, ② 뤼순 반
도까지 진군해 제2군과 합류한다, ③ 펑톈을 공격한다는
것이었다.

그러나 대본영은 이 야마가타 안을 전부 받아들이지 않았다. 뤼순을 점령하기 전이라 웨이하이위에 있는 북양함대 섬멸이 달성되지 않았으므로 제1안은 현 상황에서는 실행이 불가능하며, 제2안과 제3안은 '작전 대방침'과 모순되거나 병참과 보급 문제로 물리적으로 곤란하다는 판단이었다. 대본영에서 작전과 보급을 담당한 가와카미 소로쿠와 고다마 겐타로는 직례 결전에 활용할 예정인 제1군이 쓸데없는 행동을 해서 전력을 저하시키지 말고 현지에서 대기해야 한다고 생각했다.

야마가타는 11월 9일 대본영의 답변을 받고 그다음 날인 10일 가쓰라 제3사단장 및 노즈 제5사단장과 만나 동영冬營 방침을 결정했다. 그러나 야마가타는 아직 체념하지 않고 11월 16일 다시 제1안, 즉 제1군이 해로로 산하이관 부근에 상륙하는 작전 실시를 제안했다. 대본영의 답변은 다시 전면 부정이었다. 제3사단은 동영으로 이행 중이었지만, 제1군 사령관의 허가를 받아 점령한 다구산에서 동영을 하는 가운데 안전을 확보한다는 명목으로 내륙부의 슈옌岫巖을 공략하기로 계획했고 11월 18일 이곳을 점령했다. 슈옌은 다구산에서 하이청海城 혹은 가이핑으로 통하는 가도의 요충에 있는 중요 도시였다.

11월 25일 오야마 대장이 지휘하는 제2군이 뤼순을

점령했다는 통지를 받자 야마가타 제1군 사령관은 하이청 공략 작전을 결심했다. 장래 제1군이 뤼순반도 방면으로 이동할 때 가이핑과 하이청 방면에서 가해질 것이 유력한 적의 압력을 줄이기 위해서였다. 12월 1일에는 하이청 공격 실시를 제3사단장에게 명령하고 대본영에도 전보를 보냈다. 나아가 5일에는 스스로 하이청 공격 지휘를 맡고 싶다고 참모총장에게 타전했다. 대본영은 이 작전을 환영하지 않았지만, 제1군 사령관이 "훗날 측면에 두고 행군을 할 경우 유해하다고 인정되는 적을 소탕하는 행위를 금지하는 것은 지나친 간섭이 될 우려가 있어" 작전 중지 명령을 하지 않았다.

지금까지 몇 번이나 육군의 수뇌인 야마가타 제1군 사령관의 제안을 거부해온 사실에 대한 배려이자, 하이청의 청군에 타격을 준 후 제3사단이 바로 슈옌과 다구산 방면으로 철수할 것이라고 믿었기 때문이다. 그러나 그 후 가쓰라 사단장 자신이 적 가운데에 고립되고 보급도 제대로 되지 않는 엄동기의 하이청에서 농성하게 된다. 야마가타와 가쓰라의 행동은 '독단'의 영역을 넘은 '폭주'로 평가받게 된다.

야마가타 제1군 사령관 경질

12월 18일 야마가타 제1군 사령관은 해임되고 다음
날 노즈 제5사단장이 후임 제1군 사령관이 되었다. 후임
제5사단장은 오쿠 야스카타奧保鞏 중장이었다. 전쟁이 한창
일 때에 가장 중요한 전선 사령관이 해임된 것은 국제적
으로도 국내적으로도 영향이 큰 이례적인 사태였다.

원래 건강이 불안했던 야마가타는 조선 상륙 직후부
터 기관지 질환이나 위장병에 시달렸으며 겨울이 되자 몸
상태는 더욱 나빠졌다. 야마가타의 몸이 좋지 않다는 소
식은 히로시마에도 전해졌다. 11월 29일 야마가타의 병을
걱정함과 동시에 전황 보고를 위해서 히로시마 귀환을 명
령하는 메이지 천황의 칙어를 전하기 위해, 시종무관장
나카무라 사토루中村覺 대좌와 야마가타와 친한 내장두內藏
頭[17] 시라네 센이치白根專一가 히로시마를 떠났다. 12월 8일
야마가타는 조선 북부의 의주에서 칙어를 받고 9일에 의
주를 떠나 귀국길에 올랐다.

도중에 인천에서 야마가타는 친구인 이노우에 가오루
조선 주재 공사와 만났다. 이노우에는 그 모습을 12월 13
일부의 이토 수상에게 보낸 편지에 다음과 같이 쓰고 있

---

17 궁중의 회계를 관장하는 궁내성의 한 부서인 내장료內藏寮의 장관이다.

다. 야마가타는 귀국 명령을 납득하지 못하고 "세 가지 작전 상주 및 대본영 사령과의 충돌(동계 작전에 대한 야마가타의 의견이 대본영에 의해서 모조리 부정된 것)"에 대해서 계속 불만을 털어놓았고, 또한 체력이 쇠약해졌기 때문에 기분이 격앙되어 주위에서 그를 곤란해하고 있으며, 이대로 내버려둔다면 야마가타가 육군에서 은퇴할지도 모르므로 귀국 후에는 야마가타를 대본영 어용괘로 삼아 아리스가와노미야 참모총장을 보좌하게 하는 명령을 천황에게 요청하는 것밖에 방법은 없다(《伊藤博文関係文書一》 중 이토에게 보낸 이노우에 가오루 서간, 1894년 12월 13일)는 내용이었다.

같은 날 이토는 귀국한 후 야마가타에게 줄 보직을 검토하고 있다는 내용의 편지를 이노우에에게 썼다. 번벌의 실력자인 이토와 이노우에가 문관이면서도 육군 인사에 개입한 사실을 알 수 있다.

12월 18일 천황을 알현한 야마가타는 '우조優詔'[18]를 받고, 제1군 사령관과 추밀원 의장직에서 면직되었으며, 대신 감군監軍에 임명되었다. 이 시기의 감군이란 육군의 교육을 관장하는 역직으로 교육총감教育総監[19]의 전신이다. 다

---

18 신하나 백성에게 내리는 임금의 말.

19 육군대신, 참모총장과 나란히 일본 육군 최고 보직으로, 사관학교와 기타 군사학교 등의 교육을 관장하는 교육총감부의 수장이었다.

시 20일에는 (천황이) 2회째 '원훈우우元勳優遇'의 조칙을 내렸다. 두 번이나 이 조칙을 받은 사람은 야마가타뿐으로 파격 대우였다.

병환을 명목으로 야마가타를 해임한 것이었지만, 실제 이유에 대해서는 두 가지 설이 있다. 하나는 야마가타가 독단으로 하이청 공격을 결단했기 때문에 대본영의 가와카미 소로쿠 참모차장이나 가쓰라 제3사단장이 이토 수상에게 부탁해서 야마가타를 소환했다는 후지무라 미치오의 주장으로, 종래의 정설이다(藤村,《淸日戰爭》). 한편 후지무라의 제자인 사이토 세이지齋藤聖二는 후지무라의 주장에는 사실을 오인한 부분이 있다고 말한다. 동계에 직례 결전을 고려하던 대본영은 병이 든 야마가타를 "엄동 설한하의 직례 결전에서 현지 사령관으로 둘 수 없다"고 판단했다는 것이다. 곧 어디까지나 병이 해임 사유였다는 주장이다(《淸日戰爭と軍事戰略》).

귀국한 후 야마가타는 대본영 군사 회의에 참가했지만 청일전쟁을 지도해온 가와카미 참모차장 등과의 관계가 원활하지 않았다. 1895년 1월 아리스가와노미야 참모총장이 사망했으므로 이토와 이노우에는 야마가타의 참모총장 취임을 생각했지만, 가와카미 참모차장과 가바야마 스케노리 군령부장이 반대했다. 야마가타가 참모총장이 된다면 자신들은 사직하겠다는 의향을 보인 것이다. 이 때문에 이토 등은 야마가타를 참모총장으로 삼는 것을 포기하고, 고마쓰노미야 아키히토小松宮彰仁 친왕을 후임으로 삼고, 야마가타를 육군대신으로 임명하는 방침을 제기할 수밖에 없었다.

가와카미 등은 황족 출신 총장과 달리 야마가타가 참모총장이 되어 작전에 참견하는 것을 싫어했으며, 작전과 직접 관계가 없는 육군대신이라면 그를 용인할 수 있다고 생각했던 것이다.

이상과 같은 경위를 보면, 야마가타가 경질된 이유는 대본영과의 작전 방침의 균열·대립(후지무라 주장)과 함께 동계 직례 결전 수행을 위해서는 노령에 병이 든 사령관으로는 역부족이라는 실질적인 필요성(사이토 주장)을 모두 살펴보는 것이 타당할 것이다.

제1군의 하이청 공략 작전

12월 1일 제1군 사령부는 가쓰라 제3사단장에게 하이청 공략을 명령했다. 제3사단은 슈옌에 집결해 9일에 슈옌을 출발, 시무청析木城을 거쳐 13일 하이청을 점령했다. 이 사이에 얼어붙어 미끄러지기 쉬운 도로 때문에 행군에 고생했으나, 하이청을 점령하면서 청군의 저항을 거의 받지 않았다. 그러나 문제는 점령 후의 방위였다.

하이청은 송경군의 거점이 있는 랴오양遼陽, 안샨잔, 뉴장성牛莊城, 다스차오大石橋, 가이핑으로 둘러싸여 있었으며, 제1군 보급 거점인 다구산과 슈옌에서 멀리 떨어져 제3사단만으로는 지키기 힘들었다. 제3사단은 원군 증원 혹은 제2군의 가이핑 진출을 희망했으나, 제1군 사령부는 원군은 보낼 수 없으므로 어쩔 수 없을 경우에는 하이청에 제3사단 일부를 남기고 사단 주력을 시무청까지 철수시킬 것을 지시했다.

12월 19일에는 뉴장성으로 진출한 청군과, 그에 대해 선제공격한 제3사단 사이에서 강와자이缸瓦塞[20]의 격전이 벌어졌다. 일본은 약 4,000명, 청군은 약 9,000명이 전투에 참가했다. 청군은 일본군의 2배 이상의 병력을 보유했지만, 대포 숫자에서 앞섰던 제3사단이 산포를 효율적으로 사용해서 승리를 거두었다.

그러나 제3사단은 압록강을 건넌 뒤 최대 400명 이상의 사상자를 냈고, 나아가 전투와 그 이후의 부상자·전

---

20 저자는 塞라고 표기하고 있지만, 일본의 공간 전사인《메이지 27, 28년 일청전사》와 가와자키의《일청전사》에서는 寨로 표기하고 있다. 또한 이곳은 간왕자이感王寨라고도 하는데, 현재의 간왕전感王鎭이다. 하이청에서 서쪽으로 17킬로미터 떨어져 있다.

사자를 수용하기 위한 전장 청소 과정에서 1,000명이 넘는 동상자를 냈다. 사상자가 전투 참가자의 약 1할, 동상 환자가 약 3할에 달해 전투력은 대폭 저하, 엄동 기간의 작전 행동이 곤란하다는 사실을 보여주었다. 특히 아직 방한복을 받지 못한 군부의 피해는 막대해서 그 결과 보급 능력이 대폭 저하되었다.

센다이에서 편성된 후비 보병 제3연대 군의관으로서 종군한 와타나베 시게쓰나渡邊重綱는 1895년 1월 5일 안둥현에서 압록강 하구의 항구인 다둥거우로 향하던 도중 동상에 걸려 해고된 일본인 군부들이 끊임없이 돌아오는 것을 목격했다. "그 모습을 보니 얼굴은 검댕투성이에 손발에 동상이 걸려 비틀거리며 걷는다. 찢어진 모포로 몸을 둘러싸고, 머리에 쓴 두건은 청인을 흉내 내어 다양한 털가죽을 쓰고" 있는 이상한 모습이었다. 그리고 귀국하는 군부를 대신해 새로이 전장으로 향하는 군부도, 각자 제각각 기묘한 복장으로 무장하고 있었다. 와타나베는 이때 읊었던 단가短歌에서 군부의 모습을 "야행백귀夜行百鬼"에 비유했다(渡邊重綱,《征淸紀行》).

와타나베가 목격한 참담한 상태의 해고된 군부들은 날짜와 장소로 보건대 하이청 작전에 참가해서 동상에 걸린 제3사단 소속의 군부였을 가능성이 높다.

하이청 방면으로 병력을 투입함으로써 제1군 주력의 직례 작전 전용轉用이 곤란해지는 것을 꺼리던 대본영도 12월 29일에 이르러 제3사단으로 하여금 하이청을 지키게 하기로 결정했다. 제2군에 혼성 1개 여단으로 가이핑을 점령해서 제3사단을 돕도록 명령하고, 제1군 사령관에게 군의 주력은 직례 작전에 참가하기 위해 3월 하순까지 다롄만으로 이동할 것을 전달했다. 대본영 명령을 받은 혼성 제1여단은 1월 10일 가이핑을 점령했다. 이 전투의 사상자는 334명이었다.

청군은 이후 1월 17일, 22일, 2월 16일, 21일 4회에 걸쳐 하이청을 공격하고 2월 17일에는 시무청을 공격했지만 그때마다 일본군에게 격퇴를 당했다.

랴오허 평원의 전투

야마가타를 대신해 제1군 사령관으로 취임한 노즈는 직례 결전을 위해 다롄만 방면으로 이동하기 전에 잉커우營口, 톈좡타이田庄臺, 랴오양 방면에 있는 약 5만의 청군을 격파할 필요가 있다며 1월 이래 거듭 대본영에 구신했다. 제1군은 광대한 전장에서 항상 병력이 우세한 청군의 공격을 받아 방어에 고생했다. 그렇기 때문에 청군에 대해서 공세로 나설 것을 희망한 것이다.

대본영은 가능한 많은 병력을 직례 결전에 참가시키기 위해 불필요한 전투로 병력을 소모하는 것을 꺼려 노즈의 구신을 받아들이지 않았다. 그러나 거듭되는 군사령관의 구신을 무시할 수가 없어서 2월 6일 작전을 허가했다.

노즈 제1군 사령관은 우선 혼성 제10여단(다쓰미 소장)과 후비 보병 연대로 평황청 등 압록강 북안의 광대한 지역을 방위하게 했다. 그리고 나서 제1군 소속의 제3사단, 제5사단 주력에 응원하러 온 제1사단을 더해 3월 상순까지 랴오허遼河 평원 소탕 작전을 실시하고 직례 작전에 참가하기 위해 태세를 정비하기로 했다. 한편 광대한 방위 지역을 담당한 제10여단은 평황청 방위를 위해 고전을 겪을 수밖에 없었다.

제1사단은 2월 24일, 잉커우 남측의 타이핑산太平山에서 청군과 격전을 벌여 3월 6일 잉커우를 점령했다. 타이핑산 전투에서 일본군은 사상자 314명과 4,000명 이상의 부상자를 냈다.

한편 제3사단은 하이청에서 출격해 3월 2일 평황청 방면에서 전진한 제5사단 주력과 안산잔鞍山站 부근에서 합류, 4일에 뉴장성을 공략했다. 뉴장성에서는 잔류한 청군 일부와 시가전이 벌어져 일본군의 사상자는 389명에 달했다.

3월 9일에는 제1, 제3, 제5사단의 3개 사단으로 톈좡타이를 공략했다. 이 전투에 참가한 병력이 1만 9,000명에 포가 91문으로 청일전쟁 최대의 전투가 되었으며 사상자는 160명이었다. 일본군은 톈좡타이가 청군의 보급 기지가 되는 것을 방해하기 위해, 제1군 사령관의 명령으로 철수하면서 시가지를 불태우는 야만스러운 전투를 벌였다.

대본영의 의도와 다르게 랴오허 평원 소탕 작전은 3개 사단이 참가한, 청일전쟁에서 최대 작전이 되었다. 다수의 청군 병력을 격파하고 산둥 작전이나 조기 강화를 용이하게 한 효과는 있었지만, 1,000명에 가까운 사상자와 약 1만 2,000명의 동상 환자가 발생해 병력을 소모했고 대본영이 의도했던 조기 직례 결전을 방해하게 되었다.

강화조약이 비준된 이후, 교토에서 메이지 천황이 사사키 다카유키와 담화하는 도중 "우리 장병들이 충용의 열忠勇義烈함은 여러 나라와도 비교하기 어렵다. 대신에 꽤 다루기 어려운 점도 있다"고 말한 것(津田,《明治天皇と臣高行》)은 대본영에 친히 참석한 천황이 빈번하게 체험했던 대본영과 현지 군의 차이나, 현지 군의 독주에 대한 솔직한 감상이었다.

산둥 작전과 대만 점령 작전

평양 전투와 황해 해전 이후, 10월 8일에 영국으로부터 각국이 조선 독립을 보장하고 청이 배상금을 지불하는 조건으로 중재하겠다는 제의가 들어왔다. 이때 일본 정부는 거절했지만, 이 제안을 받고 무쓰 외상은 강화조약 초안을 작성해서 이토 수상에게 제시했다. 11월 6일 이번에는 미국으로부터 강화를 타진받아, 일본 정부는 17일 미국에 대해서 청국으로부터 실제 강화 요청이 있을 때까지 전쟁을 계속하겠다고 답변했다. 청으로부터 강화 담판 요청이 있었던 것은 뤼순이 함락된 다음 날인 11월 22일이었다.

그러나 뤼순 점령 후 대본영은 직례 결전을 실시하는 방향으로 기울어 11월 29일에 제1군·제2군 사령부와 연합함대 사령부에 대해 직례 결전을 준비하도록 전보를 쳤다. 그런데 대본영의 방침 전환에 대해서 현지 군사령관들은 순종하지 않았다. 이미 서술했듯이 야마가타 제1군 사령관은 하이청 공격을 결의했다. 오야마 제2군 사령관은 진저우반도에서 동영으로 이행하고 싶다고 상신했다. 다시 오야마는 이토 스케유키 연합함대 사령장관과 협의해서 웨이하이위 공략 작전을 제기해왔다.

이토도 12월 4일, 강화 문제를 고려해 발해 북안 상륙

작전(직례 결전의 준비 작전)을 중지하고 웨이하이위 공략 및 대만 점령 작전을 실시해야 한다는 의견서(《威海衛を衝き台湾を略すべきの方略》)를 대본영에 제출했다. 그 결과 9일 대본영에서 웨이하이위 작전이 결정되었으며 직례 결전은 다시 연기되었다.

웨이하이위 작전은 12월 14일 정식 결정되어 제2사단과 제6사단(이미 제2군에 소속되어 뤼순 주변의 경비를 맡은 혼성 제12여단은 제외)을 활용하게 되었다. 이미 센다이에서 히로시마로 이동해서 대기하던 제2사단은 1895년 1월 10일과 11일에 우지나를 출항했고 후쿠오카와 구마모토에 대기하던 제11여단은 고쿠라로 집결, 12일부터 축차로 출항했다.

다롄만에 도착한 수송 선단에는 제2군 사령부가 승선, 1월 19일부터 산둥반도 끄트머리의 룽청만^{營城灣}을 향해 출항했고, 20일 상륙을 개시해서 24일 양륙을 마쳤다. 이후 다시 뤼순 및 진저우에 주둔하던 부대(포병대 2개 대대, 9센티미터 구포를 장비한 임시 도보 포병 대대 등)가 수송되어 26일에 양륙이 완료되었다.

산둥 작전으로 북양 해군 궤멸

1월 20일 선견대가 룽청을 점령하고 양륙이 종료된 26

일에 웨이하이위를 향한 전진이 시작되었다. 제2사단은 해안에서 떨어진 남로南路를, 제6사단은 해안을 따라 전진했다.

웨이하이위 요새는 10년 이상의 시간을 들여 축조되었고 개전 이후에는 더욱 강화되었다. 북안에 11개, 남안에 7개, 류궁다오와 르다오르島에 5개의 포대가 설치되어 24센티미터 캐논포를 비롯하여 161문의 대포와 기관포가 배치되었다. 북양함대의 함선들은 류궁다오 남측과 웨이하이위 사이에 정박해 방재를 설치하고 일본 함선, 특히 수뢰정의 침입을 막고 있었다.

1월 30일의 공격에서 제11여단은 남안 포대군을 점령했고, 주력인 제2사단은 남안 포대군이 서방에 있는 바이후커우北虎口 고지를 점령하는 동안 포대군의 청군 수비병의 퇴로를 차단했다. 이날 공격에서 일본 측은 209명의 사상자를 냈는데 그중 한 명은 제11여단장 오데라 야스즈미大寺安純 소장이었다. 그는 만 안에 있는 북양함대의 포격을 받고 사망했다.

제2사단은 그다음 날 북안 포대군을 점령하기 위해 출격, 2월 2일까지 포대와 웨이하이위 시가지를 저항을 받지 않고 점령했다. 육상 포대를 점령당했음에도 만 내의 북양함대와 류궁다오·르다오의 포대는 저항을 계속하며 일본군을 포격했다. 청군은 육군이 가진 소구경 야포나 산포의 사정거리 바깥에 있었으므로 일본은 점령한 포대에서 노획한 포로 대항할 수밖에 없었고, 이 때문에 청군 측에 주는 타격은 적었다.

2월 3일 일본 측 연합함대가 포격을 개시했고, 5일부터는 수뢰정이 돌입해서 정원, 위원, 내원 등을 격침했다. 류궁다오 수비병이 정여창 제독에게 항복을 요구했고, 완강히 항복을 계속 거부하던 정여창은 이홍장에게 다음과 같은 내용의 편지를 보냈다. "군함이 가라앉고 인력이 다할 때까지 싸우려고 결심했지만, 모두의 마음이 흐트러진 지금의 상황을 맞이하여 어찌할 수 없다." 그런 뒤 11일에 정여창은 독약을 마시고 자살했다. 정여창 외에 정원 함장인 유보섬劉步蟾 및 류궁다오 육군 지휘관 장문선張文宣 등도 정여창의 자살과 전후하여 자살했다.

항전파 간부가 자살한 뒤인 2월 12일, 청군은 정여창 명의로 쓴 청항서請降書를 이토 연합함대 사령장관에게 제출했다. 14일 청군의 항복과 청 육해군병의 해방에 관한 양군의 담판이 마무리되었다. 17일에는 모든 청군 병사가 일본군 전초선 밖으로 퇴거했고 정여창 제독의 유해와 류궁다오 해군 장병 1,000여 명, 외국인 고문을 태운 강제호康濟號가 즈푸芝罘로 향했다.

작전 종료와 함께 일본 측은 많은 군사 시설을 폭파했고, 직례 결전에 대비해서 산둥 작전군의 4만에 가까운 장병과 6,000필 이상의 말은 3월 1일까지 다롄만으로 귀환했다. 류궁다오 수비를 위해 쓰시마 경비대로부터 특별 중대를 편성해서 류궁다오 수비대로 삼고, 연합함대 지휘 아래 두었다.

대본영은 산둥 작전이 끝에 가까워지자 2월 20일 연합함대 사령장관에게 후비 보병 1개 연대를 기간으로 하는 육군 혼성 지대(히시지마比志島 지대)[21]를 배속해서 대만 서쪽에 위치하는 펑후제도를 점령하는 임무를 부여했다. 펑후제도 점령은 강화조약에서 대만 할양을 기정사실로 만들기 위한 정략적 작전이었다. 연합함대는 3월 1일 사세보를 출항, 23일에 펑후제도를 점령했지만, 이후 섬 내에서 콜레라가 창궐해 혼성 지대와 동행했던 많은 군부 사이에서 막대한 피해자가 발생했다.

이야기가 조금 뒤로 돌아가지만, 뤼순이 함락되자 그에 대한 책임 추궁으로 이홍장은 북양 해군의 통수권을 박탈당했다. 11월 23일 이홍장은 '혁직유임革職留任'[22]의 징

---

21 지휘관은 후비 보병 제1연대장인 히시지마 요시테루比志島義輝 대좌였다.
22 관직을 박탈하지만 그 임무는 계속 수행하도록 하는 처분.

계 처분을 받았고 12월 2일에는 양강兩江 총독(장쑤성·안후이성·장시성을 관할하는 직책) 유곤일劉坤—이 황제의 전권을 위임받아 산하이관 동쪽에 있는 군대들의 지휘권을 행사하는 흠차대신欽差大臣[23]으로 임명되었다.

1895년 1월 24일에는 운귀雲貴[24] 총독 왕문소王文韶가 북양대신 직무를 대행하는데, 나중에 왕문소는 직례 총독도 겸임하여 북양대신 겸 직례 총독이 된다. 이홍장은 1870년대부터 사반세기에 걸쳐 유지했던 북양대신 직을 잃고 북양 육해군의 군사력을 포기했다. 그러나 이홍장은 북양대신 직을 떠난 뒤에도 내각대학사內閣大學士 겸 총리아문 대신으로서 정치생명을 유지하게 된다.

---

23 청의 관직으로 특정한 사항을 처리하기 위해 황제로부터 전권을 위임받아 대처하는 3품 이상의 관리.
24 윈난성과 구이저우성을 가리킨다.

제5장

전쟁 체험과
'국민'의 형성

이 책에서는 제1장부터 제4장까지 청일전쟁의 전제에서 시작해 조선의 갑오농민전쟁을 계기로 한 청일 양군의 출병, 그리고 개전과 전투 경과에 대해서 서술해왔다. 역사학의 다양한 분야에서도 정치 외교사와 군사사를 중심으로 각 장을 서술했다.

그러나 이 제5장은 제4장까지와는 달리 사회사를 통해서 이 전쟁을 보고 있다. 전쟁 정보가 언론에 의해서 어떻게 사람들에게 전해졌는가라는 당시의 언론 상황과, 전쟁 정보 수용을 통해서 사람들이 '일본 국민國民'으로서 공통 의식을 가지기에 이르는 과정을 고찰한다. 그리고 제1절에서는 전국 수준의 언론 상황에 대해서, 제2절에서는 청일전쟁기의 지역과 전쟁 및 전쟁 정보에 대해서 다룰 것이다.

1. 언론과 전쟁—신문, 신기술, 종군 기자

조선으로 향하는 신문 기자들

구미 각국에서 본격적인 종군 기자는 1850년대에 주로 영국·프랑스·터키와 러시아가 싸운 크림전쟁에서 등장했다. 일본에서는 1874년 대만에 출병했을 때 《도쿄니치니치신문東京日日新聞》[1]의 기자다 긴코岸田吟香와 《뉴욕 트리뷴the New York Tribune》 특파원 에드워드 하워드 하우스가 종군한 것이 최초였다. 이때 사진사인 마쓰자키 신지松崎晋二도 동행했다. 게다가 1877년에 발생한 세이난전쟁에서도 《도쿄니치니치신문》의 후쿠치 겐이치로福地源一郎나 《유빈호치신문郵便報知新聞》의 이누카이 쓰요시犬養毅 등이 규슈의 전장

---

1   현재의 《마이니치신문每日新聞》의 전신이다.

으로 나갔다.

세이난전쟁이 발발한 지 17년 뒤에 벌어진 청일전쟁 때에는 더 많은 종군 기자들이 있었다. 육군에 종군해서 일본 국외의 전장에 나간 일본인 신문 기자는 114명, 이외에도 사진사 4명과 화공 11명도 동행했다고《메이지 27, 28년 전역 통계明治二十七八年戰役統計》는 기록하고 있다. 각 신문은 이외에 대본영이 설치되어 전쟁 정보가 집중된 히로시마, 통신 거점인 시모노세키와 나가사키 등에도 신문 기자를 파견했다. 그 때문에《아사히신문》이나《국민신문》 등 열심히 전쟁 보도를 하는 신문사는 국내외에 10명 이상의 특파원을 파견한 적도 있었다.

물론 육군뿐 아니라 해군에 종군한 기자도 있었다. 대표적인 예로《국민신문》의 구니키다 데쓰오國木田哲夫(돗포獨步²)가 순양함 지요다千代田에 탔다. 데쓰오는 같은 신문사에 근무하는 동생 구니키다 슈지國木田收二에게 보낸 편지라는 형식으로 종군기를 신문에 연재해서 호평을 받았고, 나중에《애제통신愛弟通信》이라는 제목으로 단행본을 출간했다.

2　구니키다 데쓰오는 작가로서도 활동했는데 그때 사용한 필명이 구니키다 돗포였다.

다음 쪽에 나오는 소속 부대별 종군 기자 표처럼 출정한 각 군사령부, 사단, 혼성 여단에 빠짐없이 종군 기자가 있었지만, 그중에서도 최초로 조선에 도착한 혼성 제9여단에 32명이나 되는 종군 기자들이 배속된 사실이 주목된다. 게다가 〈신문 기자 종군 규칙新聞記者從軍規則〉(1894년 8월 중순)과 〈내국 신문 기자 종군 심득內國新聞記者從軍心得〉(8월 30일)을 제정해서 군이 종군 기자를 장악할 때까지는 육군이 편찬한 《전역 통계》에 제시된 숫자보다 많은 종군 기자들이 조선에서 취재 활동을 전개했으리라 짐작된다.

1894년 6월 2일 각의에서 혼성 제9여단 파견이 결정되어 5일에 휴가차 귀국 중이던 오토리 공사가 모토노 이치로 외무성 참사관과 함께 해군 육전대 70명과 경찰관 21명을 대동하고 순양함 야에야마를 타고 인천으로 향할 때, 《시사신보》 기자인 다카미 가메高見龜가 야에야마에 같이 타고 있었다(《時事新報》 1894년 6월 7일). 한편 《아사히신문》이 《도쿄아사히》 기자인 야마모토 주스케山本忠輔를 조선으로 파견하기로 결정하여, 야마모토는 6월 5일 도쿄를 떠나 6일에 오사카를 출항, 9일에 부산에 상륙해서 바로 인천으로 향했다(《朝日新聞社編·明治編》).

이상의 예로부터 도쿄의 신문사들은 6월 5일에는 일제히 조선에 특파원을 파견하는 데 뛰어든 듯하다. 이날

소속 부대별 종군 기자(단위는 사람)

소속 부대	각 부대에 당초부터 종군	다른 부대로 부터 전속	합계 대략 종군한 수	그 외
제1군 사령부·병참감부	9	4	13	화공 3
제3사단 사령부	2	13	15	
보병 제5여단	2	2	4	
보병 제6여단	0	1	1	
제5사단 사령부	6	13	19	화공 2
혼성 제9여단	32	0	32	화공 2
보병 제10여단	1	1	2	
제2군 사령부	13	4	17	화공 5, 사진사 1
제1사단 사령부	13	2	15	
보병 제1여단	0	1	1	
보병 제2여단	0	1	1	
제2사단 사령부	4	7	11	화공 1, 사진사 3
제6사단 사령부	5	7	12	
정청 대총독부	8	3	11	
근위사단 사령부	8	12	20	화공 2, 사진사 1
제4사단 사령부	7	1	8	화공 1
보병 제8여단	0	1	1	
혼성 지대	3	2	5	
대만 총독부	0	4	4	
소속 불명	1	0	1	
합계	114	79	193	화공 16, 사진사 5

주: 그 외의 숫자는 대략적 인원수. 실제의 숫자는 화공 11, 사진사 4.
출처: 육군성 편, 《메이지 27, 28년 전역 통계》하권의 1,106~1,107쪽에 의함.

은 혼성 제9여단의 편제표를 지참한 도조 히데노리 소좌
가 히로시마로 향한 날이기도 했다. 정부는 아직 조선 파
병을 발표하지 않고 신문에 대해서 발행 정지를 포함한

보도 규제를 했지만, 각 신문사는 정보를 파악해서 대응했으므로 오토리 공사가 한성에 도착한 6월 10일경에는 이미 일본에서 신문 기자 제1진이 현지에 도착해 있었다.

6월 중순이 되자 조선으로 향하는 신문 기자의 수는 더욱 늘었다. 나고야의《후소신문扶桑新聞》은 스즈키 게이쿤鈴木經勳을 특파원으로 파견했는데, 그는 6월 12일 나고야를 떠나 열차로 고베 항까지 가서 일본 우선日本郵船의 히고마루肥後丸를 타고 17일 부산에 도착했고, 21일에는 인천에 도착했다.

스즈키의 기사에는 조선으로 향하는 특파원이 히고마루에 23명이나 타고 있었으며, 그들은 6월 20일 밤 전쟁 취재에 관한 협정을 맺고 그 후 선실에서 배의 사무장과 기관장을 끼워서 간친회懇親會를 열었다고 적혀 있다. 23명의 특파원 중에는 니시무라 덴슈西村天囚(《오사카아사히신문》), 후쿠모토 니치난福本日南·사쿠라다 분고桜田文吾(《니혼日本》), 구보타 베이센久保田米遷·베이사이久保田米齊 부자(《국민신문》) 등 저명한 기자들의 이름도 보인다(《扶桑新聞》 6월 28일,〈朝鮮特報五〉).

일촉즉발로 생각되던 조선 정세는 6월 말부터 7월 초에 안정되었다. 전쟁을 찾아 조선으로 온 기자들은 곤혹스러웠다. 그들은 7월 8일 스즈키 게이쿤의 한성 숙소에 모여 후쿠모토 니치난의 제안으로 정찰대를 조직해서 아산 방면으로 파견하는 것을 상담했다. 정찰대 파견 계획은 조선 정부의 호조護照(여행 증명서)를 얻을 수 없었으므로 결국 실현되지 못했다. 그래서 각 기자들은 개별 행동을 취할 수밖에 없었다. 이때 모인 일본인 기자들은 29명, 이외에도 인천에 4명의 기자가 있었다고 기록되어 있다《扶桑新聞》7월 19일, 〈朝鮮特報廿八〉).

이쯤 촬영되었다고 추측되는 종군 기자 23명의 집합 사진이 슌요도春陽堂에서 간행된《전국 사진 화보戰國寫眞畫報》제5권(1894년 12월)에 게재되었는데, 이름이 판명된 21명 대부분은 7월 8일 스즈키의 숙소에 모였던 기자들이다.

강화되는 언론 통제

6월 5일경부터 각 신문 표면에 일제히 조선 문제에 관한 기사가 게재되었다. 이어서 각 신문사는 사설과 논설을 통해 대청·대조선 강경론, 나아가 개전론을 주장하며 이토 내각의 '연약 외교'를 비판했으며, 조선으로 특파원을 파견했다. 이에 대해 정부는 발행 정지 처분과 검열, 게재 금지, 복자伏字[3] 등의 살벌한 언론 통제를 가하는 등 경

---

3 인쇄물에서 내용을 밝히지 않기 위해 일부러 비운 자리에 o, x 따위의 표를 찍

직된 대응으로 일관했다.

메이지 정부는 자유민권운동에 의한 반정부적인 언론 활동에 대항하기 위해 1875년 신문지 조례^{新聞紙條例}[4]와 참방률^{讒謗律}[5]을 공포했고, 다시 1883년에는 신문지 조례를 개정해 통제를 강화했다. 이 결과 신문 발행은 원래 허가제였는데, 추가적으로 보증금 제도와 검열을 위한 납본제^{納本制}(사후 검열)가 설정된다. 내무경에게 발행 금지 또는 발행 정지 권한이, 그리고 육군경·해군경과 외무경에게는 군사, 외교 기사 금지 명령권이 부여되었다. 이렇듯 청일전쟁 전에 이미 정부는 강력한 언론 통제 수단을 가지고 있었다. 그런데 조선으로 출병하기로 결정되자 다시 언론 통제를 강화하는 조치를 취했다.

6월 7일 육군대신과 해군대신은 각각 '육군성령 제9호'와 '해군성령 제3호'를 발표해 신문지 조례 제22조에 의거해서 당분간 군대와 군함의 "진퇴 및 군기, 군략^{軍機軍略}에 관한 사항"의 게재를 금지할 것을 명령했다. 이 때문에 육군대신·해군대신의 허가를 얻지 못하는 한 신문·잡지

는 것.

4 반정부적 언론 활동을 단속하기 위한 칙령.

5 사실 유무에 관계없이 저작물을 통해 타인의 명예를 훼손하는 행위를 단속하는 법률.

에 군 관계 기사를 게재하는 것이 불가능해졌고, 신문지상에 복자가 빈번히 나오게 되었다.

또한 《도쿄니치니치신문》, 《도쿄아사히신문》, 《국민신문》, 《니혼》 등 주요 신문들은 6월 초부터 중순에 걸쳐 모두 발행 정지 처분을 받았다. 1894년 중에 전국에서 치안 방해 혐의로 발매 정지를 받은 신문사는 140개 사를 넘었다.

이어서 조선에서 전투가 시작되자 7월 31일 내무·육군·해군·외무대신은 공동 서명으로 오쓰 사건大津事件(1891년 경찰 쓰다 산조津田三藏가 러시아 황태자[6]에게 상처를 입힌 사건)의 예를 따라 한층 더 살벌한 언론 통제를 실시하기 위해 칙령을 제정해서 군사와 외교에 관한 기사의 초고 검열 필요성을 내각에 제기했다.

네 명의 대신이 초고 검열이 필요하다고 생각한 이유는 7월 29일 《요로즈초호萬朝報》 호외와 《오사카아사히신문》에 23일 조선 왕궁을 공격했을 때 일본 측이 대원군을 위협해서 데리고 나왔으며, 또 혼성 제9여단 측이 계획적으로 조선 왕궁을 공격한 사실이 보도되었기 때문이다. 즉 이 칙령을 제정한 목적은 일본 측에 불리한 진실이 보

---

6 마지막 러시아 황제인 니콜라이 2세를 가리킨다.

도되는 것을 막는 것이었다. 그리고 사전 초고 검열을 규정한 '칙령 제134호'는 추밀원의 심의를 거쳐 8월 1일에 공포되었다.

초고 검열을 하기 위해서 내무대신이 제시한 8월 2일부의 '검열 내규'를 보면, 육군·해군·외교에 관한 모든 분야에 걸친 '금지' 사항이 기재되어 있다. 검열은 도쿄부에서는 내무성이 직접 했고, 다른 부현에서는 부·현청이 했다. 그러나 실시해보니 검열 작업량이 막대했을 뿐 아니라, 검열 담당자나 지역에 따라서 준비가 제각각이었으며, 때로 정부가 발행한 《관보官報》의 기사를 옮겨 실어서 발행 정지 처분을 받는 우스운 일까지 발생했다. 게다가 불평등조약 아래에서는 거류지에서 발행되는 외국어 신문을 검열할 수 없었기 때문에 실제로는 정부가 숨기고 싶은 기밀이 이런 외국어 신문에 공표된 적도 있었다.

국민의 전쟁 지지와 정보 개시

초고 검열은 1개월 이상 이어졌으나 국민 사이에서 전쟁을 지지하는 풍조가 높아지자 성가신 초고 검열은 불필요하게 되어 9월 12일부로 폐지되었고, 종래대로 신문지 조례에 따른 단속으로 되돌아갔다. 이 무렵 초고 검열에 사용된 '검열 내규'가 신문사에 제시되었고, 기사를 작성할 때 신문사와 기자는 자기 규제를 하게 되었다.

그러나 정보를 감추는 것만으로는 신문과 국민의 협력을 얻을 수 없었다. 히로시마 대본영에 평양 점령 소식이 들어온 다음 날인 9월 17일, 대본영의 가와카미 육군 참모(육군 참모차장)·가바야마 해군 참모(해군 군령부장)와 이토 수상 등이 협의해서 육해군에서 공표에 지장이 없다고 판단한 전장의 정보를 히로시마 현 경찰부에 게시하고, 사전에 등록한 신문사에 등사를 하도록 해서 신문에 게재하는 것을 허용했다. 즉 대본영은 훗날의 기자 클럽에 해당되는 조직을 설치한 것이다. 또한《관보》에 〈전보戰報〉란을 설정해서 전쟁 정보를 게재하기도 했다.

이상과 같은 신문에 대한 전시 언론 통제와 정보 제공이라는 정부의 방침은 세이난전쟁에서 시작되어 결과적으로는 청일전쟁에서 더 대규모로 실시되었다. 그러나 청일전쟁에서는 제5의회·제6의회 이래 반정부적 언론을 전개한 언론과 이토 내각의 대립이 심했기 때문에 출병부터 개전 당초(6월부터 9월 상순)에는 신문에 대한 정부의 검열, 발행 정지 명령이라는 언론 통제 측면이 선행되었다. 하지만 9월 중순 평양과 황해의 승리가 전해져 전황이 일본에 유리해지자 정부는 전쟁 정보를 적극적으로 신문사에 전해주게 되었다.

9월 하순 이래, 전장과 대본영 소재지인 히로시마로 특파원을 파견했던 유력지에는 대본영 발표 정보와 다수의 전장 특파원으로부터 온 정보가 대량으로 게재되었다. 신문사들은 당시 일반적이던 4페이지 내지 6페이지가량의 지면에 정보를 다 실을 수 없게 되자 페이지를 늘리거나 호외 발행으로 대응하기도 했다.

　　한편 소수의 특파원밖에 파견할 수 없거나 혹은 전혀 특파원을 파견할 수 없는 지방지에도 《관보》·유력지로부터 옮겨 쓴 전쟁 보도가 게재되었다. 중앙과 지방에서는 시간차는 있었지만, 신문 기사를 통해서 점차 청일전쟁에 관한 정보가 전국 독자들에게 공유되어간 것이다.

신기술 도입과 《아사히신문》의 전략

　　청일전쟁 보도에서 가장 성공하여 발행 부수를 늘린 신문 중 하나가 《아사히신문》이다. 《아사히신문》은 1879년 오사카에서 창간된 소신문小新聞(서민용으로 판형이 작은 신문)으로 출발해, 기사에 모두 후리가나振り仮名[7]를 붙이고 알기 쉬운 문체로 쓴 가십 기사나 삽화 연재 소설을 장점으로 하는 신문으로 점차 성장했다. 이후 부수를 늘리면

7　한자 옆에 읽는 법을 가나로 단 것.

서, 보도에 힘을 들인 경파硬派 기사도 싣는 중신문中新聞이 되었고, 1888년에는 《메사마시めさまし》 신문을 매입해 도쿄 진출을 이룩한다.

그 후 오사카판을 《오사카아사히신문》(이하 《오사카아사히大朝》)으로, 도쿄판을 《도쿄아사히신문》(이하 《도쿄아사히東朝》)으로 불렀다. 두 신문은 전혀 다른 지면으로 구성되었지만 자본이 동일하여 같은 기사를 게재하는 경우도 적지 않았다.

1890년 《도쿄아사히》는 국회 개설(그해 12월)을 앞두고 인쇄 능력을 향상시키기 위해 민간 신문사에서는 처음으로 마리노니식 윤전기Marinoni Press[8]를 도입해서 동업자들을 놀라게 했다. 1892년에는 《오사카아사히》도 같은 윤전기로 인쇄를 하게 되었다.

다시 1893년에 《오사카아사히》는 내각 서기관장 출신이면서 국수주의 논객으로 알려진 다카하시 겐조高橋健三를 객원이지만 사실상의 주필로 맞이했다. 《오사카아사히》는 그 뒤 다카하시의 수준 높은 논설로 정계, 언론계에서 평판이 높아졌고 다카하시와 연결된 우수한 인재들이 들

---

8 프랑스의 인쇄기 제조업자인 이폴리트 오귀스트 마리노니Hippolyte Auguste Marinoni가 개발한 윤전기.

어오게 되었다.

《아사히신문》은 마리노니식 윤전기를 조기에 도입한 모습에서도 보이듯이 신기술 도입에 적극적이었다. 《도쿄아사히》 창간 직후인 1888년 7월 15일, 후쿠시마 현 아이즈 반다이산会津磐梯山이 분화해서 수증기 폭발로 산의 모습이 바뀌고 500명 가까운 사망자가 났는데, 《도쿄아사히》는 이때 후루야 지로古屋次郞 기자를 현지에 파견했다. 이와 더불어 서양화 학당과 서양 목구·목판 제작을 겸하고 있던 세이코관生巧館에 의뢰해서 서양화가 야마모토 호스이山本芳翠도 현지에 파견했다. 그런 뒤 호스이에게 사고 현장을 목판에 있는 그대로 그리게 하고, 가지고 돌아온 목판을 세이코관 주인 고다 기요시合田淸에게 새기게 했다. 이 판화를 8월 1일 그림 부록 〈반다이산 분화진도磐梯山噴火眞図〉라는 제목으로 실어 발행했는데, 분화하는 산의 진짜 모습이 담긴 그림은 큰 반향을 일으켰다.

또한 사진을 신문에 게재한 것도 빨랐는데, 청일전쟁 개전 직후인 1894년 6월 16일 《도쿄아사히》 부록 1페이지 전면에 한성 시가지와 조선 병사의 사진을 게재했다. 이 부록 사진은 전년도에 오가와 가즈마小川一眞가 미국 시카고에서 개최된 콜럼버스 박람회The World's Columbian Exposition[9]에 출장을 갔을 때 구입한 '사진 동판 제조 기계'로 제작한 것이었다.

청일전쟁 개전 직후에도 《도쿄아사히》는 8월 4일 자 부록에 사진판 〈청국 북양함대 정원호의 그림淸國北洋艦隊定遠之図〉을 게재했고, 8월 10일 자 부록에는 야마모토 호스이가 목구·목판으로 그린 〈조선 풍도 앞바다 해전의 그림朝鮮豊島沖海戰之図〉을 게재했다. 그러나 《도쿄아사히》도, 《오사카아사히》도 이후 사진판이나 대판大判 목구·목판으로 전쟁 관련 화상을 독자에게 제공하는 것을 포기했다.

그 이유 중 하나는 새로운 인쇄 기술인 윤전기와 망목網目 사진 동판의 상성이 좋지 않아서 윤전기로 인쇄하는 신문지 본지에 사진을 직접 인쇄하는 것이 곤란했기 때문이었다. 그래서 망목 동판 제판한 사진이나 대판 목구·목판화는 본지와는 별개로 인쇄 속도가 느린 평대平臺 인쇄기로 인쇄해서 별책 부록으로 만들 수밖에 없었다. 전장 사진이 윤전기로 인쇄하는 본지에 등장한 것은 10년 뒤에 벌어질 러일전쟁 시기였다.

청일전쟁 시기 《아사히신문》은 시간과 비용이 드는 사진판과 목구·목판에 의한 화상 제공보다는 종군 기자나

9　1893년에 미국 시카고에서 콜럼버스의 아메리카 대륙 도착 400주년을 기념해서 개최한 만국 박람회를 가리킨다.

대본영이 있는 히로시마에서 보내는 양이 많고 상세한 전쟁 정보를 활자로 빠르게 전하는 방식을 선택했다. 그 때문에 호외 발행과 페이지 늘리기(통상 6페이지인 것을 8페이지로)에는 적극적이었지만, 도판은 간단한 것을 첨부하는 데 머물렀다.

《오사카아사히》가 1894년에 발행한 호외는 66회, 이듬해인 1895년에는 80회에 달했다. 게다가 간사이關西에서는 호외가 본지와 함께 집집마다 배달되었으므로 실질적으로 호외는 무료로 페이지를 늘린 것을 의미했다. 《오사카아사히》는 청일전쟁 호외전에서 승리해 긴키近畿권을 장악하게 된다.

《아사히신문》의 취재 체제

그렇다면 《아사히신문》은 청일전쟁을 맞이해서 어떠한 취재 체제를 갖춘 것일까?

《도쿄아사히》가 6월 초 야마모토 주스케 기자를 처음으로 조선에 파견한 것에 이어 《오사카아사히》도 니시무라 도키히코西村時彦(덴슈天囚)와 니시무라 도키스케西村時輔 형제를 조선과 시모노세키에 파견했다.

그 후 특파원은 증가해 9월 19일 자 《오사카아사히》 사고社告를 보면, 조선에 이미 니시무라 도키스케(한성), 오가와 사다아키小川定明(북진군北進軍), 아오야마 요시에青山好惠(인천), 아마노 고天野皎(부산) 등 4명의 특파원이 있으며, 여기에 더해 니시무라 덴슈, 요코자와 지로橫澤次郎, 요코카와 유지橫川勇次 등 3명을 청으로 향하는 군대에 종군시킬 예정이라고 알리고 있다. 이상의 해외 특파원에다가 대본영이 있는 히로시마에 와카마쓰 나가타네若松永嵐와 스즈키 이와오鈴木巖를, 시모노세키에 후쿠다 사지로福田磋次郎를 파견한 사실도 기록하고 있다. 니시무라 덴슈는 개전 전에 도한해서 성환 전투에 종군한 후 한 번 귀국했지만, 다시 종군했다. 시모노세키에 특파원을 둔 이유는 조선이나 청국 내의 전장에서 우편선 편으로 보낸 기사를 오사카나 혹은 도쿄로 전송하기 위해서였다.

국외에서 병으로 쓰러진 기자도 있었다. 제5사단에 종군해서 평양으로 향한 오가와 사다아키는 이질에 걸려 설사와 고열에 시달렸지만 평양에 도착해서 연재물인 〈종군 일기〉와 함께 평양 점령을 그린, 지면 첫 페이지를 가득 채워도 모자란 장대한 기사 〈평양대첩平壤の大捷〉(《大朝》, 10월 8일)을 기고했다. 또한 니시무라 도키스케는 한성에 체재하여 〈갑오전기甲午戰記〉 등의 기사를 집필했지만 12월 3일 장티푸스와 심장병이 병발해서 사망했다.

전쟁 종료 후인 1895년 12월 10일, 도쿄 쓰키지 혼간지築地本願寺에서 〈종군 사망 기자 추도회〉가 열려 청일전쟁 종군 취재 중에 사망한 《오사카아사히》의 니시무라 도키스케를 포함한 기자 9명의 영혼을 위로했다.

1894년 10월부터 11월에 걸쳐 전장이 조선에서 청국 내로 이동하자 제1군에 요코자와 지로와 고바야시 간小林環이, 우지나로부터 해로로 직접 랴오둥반도에 상륙한 제2군에 야마모토 주스케와 아마노 고가 종군했다.

해군에는 요코카와 유지가 종군하여 랴오둥반도와 웨이하이위 공략을 보도했다. 특히 웨이하이위를 공격할 때, 요코카와는 수뢰정에 동승했다. 그는 북양함대의 잔존함에 대한 수뢰정의 야간 공격을 체험한 뒤 생생한 전투 모습을 전해 독자들을 놀라게 했다. 그 특파원들은 장대한 기사를 우편으로 보냈고 이 기사들은 매일 본지와 호외에 연재되었다.

더 나아가 강화 회의가 시작되자, 히로시마에 있던 후쿠다 사지로를 시모노세키로 보내 일반 보도를 담당시킴과 동시에 다카하시 겐조와 니시무라 덴슈를 보내 강화 교섭의 상세한 내용을 전하려고 했다. 그러나 정부의 철저한 비밀주의 덕분에 강화조약 교섭의 경위와 그것에 이르게 한 삼국 간섭三國干涉과 랴오둥반도 반환의 상세한 내용은 판명되지 않아, 억측과 외국어 신문에서 인용한 내용으로 기사를 쓸 수밖에 없었다.

그렇다면 이상과 같은 청일전쟁 보도는 《아사히신문》에 무엇을 가져다주었을까?

우선 신문 발행 부수가 증가했다. 《오사카아사히》의 경우 하루 평균 발행 부수는 1893년 하반기 7만 5,000여 부에서 1894년 상반기에는 9만 3,000여 부, 같은 해 하반기에는 11만 7,000부가 되었다. 《도쿄아사히》도 착실히 늘어 1894년 상반기에는 7만 6,000여 부에 이르렀는데, 동서를 합치면 1894년 상반기에는 17만 부가 약간 안 되는 정도였고, 하반기에는 20만 부에 도달했다고 추정되어 전국 제일의 발행 부수가 되었다.

발행 부수의 증가는 신문 판매 대금과 광고 요금 증가로 이어졌는데, 한편 경비도 심각하게 증가했다. 페이지 증가와 대량 호외 발행은 신문 용지 소비 증가로 이어져 개전과 함께 윤전기용 신문 용지를 납품하던 오지 제지王子製紙로부터 용지비 대금 인상 요구가 있었다. 다수의 특파원 파견을 위한 경비와 시모노세키 및 히로시마로부터 오는 장문의 기사를 전송하기 위한 값비싼 전신 비용도 필요하게 되었다.

어쨌거나 힘이 있는 신문사만이 이러한 전쟁 보도 때문에 발생하는 경비의 증대에 대응할 수 있었고, 또 경영

합리화를 할 수 있었다. 그러한 의미에서 《아사히신문》은 그 승리자 중 하나였다.

고급지 《시사신보》의 전쟁 보도

《아사히신문》은 도판과 화상보다는 종군 기자 등이 보내온 막대한 전쟁 데이터를 활자로 만들어 지면을 채우는 보도 방식을 선택했지만, 유력지 중에는 화가를 종군시켜서 지면에 다수의 삽화를 게재하는 방식으로 그래픽 미디어를 활용한 신문도 있었다.

청일전쟁 단계에서 최첨단 화상 기술은 사진이었다. 사진의 감광재는 유리 건판이 일반적이었지만, 1880년대에는 무겁고 깨지기 쉬운 유리 대신 셀룰로이드나 종이에 감광 유제를 칠한 시트 필름이나 롤 필름이 개발되어 유리 건판과 함께 사용되었다.

당시의 사진은 정지된 대상을 찍는 것에는 뛰어났지만 움직이는 전투 화면을 찍기에는 곤란했다. 미술사가인 기노시타 나오유키木下直之는 청일전쟁 단계에서는 전투 장면을 전통 형식의 틀 안에서 묘사하는 니시키에錦繪(많은 색을 입힌 우키요에浮世繪[10])와 전장의 정지된 풍경을 찍은 사진이 서로 보조하고 있었으며, 다시 니시키에와 사진의 중간에 위치하는, 더 사실적인 전쟁화의 수요가 생겨서 주로 서

미즈노 토시카타水野年方의 우키요에 판화. 평양 전투의 승리를 묘사하고 있다.

고바야시 기요치카의 우키요에 판화. 압록강 전투를 묘사하고 있다.

양화가가 종군해서 전쟁화를 그렸다고 지적한다(木下直之, 《写真畵論》).

청일전쟁에 종군한 서양화가로는 고야마 쇼타로^{小山正太郎}, 아사이 주^{浅井忠}, 구로다 세이키^{黑田淸輝}, 야마모토 호스이가 잘 알려져 있다. 고야마는 파노라마관용 전투 장면을 그리기 위해 제5사단에 종군해 평양까지 갔고, 아사이·구로다·야마모토는 오야마 이와오의 제2군에 종군해 랴오둥반도에 이르러서 진저우와 뤼순 전투를 체험했다. 이외에 영국 화보《그래픽^{The Graphic}》의 의뢰를 받은 풍자화가 조르주 페르디낭 비고^{Georges Ferdinand Bigot}는 조선에서 진저우 근처까지 가서 휴대한 사진기로 촬영함과 동시에 현장을 스케치했다. 그의 스케치와 문장은《그래픽》의 매호에 등장했다.

앞에서 쓴 서양화가 중 일본의 신문사로부터 직접 의뢰를 받아 전장으로 간 사람은《시사신보》에 고용된 아사이 주였다. 이 신문은 후쿠자와 유키치가 경영한 신문으로 특히 경제 관계 기사에 정평이 있는 고급지로 알려져 있었는데, 갑오농민전쟁을 계기로 조선 파병이 이루어

---

10 에도 시대에 성립한 화풍의 한 종류로 풍속, 시사 등을 묘사한 판화류를 가리킨다.

이마이즈미 잇표의 〈북경몽침北京夢枕〉(1884). 나태한 청이 서양 열강에 의해 잠식되는 모습을 풍자한 그림이다.

진 후에는 다른 신문 이상으로 격심한 대청·대조선 강경론을 전개했다. 다시 개전 이후에는 '표성 의원금表誠義援金'을 모집하는 등 청일전쟁 보도와 전쟁 협력에 적극적이었던 신문으로 알려져 있다.

이미 《시사신보》는 윤전기를 도입해서 인쇄를 하고 있었는데, 이마이즈미 잇표今泉一瓢의 풍자화와 만화를 게재하는 등 도판을 중시하는 편집을 했다. 6월 14일 자 만언漫言 〈시로동의 개와 구로동의 개와白どんの犬と黑どんの犬と〉는 조선으로 출병한 청군이 군량도 준비하지 않고 입국해서 조선을

다 먹어 치우는 모습을 비웃고 있는 만화이다. 이어서 6월 16일부터 28일까지 8회에 걸쳐 삽화를 삽입한 연재물 〈메이지 17년 경성의 난明治十七年京城の乱〉에서는 갑신정변 때 청군과 조선인이 일본인에게 저지른 난폭하고 잔혹한 행위를 비난하며 적개심을 부추기고 있다.

아사이 주와 '화보대'

천황이 히로시마로 향해 도쿄를 떠난 9월 13일 《시사신보》는 사고를 통해 '시사신보 특파원'으로서 평양 전투를 앞두고 한성에 이시카와 신石川信이 체재하고 있고, 마리코 고로間利子五郎, 스기 이쿠타로杉幾太郎, 다카미 가메 세 특파원은 군대와 함께 평양으로 향하고 있다고 말했다. 그리고 '전황 화보'를 게재하기 위해 '화보대畵報隊'를 조직하여 화보 담당인 아사이 주, 안자이 나오조安西直藏와 사진 담당인 아사이 기이치浅井魁一를 파견한다고 밝혔다.

아사이 주는 사쿠라 번佐倉藩[11]의 무사 출신으로 공부미술학교工部美術學校에서 안토니오 폰타네지Antonio Fontanesi에게 서양화를 배우고(폰타네지가 귀국한 뒤에 퇴학) 메이지미술회明治美術會를 창설한 저명한 서양화가이다. 사진을 담당한 아

---

11 에도 시대에 지금의 지바 현 사쿠라 시 주변을 지배하고 있던 번이다.

아사이 주가 그린 〈전쟁 후 뤼순 시가〉.

사이 기이치와는 사촌 형제였다. 안자이는 미국 유학에서 귀국한 뒤 고야마 쇼타로에게 회화를 배웠다.

그들은 9월 11일 도쿄를 떠나 조선으로 향했고, 평양 전투의 흔적을 취재한 뒤 랴오둥반도의 화위안커우에 상륙했다. 이때 화보대에서 안자이의 이름이 사라져, 진저우와 뤼순 공격을 목격한 것은 아사이 주와 아사이 기이치 두 사람이었던 듯싶다. 또 화위안커우에 상륙한 뒤에는 제2군에 종군하던 《시사신보》 특파원 호리이 우노스케堀井卯之助도 화보대와 행동을 같이하며 종군기를 썼다.

처음 볼 수 있는 화보대의 그림은 9월 26일 게재된

〈조강의 포로, 우지나에서 마쓰야마로 호송되는 그림: 본사 화보대가 실제로 본 바에 따름操江の捕虜, 宇品より松山に護送の図: 本社畵報隊の實見したる所に係る〉이라는, 일본 국내인 히로시마와 우지나 항에서 본 청군 포로를 그린 그림이었다. 그 후 조선에서 그린 그림 19장과, 화위안커우 상륙부터 뤼순 전투까지 만주에서 그린 그림이 15장, 합계 35장의 그림이 게재되었다.

다카이시高石 시청과 야스쿠니 신사 해행문고靖國神社偕行文庫에 소장된 아사이 기이치의 청일전쟁 종군 사진첩을 조사한 마에카와 기미히데前川公秀는 《시사신보》에 게재된 화보대의 삽화는 아사이 주가 그린 그림에 의한 것과 기이치의 사진을 바탕으로 그린 것이 있다고 지적한다(《佐倉市史研究》二四号).

화보대의 그림은 12월 6일의 〈전쟁 후 뤼순의 참상戰爭後旅順の慘状〉(화보대보畵報隊報)으로 갑작스럽게 끝났다. 아사이가 남긴 스케치북이나 《종군화고從軍畵稿》에는 뤼순에서 진저우로 돌아가는 동안 그린 그림이 있는데(예를 들면 〈뤼순의 패잔병이 진저우만에서 얼어 죽다旅順の敗兵金州灣に凍死す〉), 신문지상에는 게재되지 않았다.

이즈음 《시사신보》는 해외 미디어의 뤼순 학살 사건 보도를 부정하는 데에 열중했는데, 〈뤼순의 살육 말도 안

아사이 주가 그린 〈뤼순의 패잔병이 진저우만에서 얼어 죽다〉.

되는 유언旅順の殺戮無稽の流言〉(12월 14일 자 사설)에서는 일본군
이 민간인을 죽이지 않았고 죽인 것은 군복을 벗은 청군
병사이며 앞으로도 이런 병사는 "거리낌 없이 살육해도
추호도 지장 없음을 단언한다"라고까지 주장했다. 그렇기
때문에 뤼순 학살을 암시하는 아사이 등의 스케치나 사
진은 게재하는 데 맞지 않다고 판단했던 것으로 추측해
볼 수 있다.

그러나 《시사신보》가 지면에 서양화가가 그린 도판을
게재하는 것 자체를 그만둔 것은 아니었다. 이후 강화조
약 교섭 개시를 앞두고 평후제도 점령 작전이 시작되자,

다시 화보원으로서 다카시마 신高島信을 히시마 지대에 종군하게 했다.

《국민신문》과 일본화가 구보타 베이센 부자

청일전쟁에서는 서양화가뿐 아니라 일본화가도 종군했다. 도쿠토미 소호가 경영하는《국민신문》은 전장을 그린 그림을 지면에 게재하는 것을 중시해서 사원인 구보타 베이센과 그 아들인 베이사이·긴센金僊을 종군시켰다.

잡지《국민의 벗》으로 성공한 소호는 당시 영국 언론의 새로운 동향을 본떠 종래의 정론 본위의 신문에서 사회 보도 등 다양한 뉴스를 제공했고, 많은 삽화를 사용하는 '중등민족中等民族'을 위한 중신문 설립을 지향했다. 그런 의미에서 스케치 솜씨가 '천하일품'이라고 여겨지던 일본화가 구보타 베이센을 설립할 때부터 사원으로 초빙했다.

구보타 베이센은 교토에서 태어난 일본화가인데, 교토 시절부터《가라쿠타친포我樂多珍寶》(1897년 창간)의 편집에 참가해서 서양화풍의 펀치화를 그렸다. 1889년 사비로 파리 만국 박람회를 구경하고《교토일보京都日報》지상에 삽화가 들어간 〈파리수견록巴里隨見錄〉이라는 견문기를 기고했고, 또《국민신문》에 입사한 뒤에도 1893년 미국 시카고 콜럼버스 박람회를 보도했다.

구보타 베이센의 〈평양에 입성하는 일본군〉. 일본군 뒤에 종군 기자(왼쪽), 군부(오른쪽)가 뒤따른다. 〈베이센 종군 화보〉에서 게재한 그림을 더욱 정밀하게 다시 묘사한 작품이다. 《일청 전투 화보 제4편日清戰鬪画報 第4編》(大倉書店, 1894).

베이센은 젊은 시절부터 서양화가 가진 사실성을 주목했으며 두 번의 '외유'를 통해 구미 미술에 대한 깊은 이해를 가졌고, 또 한편으로 유식고실有識故實[12] 연구와 일본화의 '역사화'의 선구자이기도 했다. 소호는 베이센 일본화의 화양절충和洋折衷[13]과 그의 언론 경험을 알아보고 그를 평가했던 것이다.

---

12 일본에서 예로부터 이어져 내려오는 선례에 의거해서 관직, 의식, 복식 등을 연구하는 학문.
13 일본 전통 방식과 서양 방식을 절충하는 양식.

구보타 베이센의 〈오시마 혼성 여단장이 교두보를 공격하는 그림〉.

"후삼년[14]의 에마키노모絵巻物[15], …… 헤이지平治[16]의 에마키모노, 몽고습래蒙古襲來[17]의 에마키모노"를 모방하여 전장의 '사생화'를 그려 후세에 전하고 싶다는 마음을 가지고"(〈米僊自伝〉,《米銭画談》수록) 베이센과 자식들(베이사이와

---

14 1083년부터 1087년까지 일본 도호쿠 지방에서 벌어진 호족들의 전쟁인 후삼년의 역後三年の役을 가리킨다.

15 일본의 회화 중 하나로 이야기와 그림을 긴 두루마리 종이나 비단에 연속적으로 배열해서 그렸다.

16 1160년에 발생한 천황파와 상황파의 내전인 헤이지의 난平治の乱을 가리킨다. 헤이지는 그 당시에 사용하던 연호이다. 이 내전에서 상황파가 승리하여 상황파를 주도하던 무사 출신의 다이라노 기요모리平清盛가 권력을 잡았다.

17 1274년과 1281년, 두 차례에 걸친 원과 고려 연합군의 일본 침공을 가리킨다.

긴셴)은 다음과 같은 일정으로 종군했다.

1894년 6월 12일 베이센과 베이사이는 도쿄를 떠나 21일 인천에 도착, 한성으로 향했다. 그 후 7월 하순에 베이센은 일시 귀국하고 그동안 베이사이가 7월 23일의 조선 왕궁 점령이나 아산 전투를 취재했다. 8월 중순 다시 베이센은 《국민신문》의 종군 기자 아베 미쓰이에^{阿部充家}와 함께 조선으로 건너와서 평양 전투를 취재하고 10월에 히로시마로 돌아갔다. 이때 가와카미 참모차장의 의뢰를 받아 베이센은 대본영에 출두해서 메이지 천황 앞에서 도미, 매, 호랑이, 학을 그렸다.

《국민신문》은 10월 31일 자 1면에 《국민신문》 특파원의 그림을 천황이 보다〉라는 기사를 게재하고, 1895년 새해 부록에 천황이 보고 휘호를 넣은 그림에 여러 색깔을 넣은 축도^{縮圖}를 게재해서 이를 선전하기 위해 노력했다. 또 다른 아들인 긴셴은 제2군 사령부에 소속되어 진저우와 뤼순 작전에 종군했고, 다시 이듬해 산둥 작전에 종군하기 위해 히로시마에서 대기 중이었으나 병으로 쓰러졌다. 이에 형인 베이사이가 대신 종군했다.

《국민신문》 지상에는 6월 14일부터 8월 2일까지 베이센의 이름이 들어간 〈베이센 입한入韓 화보〉, 〈베이센 조선 경성 화보〉, 〈베이센 화보〉 시리즈가 차례차례 게재되었는데, 베이센의 이름이 들어갔어도 앞에서 말한 사정 때문에 베이사이의 그림이 섞여 있었다. 베이센이 일시 귀국한 후에는 베이사이가 그린 〈경성 화보〉, 〈종군 화보〉가 8월과 9월 상순 신문지상을 채웠고, 그는 다시 종군해서 평양으로 향했다. 이후 베이센이 그린 〈베이센 종군 화보〉가 9월 12일부터 11월 6일까지 이어져 이 화보에 유명한 평양 전투도가 등장했다. 이후 제2군에 종군한 긴센이 그린 〈긴센 종군 화보〉(11월 9일부터 12월 말)와 산둥 작전에 관한 〈베이사이 화보〉(1895년 2월 9일부터 3월 하순)가 게재되었다.

베이센 부자의 종군기는 이것으로 끝났지만, 1894년 6월 상순 혼성 제9여단의 제1차 수송대가 도착한 이래 이듬해인 1895년 산둥 작전까지 대부분 망라하여 다루고 있었다. 화가인 구보타 베이센·베이사이·긴센 부자를 끊임없이 종군시켜서 막대한 종군화를 기사와 함께 게재한 《국민신문》은 훌륭한 구경거리였으며, 다른 신문이 이를 따라오지 못했다.

사진과 회화의 차이

그렇다면 구보타 베이센 등이 그린 보도화는 무엇을 그렸고, 무엇을 독자에게 전하려고 했을까? 베이센의 이

름을 쓴 〈베이센 입한 화보〉, 〈베이센 조선 경성 화보〉, 〈베이센 종군 화보〉에 실린 149점의 그림을 보면, 전투 장면 그 자체를 그린 그림은 겨우 13점(9퍼센트)뿐이었다. 이 밖에 광의의 군사 행동에 속하는 행군, 야영, 전투 종료 후의 전장 풍경을 그린 그림이 52점(35퍼센트)이며 명소와 옛 유적, 풍경, 건축, 풍속과 습관을 그린 그림이 79점(53퍼센트)으로 반수를 넘고 있다(福永知代 〈久保田米僊の画業に関する基礎的研究(2)〉).

종군한 화가도, 사진사도 실제로는 전투 현장에 있었던 것이 아니라 전투를 후방에서 그리고 멀리서 보았다. 당시 기술로는 사진은 움직임이 있는 전투 장면을 가까운 거리에서 촬영할 수는 없어서, 재구성한 장면을 찍을 수밖에 없었다. 즉 "설정 사진ヤラセ写真"이다.

한편 화가가 전투 장면을 그릴 때에는 사후에 얻은 정보를 재구성해서 그렸다. 이 때문에 일본화의 경우 시간을 적고 움직임을 묘사한 설명적인 니시키에에 가깝다. 전장 풍경이나 명소, 옛 유적 등을 그린 경우는 사진에 가깝지만, 사진보다 더 선명하게 상세한 것을 그리고 설명적 요소를 추가할 수 있었다.《국민신문》에서 화가를 종군시킨 의미는 국내에서도 정보를 모아서 그릴 수 있는 전투 장면이 아니라 현장에서만 그릴 수 있는 조선과 만주의 풍경, 전장의 적과 아군 병사나 주민의 모습, 그리고 황량한 전투 후의 전장 풍경을 게재하는 것에 있었다. 베이센들은 한계가 있는 당시 사진 기술을 보충해서 '인간 사진기'로서 기능했는데, 당시의 신문 독자에게는 서양화보다도 화양절충의 사실적인 일본화 쪽이 받아들이기 쉬웠다고 생각해볼 수 있다.

베이센 등의 회화는 본지 도판에 사용되었을 뿐 아니라 대판의 별책 부록으로도 만들어졌고, 또 특파원의 통신을 수록한 민유샤民友社의 《일청군기日淸軍記》(총 상하권)의 삽화로도 크게 활용되었다.

또한 베이센 등도 민유샤에서 떠나 스스로 《일청전투화보》 시리즈를 11권까지 간행하고, 이 시리즈를 간행한 오쿠라쇼텐大倉書店에서 또 '대형 호쇼가미奉書紙[18] 한 장 크기에 채색해서' 인쇄한 전투도를 출간했다. 그리고 다시 의뢰를 받아서 청일전쟁을 모티브로 하는 일본화를 그렸다.

가와사키 사부로의 《일청전사》 전 7권

이상과 같이 서술한 신문에 의한 보도 외에 잡지, 니

---

18 호쇼가미는 닥나무로 만든 고급 종이로, 근대 이전에는 주로 상급 관아의 명령서奉書로 사용되었기 때문에 그렇게 불리게 되었다.

시키에와 석판화 혹은 사진 등 다양한 매체에 의해 전투
와 전장의 정보가 전해졌고 사망한 장병을 현창, 위령하
는 것도 전쟁의 진행과 함께 이루어졌다. 그리고 이 근대
최초의 대외 전쟁이 끝나자 다양한 형태로 전쟁과 전쟁에
참가한 병사를 기억하고 현창하는 움직임이 시작되었다.

훈장과 종군장 수여, 전승 기념비와 종군 기념비 건립,
전사·전상자의 묘나 위령 시설 건설, 종군자 명감 발간 등
이 이루어졌다. 무엇보다 가장 먼저 요구된 것은 전쟁의
원인과 개개의 전투를 묘사하고 참전 장병을 중심으로 전
쟁의 종결과 그 성과 및 교훈을 묘사하는 청일전쟁의 전
체사였다.

일본의 고대 국가는 중국의 영향을 받아서 정사를 편
찬했으며, 보신전쟁에서 승리한 메이지 정부도 《복고기復
古記》를 비롯한 보신전쟁과 유신사 관계 서적을 편찬하여
미토 번水戶藩[19]에서 간행한 《대일본사大日本史》[20]를 계승하는
《대일본편년사大日本編年史》 편찬을 위한 국가 기관을 설치했
다. 1877년에 세이난전쟁이 발발하자 국사 편찬을 업무로

---

19 지금의 이바라키 현 미토 시와 주변을 다스리던 번으로, 국수주의적 학문인
　　미토학水戶學의 발상지이다.
20 미토 번주 도쿠가와 미쓰쿠니德川光圀에 의해 편찬되기 시작된 진무 천황으로
　　부터 고코마쓰 천황後小松天皇까지의 역사를 다룬 역사서. 메이지 시기에 들어
　　와서 완성되었다.

하는 태정관 수사관修史館은《정서시말征西始末》등을 편찬하기 시작했지만, 완성된 책은 간행되지 않았고 육군과 해군의 부국部局사로서 전사만 간행되었다. 그 결과 청일전쟁에 대해서도 정부에 의한 통일적 전사 편찬 시도는 없었으며 육군과 해군의 부국사인《메이지 27, 28년 일청전사明治二十七八年日清戰史》와《27, 28년 해전사廿七八年海戰史》가 10년 뒤인 러일전쟁 중에 공간되었을 뿐이다.

이에 비해 민간에서도 몇 개의 전사 편찬이 시도되었다. 그중 가장 성공한 예가 1896년부터 이듬해에 걸쳐서 햐쿠분칸博文館에서 출판된, 가와사키 사부로川崎三郎(호는 시잔紫山)가 편찬한《일청전사日清戰史》전 7권이었다. 각 권은 본문이 300페이지 이상이고, 첫 페이지에 실린 삽화는 그물 동판 사진으로 찍은 초상 사진이며, 군함이나 전장 사진 및 지도가 열 몇 쪽 있다. 본문은 2단으로 구성되어 상단에 작은 활자로 관련 자료나 전투 비평이 들어가 있고, 하단에 가와사키가 쓴 청일 전사가 서술되어 이 부분만 해도 400자 원고지로 2,500장 이상에 달한다.

지금은 잊혔지만 가와사키는 당시 유명한 언론인이자 사론가史論家이기도 했다. 1864년 미토에서 태어난 가와사키는 사숙私塾 지쿄샤自强社에서 배운 뒤 1880년쯤 상경해서 단기간 대장성에서 일을 했다. 그 뒤 언론의 세계로 뛰어들었고, 이어서 신흥 출판사의 강자였던 햐쿠분칸의 기획 시리즈인 《만국역사전서萬國歷史全書》, 《세계백걸전世界百傑傳》, 《일본백걸전日本百傑傳》에 참가해 건필健筆을 휘둘렀다. 또한 《보신전사戊辰戰史》와 《세이난전사西南戰史》를 혼자서 집필해 젊은 사론가로서 이름을 떨쳤다. 그는 무단적인 동양경륜經綸을 주장하는 아시아주의자로 와타나베 구니타케(재무 관료, 제2차 이토 내각의 대장대신)의 비호를 받았다.

청일 개전 전의 가와사키는 《주오신문中央新聞》(국민협회 의원 오오카 이쿠조大岡育造가 경영) 기자였으며 제2차 이토 내각을 비판하는 '신문기자동맹新聞記者同盟'의 리더로서 대외경파의 한 축을 담당했다. 1894년 6월 이래 청일 개전의 위기가 높아지자 그는 소책자인 《조선 혁신책: 일명 일청 개전론朝鮮革新策: 一名日淸開戰論》을 집필해 조기 청일 개전과 조선의 보호국화에 의한 내정 개혁론을 주장했다. 개전 후에는 제1군 사령부와 동행해 조선의 평양에 이르렀지만, 이곳에서 병이 들어서 이후 종군 기자로서는 활약할 수 없었다.

가와사키는 대러 제휴론을 중심으로 하는 외교론을 전개했지만, 삼국 간섭은 그에게 충격을 주었다. 이후 전쟁에 이기고도 전쟁 목적을 달성할 수 없었던 실패한 전쟁인 청일전쟁의 실상을 국민에게 전하고 '각성하는 마음'

을 환기하기 위해 《일청전사》 집필에 몰두했다.

《일청전사》 서문에서 가와사키는 개전 당시부터 청일 전사를 편찬할 뜻이 있어서 자료를 수집해왔다고 쓰고 있다. 이 책이 간행되기 전에 슌요도에서 가와사키가 집필한 《일청 해전사日淸海戰史》(1895년 12월)와 《일청 육전사日淸陸戰史》(1896년 6월)가 출판되었으므로 이 두 책의 집필 자료가 《일청전사》에 이용된 것은 틀림없다. 또한 햐쿠분칸이 간행한 잡지 《일청전쟁 실기日淸戰爭實記》의 사진이나 기사를 옮긴 것도 분명하다.

덧붙이자면 《일청전쟁 실기》는 1894년 8월 창간되어 정가 8전錢에 국판菊版 판형으로 매달 3회 간행되었고 전부 50권이 발행되었다. 각 권의 실제 판매 수는 평균 약 6만 5,000부였다. 당시에는 대단한 베스트셀러였다. 잡지의 대부분은 삽화가 4~5페이지를 차지하고, 본문은 100페이지 이상이었다. 중심은 전편 약 700장에 달하는 초상 사진이었다.

어쨌거나 슌요도의 《일청 해전사》, 《일청 육전사》가 전투의 역사에 한정되었고 《일청전쟁 실기》가 전쟁의 시사적 정보를 전하고 있는 데 비해 《일청전사》는 〈총론〉, 〈개전 원인론〉, 〈육전과 해전의 경위〉, 〈개전 외교 및 종전 외교〉, 〈전쟁과 국제법〉, 〈대만의 전쟁〉을 상세하게 쓴 전쟁의 종합사라는 점이 결정적으로 달랐다. 게다가《일청전사》의 서술 중에서 가와사키가 제2차 이토 내각의 대조선 정책과 외교 정책에 살벌한 비판을 가하고 있는 점이 중요하다.

그 후 비슷한 책이 나오지 않아《일청전사》는 오랫동안 판을 거듭해 독자의 청일전쟁관에 영향을 주었다. 이 점은 청일전쟁에서 승리했어도, 전쟁을 지도한 번벌 세력에 대한 비판은 쉽게 멈추지 않았던 점과 관계가 없지 않을 것이다.

2. 지역과 전쟁

의용병과 군부

청일전쟁은 근대 일본이 처음으로 외국과 벌인 전면전인데, 이 전쟁은 일본 각 지역에 어떤 영향을 주고 어떻게 받아들여졌을까? 여기에서는 이전에 분석한 센다이(제2사단 소재지)와 나고야(제3사단)를 구체적인 사례로 들어 다루고자 한다.

조선으로 출병을 하자, 대외경파나 언론인들은 대조선·대청 강경론을 전개해 제2차 이토 내각의 연약 외교에 비판을 가했다. 그러나 많은 민중은 이 단계에서는 조선 문제에 관심이 없었고, 일부 사람들만 소리 높여 떠들고 있는 상황이었다. 정부도 비밀 외교를 해서 국민에게 전쟁 협력을 호소하는 일은 없었다.

이런 상황 속에서 자발적인 전쟁 참가와 협력의 움직임이 일어났다. 전쟁 직전인 1894년 6월 하순부터 전국 각지에서 의용병 운동이 발생해 민중 사이에 전쟁 분위기를 돋우었다. 의용병이란 민간인으로 비정규 군대를 조직한 것인데, 의용병 운동을 통해 민중이 스스로 대청 전쟁에 참가하자는 것이었다. 징병제로 구성된 정규군을 정비해온 정부의 방침과는 모순되는 움직임이었다.

청일전쟁 당시 의용병을 조직하자고 주장한 집단은 옛 사족층이 결집한 집단, 검도장을 중심으로 하는 국수주의적인 검객 집단[21], 민권파, 협객俠客(바쿠치博徒[22]) 등이었으며 그들이 중복되어 모인 의용병 조직도 있었다. 이것은 민중에 의한 아래로부터의 내셔널리즘의 등장으로 평가할 수 있지만, 정부는 이러한 민중의 자발성을 받아들일 수 없었다. 정부는 개전 조서를 공포한 직후인 8월 7일 〈의용병에 관한 조칙義勇兵に関する詔勅〉을 발표해 의용병 운동을 금지했다.

예를 든다면 센다이에서는 조선으로 출병한다는 소식

---

21 메이지 유신 이후 생활이 곤란해진 검술가들은 격검 흥행撃剣興行 등과 같이 검술 시합을 벌여서 돈을 버는 경우가 있었는데, 나중에는 반정부적인 자유민권 운동과 연관된 활동도 보이기 시작했다.

22 노름꾼이라는 뜻. 임협任俠 등과 함께 야쿠자를 가리키는 의미로도 쓰인다.

이 전해지자 세키 신로쿠關震六가 중심인 센다이 의용동맹 仙臺義勇同盟과 호소야 나오히데細谷直英가 중심인 센다이 의단仙臺義團이라는 두 개의 의용병 운동이 발생했다.

세키와 호소야는 원래 센다이 번의 무사였다. 연장자인 호소야는 보신전쟁 때 건달들을 모아 충격대衝擊隊(또는 가라스구미鴉組)를 조직해 관군을 괴롭혔고, 메이지 유신 이후에는 홋카이도 개척사北海道開拓使[23]나 이와사키 현磐前縣의 공무원이 되었다. 두 명의 발걸음이 교차한 것은 세이난전쟁이 발발하자 경시대를 모집했을 때였다.

세이난전쟁이 발발하자 경시국에 근무하고 있던 옛 센다이 번사 요코오 도사쿠橫尾東作(막부 말기에 센다이 번이 조직한 서양식 군대인 액병대額兵隊의 대원으로 하코다테에서 관군과 싸움), 나카가와 소키치中川操吉, 히와타시 쇼타로樋渡正太郎가 센다이에서 경시대를 모집했고, 이에 옛 센다이 번사들이 응모했다. 나카가와와 히와타시가 니콜라이[Nicholai Kasatkin] 주교의 가르침을 받는 하리스토스 정교도였으므로 응모자 가운데 옛 센다이 번사 사이에서 세력을 확대하고 있던 하리스토스 정교[24] 신자가 다수 참가한 점이 주

---

23 개척사, 혹은 홋카이도 개척사는 홋카이도 등의 북방 영토를 개척하기 위해 설치한 관청으로, 1869년부터 1882년까지 존재했다.

24 일본 정교회로 영문 표기는 Orthodox Church in Japan이다. 하리스토스는

목된다. 이때 호소야와 함께 정교 신자가 되었던 세키도 경시대에 참가해서 규슈를 돌아다니며 싸웠다.

규슈에서 개선한 뒤 호소야는 사족원산사업土族援産事業에 참가해 현청 직원이 된다. 세키는 민권 결사인 가쿠메이샤鶴鳴社에 참가했다. 그리고 1882년 조선에서 임오군란이 발생하자 전국적으로 의용병 운동이 발생했는데, 센다이에서도 의용병 조직화가 기획되어 세키도, 호소야도 거기에 참가했다.

이상과 같은 역사적인 경과 후에 청일전쟁이 발발하자 센다이 의용동맹과 센다이 의단이라는 두 개의 의용병 운동이 발생했고 세키와 호소야는 그 운동의 중심이되었다. 세키가 조직한 센다이 의용동맹에는 옛 사족층과 민권파가 참가했다. 또 호소야가 조직한 센다이 의단에는 옛 센다이 번사 누마자와 요자부로沼澤與三郎가 조직한 미야기 게키켄샤宮城擊劍社가 참가했으므로 옛 사족층과 검객 집단이 참가한 셈이었다. 그리고 검객 집단 중에는 협객도 포함되었을 가능성이 있다.

센다이 이외의 미야기 현 지역에서는 번정 시절에 유력 가신이 분봉을 받았던 소小 조카마치城下町마다 의용병

그리스도의 일본 정교회식 표기로, 교회 슬라브어의 발음에서 유래했다.

운동이 발생했다. 이곳에서도 운동의 주체는 옛 사족층이었고 그 외의 사람들도 참가했다. 미야기 현에서는 옛 센다이 번 시절과 보신전쟁의 역사적 경험을 근거로 하면서 다양한 의용병 운동이 발생했고, 민중의 내셔널리즘이 대외 전쟁을 계기로 국가적 내셔널리즘에 참가하는 모습을 볼 수 있었다. 그리고 의용병 운동은 주변의 조선 문제나 청과의 전쟁에 무관심했던 사람들에게도 영향을 주었다. 이런 경향은 미야기 현에서뿐만 아니라 각 지역의 역사적 경험의 영향을 받으면서 전국적으로 볼 수 있던 것이 아니었을까?

미야기 현을 포함한 도호쿠 각 현(후쿠시마·이와테·야마가타, 그러나 아키타·아오모리는 불명)에서는 부족한 치중수졸을 보충하기 위해 제2사단이 각 현청에 의뢰해서 군부를 모집했다. 그 수는 미야기와 후쿠시마가 각 2,500명, 이와테와 야마가타가 각 1,400명에 달했고 그 외에 말을 돌보는 마부 1,000명도 요구되었다. 그런데 대도시가 없는 도호쿠 지방에서는 단기간에 다수의 노동력을 모을 수단이 없었기 때문에 의용병 운동을 전개한 단체나, 그 단체와는 관계가 없는 군사 지원 단체(예를 들자면 야마가타 현의 야마가타 의용단)와 행정 측이 협력 관계를 맺으면서 군부 모집이 이루어졌다. 그리고 '천인장', '백인장'이라고 불리는 군부 집단의 리더로는 현청 직원이나 의용병 운동 단체, 군사 지원 단체 관계자가 취임했다. 또한 현은 군을 통해서 시·정·촌에 군부를 모집할 것을 명령했기 때문에 최하급 리더인 '20인장'으로 지역의 리더급 인물이 취임하는 경우도 있었다.

의용병 운동이 군부 송출로 변화한 사례는 도호쿠 이외의 지역에서도 보인다. 예를 들면 전국에서도 가장 강력한 자유당 지역 조직이었던 가나가와^{神奈川縣}현 청년회가 의용병 운동을 전개했으며, 의용병 모집을 멈추라는 조칙이 나온 뒤에는 군부를 보내는 방향으로 노선을 바꾸었다. 이 움직임은 산다마^{三多摩} 장사의 리더인 모리쿠보 사쿠조^{森久保作藏}가 조직한 군부 '다마구미^{玉組}'로 실현되어 그들은 제1사단에 종군했다. 각지에서 사례를 발굴한다면 이러한 예는 결코 드물지 않을 것이다.

군부 모집

전쟁 정보가 풍부했던 도시부는 별도로 하고, 정보가 적은 지역 사람들에게 전쟁이 가까이에서 느껴지게 되는 것은 군대와 군부의 동원이 시작된 이후였다.

센다이의 경우, 1894년 7월 말 제2사단 참모장 오쿠보 하루노^{大久保春野} 대좌가 미야기와 후쿠시마 두 현의 병사 담당자를 불러서 사단 출동에 필요한 군부 모집을 의뢰했다. 미야기 현청은 이를 각 시도에 할당했고 센다이 시의 엔도 요지遠藤庸治 시장은 호소야 등의 센다이 의단에 군부 모집을 위탁했다.

의용병 운동이 고양되고 조선에서 일본군이 승리했다는 소식으로 들끓는 가운데, 군부 모집은 뜨거운 환영을 받았으며 8월 6일 군부 체격 검사가 시작되었다. 9월 25일 제2사단에 충원령充員令(예비역 장병을 군대로 소집하는 명령)이 발령되자, 10월 1일 미야기 현에서 실시한 검사에 합격한 군부는 현청에 소집되어 다시 검사를 받고 채용되었다.

센다이 시민에게는 의용병 운동과 군부 모집이 최초의 대외 전쟁 체험이었다. 이어서 충원령이 전달된 뒤, 소집된 장병과 기묘한 차림의 군부가 시내에 나타나자 흥분은 높아졌다.

"그저께 도착한 사람들은 400여 명을 4대로 나누어, 그중 먼저 도착한 백인조가 옛 아이즈會津[25] 번사로서 하얀

---

25 후쿠시마 현 서부의 아이즈 분지를 중심으로 한 지역으로 에도 막부 말기에 이곳을 다스리던 아이즈 번은 막부의 편을 들어 저항했다가 패배하여 메이지 유신 이후에는 역적 취급을 받고 있었다.

색 머리띠에 고바카마小袴[26]를 입고 제각기 큰 칼을 차고 대호隊號가 적힌 깃발을 맨 앞에 세우고 용기 있고 늠름하게 들어오는 모습은 마치 옛날을 떠올리게 했으며, 또한 나머지는 협객이 7, 농공상農工商이 3으로 모두 장사라고 한다."《奧羽日日新聞》10월 2일) 후쿠시마에서 도착한 군부는 시대와 맞지 않는 모습으로 사람들의 눈길을 끌었다. 옛 아이즈 번사는 큰 칼로 무장했고, 그 외의 협객과 일반인들은 권총이나 긴 와키자시脇差[27]로 무장했다.

사람들은 충원령이 내려지기를 기다리지 않고 각지에서 군인 예비 송별회를 열었는데, 그 모습이 신문에 실리는 경우도 있었다. 충원령이 내려지기 1개월 반이나 전인 8월 6일 미야기 현의 시로이시白石에서 정의회[28] 의원 일동이 발기인이 되어 군인 예비 송별회가 열렸다. 이 송별회는 처음 군인이 출정한 이후 군인의 가족을 보호하는 방법에 대한 발기인의 설명이 있은 뒤 조칙 봉독, 연설, 송사와 답사, 연회와 여흥(춤·퍼포먼스와 격검), 불꽃놀이 순으로 이어졌다. 다른 정·촌에서는 군부도 참가하는 경우가 있었는데 식 순서는 각 시·정·촌이 공통되었다.

---

26 옷자락을 치켜 올려 짧게 만든 하카마.
27 허리에 차는 호신용 칼. 무사들은 이 와키자시에 긴 칼을 차고 다녔다.
28 지방 자치체인 정의 의회.

병사의 동원과 환송

그리고 사람들이 기다리고 기다리던 제2사단의 동원이 시작되어 예비역(9월 25일), 후비역(10월 6일) 소집이 이루어지자 성대한 환송이 거행되었다.

시로이시에서는 9월 26일에 역에서 "군내 관민 일동, 시로이시 소학교 생도, 미야무라 신의회宮村信義會 회원 등이 큰 깃발을 앞세웠고 무려 5,000여 명이 정거장에 모여 일동은 만세를 부르며" 제2사단 소재지인 센다이로 향하는 병사들을 배웅했다. 시로이시는 수수한 편으로 다른 정과 촌에서는 "경종을 난타", "각 집마다 국기를 내걸고", "가볍게 차려입고 동서를 바삐 뛰어다니고", "불꽃을 쏴올리고", "연회宴會", "감읍하여 흐느끼는" 사례가 보였다. 정·촌에서는 군집群集, 정렬, 행진, 제복 등의 비일상적 상황, 만세·경종 난타·불꽃 등의 소음, 그 결과 분주奔走·감읍感泣 등 흥분 상태가 나타나 보내는 이와 떠나는 이의 마음을 사로잡았다.

군인 예비 송별회, 소집병 환송으로 높아진 전쟁 분위기가 단번에 폭발해 10월 29일부터 11월 3일까지 이어졌다. 센다이에서 히로시마로 향하는 출정 군대의 환송 행사는 6일에 걸쳐 이어졌다.

신문에는 현지사가 주최한 제2사단 출정 장교 환송회

를 비롯해 각 연대와 각 대대 단위의 스스럼없는 송별회를 했다는 기사도 보인다. 아오모리 성내에 주둔하는 제17연대 군기 유별회留別會에서는 각 중대가 평양 함락과 베이징 점령 등의 문구가 적힌 큰 현수막을 준비했고, 장교와 하사관의 가족들도 참가해서 음악을 연주하고 이별의 잔을 나누었다. 저녁 이후에는 장교단과 하사관단으로 나뉘어 연회를 벌였고, 거기에서 연대장과 사단장 인사, 여흥을 위한 격검과 마술 공연이 있었다.

제2사단은 임시로 개설된 나가마치長町 군용 정거장에서 출정했다. 나가마치에는 높이 3장丈(5미터 이상)의 연문緣門(삼나무 등의 상록수로 개선문을 본떠 만든 건조물)이 준비되어 있었는데 그 문에는 "육군 만세", "제2사단", "정청征淸" 등의 문자가 적혀 있었다. 그것들은 밤·고추·골풀·콩·호두·다시마로 만들어졌는데, "청을 무찌르고 적을 쓰러뜨리고 몸 건강히 돌아오기를 축복한다勝栗かちぐり唐枯しとうがらし灯心とうしんまめでくるみをよろこぶ"[29]라는 뜻이 실려 있었다. 전승을 기원함과 동시에 출정 병사의 무사 귀환을 비는 심정이 표현

---

29 勝栗는 출진과 승전을 축하할 때 선물하는 황밤을 가리키고, 唐枯しは 그대로 읽으면 고추를 가리키지만 분리해서 읽을 경우 예로부터 일본에서 외국을 가리키는 당唐과 말린다는 뜻인 枯らし이며, 灯心 은 청과 싸운다는 뜻인 討淸을 의미하고 まめ는 콩을 의미하기도 하지만 몸이 건강하다는 명사이기도 하다.

되어 있었다.

10월 31일 자《도호쿠신문》은 29일 열린 출정 환송 행사에 대해서 "센다이 시민은 가능한 힘을 다해서 군대를 환송하는 적심赤心"을 표현했다는 것으로 시작되는 기사를 게재했다. 기사는 당일 시내가 국기, 육해군 만세의 신호기, 장식, 국화, 조화, 제등으로 뒤덮였으며 나가마치 정거장에는 관공서 직원, 센다이 병사의회仙臺兵事義會[30] 회원, 적십자사 관계자, 각 학교 학생들이 전면에 도열하고 그 뒤에 군중들이 모여 만세를 외치는 소리와 폭죽을 터뜨리는 소리가 울려 퍼졌으며 번정藩政 시대의 출진 복장을 한 늙은 기인奇人 누마자와 요자부로가 소라고둥法螺貝[31]을 부는 가운데 병사들이 승차하는 모습을 묘사했다. 병사들은 역마다 배웅을 받으며 히로시마로 향했다.

11월 3일 마지막 부대가 센다이를 떠나자 시내는 완전히 조용해졌고, 충원령이 발동된 이래 1개월 동안에 걸쳐서 동원된 병사나 군부로 북적였던 여관과 상점을 찾는 발길은 뚝 끊겼다. 센다이의 신문《도호쿠신문》을 읽으면 출정한 후에도 시·정·촌 단위로 다양한 행사가 열린 사

---

30   출정하는 군인과 가족을 원조하기 위해 육군과 센다이 시가 조직한 관변 단체.
31   옛 일본에서는 전쟁의 신호를 알릴 때 소라고둥을 불었다.

실을 알 수 있다. 출정 병사에 대한 전승 축원회, 산둥 작전의 전승이 전해지자 열린 전승 축하회, 의원금·휼병恤兵 헌납품 모집 캠페인, 군사 공채를 모집하는 기사 등이 실렸고 이 중 가장 등장 횟수가 많은 것이 가족 부조 관계 기사였다. 민중의 흥분과 행정 시책이 서로 공조하면서 지역의 후방=전시 체제가 만들어지기 시작한 것이다.

전장과 지역을 연결한 지방지

1894년 10월 14일 자《도호쿠신문》에 〈종군자께 말씀 올립니다從軍者に稟告〉라는 제목의 사고가 게재되었다. 사고에는 전장에서 온 편지를 신문사에 제공해달라고 병사와 군부의 가족들에게 의뢰하고, 종군자에게는 가족과 지인에게 보내는 편지를 신문사로 보내달라고 의뢰하는 글이 실려 있었다. 신문사가 전장에서 오는 사사로운 편지를 게재한 뒤에 반납하거나, 지정된 곳으로 보내며 우표 값은 신문사가 부담한다는 구조였다.

당시에는 신문에 투고하는 경우가 많았다. 신문사도 기자가 부족한 현실을 보완하기 위해 적극적으로 투서를 게재했고, 투서가 중에는 그것을 발판으로 신문 기자나 소설가가 된 사람도 있었다. 전장에서 오는 편지를 지면에 게재하는 것은 그것을 응용한 것이다. 이 방법은 도쿄와 오사카의 중앙지도 채용했지만 지방지에는 결정적으로 중요했다.

당시 신문은 1장의 종이를 두 번 접은 4페이지 형식으로 보통 구성되었다. 1면과 2면은 논설·잡보雜報(국내외의 정치·경제 뉴스)로 채우고, 3면은 사회면(정말로 3면 기사)이며, 4면은 광고를 게재하는 것이 기본이었다. 중앙지는 전시 보도를 위해 페이지를 늘리고 호외를 발행했으며 전쟁이 끝났어도 페이지를 늘리는 경향이었지만, 지방지가 중앙지를 흉내 내기에는 여의치 않았다.

지방지는 중앙지에 비해 자본과 인쇄 능력에 차이가 있었고, 편집진이 부족했으며, 통신사가 발달되지 않았기 때문에 매일 지면을 채울 만큼의 기사나 광고를 확보하는 것이 쉽지 않았다. 청일 개전 후에도 전장에 종군 기자를 보내기 어려웠으며, 보낼 수는 있어도 대개 한 사람 정도였다. 전장에서 오는 편지를 모집하는 행위는 전쟁 정보의 부족을 보충한다는 의미와, 무엇보다도 향토 출신의 병사나 군부의 생생한 목소리를 지면에 반영한다는 점에서 지방지 독자의 요망에 응할 수 있는 방법이었다. 전장에서 온 편지에 묘사된 병사의 체험은 단편적이고 문장도 정형화된 경우가 많았지만, 지인이나 동향 사람들에게는 친숙해지기 쉽다고 느꼈던 듯하다.

제2사단이 히로시마에 머물고 있는 동안에는 지역 출신 해군 장병이나 그 외의 사단에 소속된 장교와 하사관의 투서가 중심을 이루었지만, 1895년 1월 산둥 작전이 개시되자 제2사단의 병사와 군부의 편지가 늘어났다. 《도호쿠신문》은 익명 투고가 가능했지만, 그들은 구체적으로 자신의 성명, 출신지, 소속 부대나 작전지를 분명히 적은 편지를 보냈다. 병사와 군부들에게는 이 게재된 실명 편지가 가족이나 친구에게 자신의 무사함을 알리는 인사장과 같은 것이었고, 지방지는 전장과 지역을 연결하는 게시판과 같은 기능도 맡고 있었다.

이러한 게시판 기능을 적극적으로 쓴 예도 있었다. 미야기 현 오시카^{牡鹿} 군 출신의 군부 다마이 요시로^{玉井庸四郞}는 《도호쿠신문》의 마쓰다 조키치^{松田常吉} 사장에게 거듭 편지를 썼다. 그는 군부 '모록회^{牡鹿會}'의 이동 상황을 쓴 뒤 어느 날에는 20명 정도의 성명을 열거했고, 다른 편지에서는 "운 좋게 오시카 군 출신자 중에는 한 사람의 환자도 발생하지 않았으니 안심해주십시오"라고 썼다. 다마이는 히로시마를 출발한 후부터 산둥 작전, 대만 작전까지 연속으로 편지를 기고해 고향에 그들의 안부와 전쟁 정보를 계속 보냈던 것이다.

《도호쿠신문》은 종군 기자로 사쿠라다 고지로^{桜田孝治}

郞를 파견했는데, 그는 일관되게 향토 부대의 뒤를 따르며 취재를 계속했다. 1895년 2월 26일에 게재된 사쿠라다의 〈제2사단 종군기第二師團從軍記〉에는 "1월 9일부터 2월 2일까지 분량의 우리《도호쿠신문》이 도착해서 군인, 그 외의 사람들도 앞다투어 읽었다"라는 내용이 있다. 또한 3월 7일에 게재된 〈제1군 근황〉이란 기사에는 사쿠라다에게 한 병사가 자신의 투서가 게재된 호를 보내달라고 애원을 한 내용이 나온다. 또한 센다이에 사는 60세를 넘은 노 군의관 와타나베 시게쓰나가 청일전쟁 종군 중에 쓴《정청기행征淸紀行》에는, 와타나베가 전장에서《도호쿠신문》에 기고한 와카를 읽자 오랫동안 알고 지내던 사쿠마 사마타 점령지 총독(전 제2사단장)으로부터 칭찬을 받았다는 장면이 기록되어 있다. 이렇듯 고향 신문은 사단장부터 일개 병졸과 군부까지 열심히 읽는 고향 소식지였다.

지역 신문은 종군하는 사람들에게 가장 사랑받는 위문품이었고, 전장과 지역 후방 사회 사이에 정보를 전달하는 파이프였다. 이 파이프를 통해서 전장과 지역 후방 사회는 정보가 교환되어 서로를 자극했고, 전장의 체험이 일반화되어 지역 신문의 독자에게 공유되었던 것이다.

《후소신문》 기자 스즈키 게이쿤

예나 지금이나 신문 기자 중에는 개성적인 인물이 빠지지 않는다. 나고야의 유력 지방지였던 《후소신문》의 특파원으로서 청일전쟁을 취재한 스즈키 게이쿤도 특별하다는 점에서 다른 사람에게 뒤지지 않았다.

1853년 막신幕臣[32]의 아들로 태어난 스즈키는 강무소講武所, 쇼헤이자카 학문소昌平坂學問所를 거쳐 요코하마 육군 어학소에서 프랑스어를 배웠다. 유신 이후 시즈오카靜岡로 이사를 갔지만, 24세 때 상경해서 자활할 길을 찾았다. 몇 개의 일자리를 경험한 뒤 프랑스어 능력을 살려 외무성에 들어갔고, 마셜 제도에 가서 일본 표류민 살해 사건을 조사하고 이 경험을 살려 외무성을 사직한 뒤 《남양탐험실기南洋探險實記》(1892년) 등 남양물南洋物 저서 3권을 지었다. 이런 그의 저작은 메이지 시기의 일본인이 지은 남태평양 지역 민족지民族誌의 선구로서 나중에 많은 연구자들에게 찬사를 받았다. 그리고 이 스즈키는 1893년 11월 《후소신문》의 기자가 되어, 나이 마흔을 넘겼지만 이듬해부터 청일전쟁을 취재하기 위해 전장을 정력적으로 돌아다녔다.

스즈키의 남양 조사에 대해서 태평양 고고학 전문가

---

32 에도 막부의 수장인 정이대장군을 직접 모시는 무사.

다카야마 준高山純은 자신의 연구서《남해의 대탐험가 스즈키 게이쿤南海の大探検家鈴木経勲》에서 스즈키의 저작이 모두 도작이거나 지어낸 이야기로 그는 완전한 '허언가虛言家'라고 지적했다. 보통이라면 '거짓말쟁이' 신문 기자의 종군기를 연구하는 것은 의미가 없지만, 나는 그의 청일전쟁 취재가 나고야 지역 사람들의 청일전쟁 인식에 어느 정도 영향을 주었다고 생각하므로 조금 검토를 해보고자 한다.

스즈키는 4회에 걸쳐 전장에 갔다. 첫 번째는 1894년 6월 12일부터 7월 28일까지 조선에 머물렀고, 두 번째는 8월 12일부터 10월 11일까지 평양 전투에 종군했으며, 세 번째는 1895년 1월 15일부터 4월 23일까지 하이청에서 뉴장·톈좡타이를 종군했다. 그리고 네 번째로 강화조약 체결 이후 귀국 직전의 제3사단이 있던 랴오둥반도에 머물렀다.

첫 번째의 종군은 개전 직전에 귀국했으므로 중요한 조선 왕궁 점령도, 성환 점령도 보지 못했다. 훗날 그는 〈남양옹 회고록南洋翁回顧錄 4〉(1937년)에서 성환 전투 중 그를 포함한 종군 기자 21명이 '베니다스키대紅綏隊'라는 발도대抜刀隊를 조직한 뒤 적진에 뛰어들어 크루프포 3문을 빼앗았다고 회상했다. 물론 새빨간 거짓말이었다.

두 번째 종군에서 스즈키는 부산을 경유해서 8월 29

일 인천에 도착, 인천에서 한강을 거슬러 올라가 한성에
다다랐다. 그곳에서 그는 도보로 평양으로 이동했다. 스
즈키의 〈입한 일기入韓日記〉는 8월 30일부터 9월 13일까지
단속적으로 게재되었는데, 그 글에서 문명의 군대여야 할
일본군에 섞여 있는 많은 수의 군부들이 조선인에게 비문
명적 비행을 저지르는 모습을 거리낌 없이 묘사하고 비판
하고 있다.

《후소신문》은 〈군부 문제〉 캠페인으로 나고야에 모인
제3사단 소속 군부의 난폭한 행위와, 군부 모집을 담당
하면서 군부를 단속하지 않고 군부 급여를 횡령하는 데
에만 열중하는 군 청부업자의 무책임한 모습을 비판했다.
스즈키의 기사도 그 비판 캠페인의 일환이었을 것이다.

스즈키는 다른 많은 신문 기자들과 똑같이 혼성 제9
여단에 종군하여 9월 15일의 평양 공격을 취재했다. 이때
그는 '속사 촬영기'를 소지했는데, 이것은 코닥의 롤 필름
을 사용한 카메라였던 듯하다.

성황이었던 전황 보고회

전장에서 돌아온 스즈키는 《후소신문》에 기사를 쓰
지 않고 자신이 체험한 평양 전투를 강연하는 데에 정력
을 쏟았다. 10월 17일부터 20일까지 4일 동안 시내의 스

에히로좌末廣座, 쇼후쿠좌笑福座, 오토와좌音羽座, 교마스좌京枡座에서 연 '비정담 평양 격전 실견 보고 강연회非政談平壌激戦実見報告演説會'를 시작으로 연말인 12월 28일까지 아이치 현 각지와 기후 현 일부에서 50회 이상 전황 보고회를 한 사실을 《후소신문》에서 확인할 수 있다. 시내에서는 주로 극장을 강연회장으로 사용했고, 시외에서는 사원과 소학교를 이용했다. 신문에서 확인할 수 있는 참가자는 최대 3,500명, 적을 때는 수백 명이었다. 인원수보다는 "대성황", "발디딜 틈이 없다"는 식으로 묘사된 경우도 있었다.

신문 기사에 의하면 스즈키는 일본 군인의 용맹함, 적병의 비겁함, 평양의 경관, 격렬하고 참담한 전투 경험 따위로 청중을 흥분시켰다고 한다. 11월 6일 나고야 시내의 하쿠분샤博文社에서 《후소신문 전지 특파원 스즈키 게이쿤 군 연설·평양대격전 실견록扶桑新聞戦地特派員鈴木経勲君演説·平壌大激戦実見録》이라는 책자가 발행되었는데 내용은 스즈키의 강연을 적은 것 같다.

이 책자는 본문이 26페이지이며, 스즈키가 촬영한 사진이라고 하는 삽화가 13장 게재되어 있다. 부록으로 〈평양에서 도요하시 제18연대 소속으로 전사한 장교 이하하사관의 성명平壌に於ける豊橋十八連隊戦史将校以下下士卒の氏名〉과 〈도요하시 보병 제18연대 평양 공격의 노래豊橋歩兵第十八連隊平壌攻撃の

^歌〉가 4페이지에 걸쳐 실려 있다. 내용을 보면 청군이 우수한 무기와 풍부한 식량을 가졌고 견고한 평양성에 들어가 있는 덕분에 지리적으로 우세했음에도 병사들이 겁쟁이였기 때문에 일본군의 무용 앞에 패배한 점, 게다가 제3사단 소속 부대로서는 유일하게 평양 공격에 참가한 도요하시 보병 제18연대 소속 하라다 주키치가 현무문에서 벌인 활약 및 적십자의 활동을 서술한 다음 천황·황후·대일본제국 만만세로 마무리하고 있다.

이외에 스즈키는 《일청전쟁 종군 사진첩^{日淸戰爭從軍寫眞帖}》(후쿠시마 현립 도서관 사토문고^{佐藤文庫}[33] 소장)을 작성했고. 또이 사진들로 '환등종지^{幻燈種紙}'(슬라이드)를 만들어서 대일본사진품평회^{大日本寫眞品評會} 나고야 지부와 적십자사가 주최하는 환등회(합쳐서 6회 개최)에서 상영했다.

스즈키의 전황 보고회에 대해 신문에서 기록한 참가자 수는 너무 많이 과정되었다고 간주하고, 그 수의 반절 정도로 추정하더라도 나고야 주변에서 5만 명이 넘는 청중이 그의 이야기를 듣고 감동했다는 결론이 나온다. 주최자가 회장에서 스즈키에게 감사장이나 종군 기념장을

---

33 사토 덴키치^{佐藤文庫}가 65년에 걸쳐 전쟁 관련 자료를 수집해서 후쿠시마 현립 도서관에 기증한 문헌 컬렉션.

주는 경우도 꽤 있었다.

앞서 다룬 실견록이 서술하는 전투 경과에는 부정확한 부분이 있으며, 스즈키가 찍었다는 전투 장면 사진이라는 것은 당시 기술로는 있을 수 없는 모조품으로 스즈키가 그린 유치한 스케치에 지나지 않았다. 그러나 많은 사람들을 전황 보고회에 모아 교묘한 화술로 감동시키고 전쟁 지지와 협력의 방향으로 이끌었다는 점에서 스즈키의 활동에는 의미가 있다.

스즈키는 2개월 반 동안 강연 활동을 마치고 1895년 1월 15일, 보병 제6연대 보충대와 함께 나고야를 떠났다. 그는 곧 향토 부대인 제3사단이 적 가운데에 고립된 엄동기의 하이청으로 향해 2월 17일에 도착했다. 그곳에서 청군의 공격과 일본 측의 반격, 이른바 하이청의 방어전을 체험했다. 3월에는 제3사단에 종군해서 뉴장과 톈좡타이의 전투를 견문하고 많은 삽화가 삽입된 전투 기사를 썼다. 하이청·뉴장·톈좡타이 전투를 근처에서 본 종군 기자는 많지 않았으므로 냉정하고 또 객관적인 시선으로 전투를 기록한 스즈키의 기사는 공간 전사를 통해서는 알 수 없는 전쟁의 실상을 전하는 귀중한 기록이다.

개선, 귀국과 사람들의 환영

1895년 4월에 시모노세키 강화조약이 체결되어 직례 결전이 중지되자 출정군의 귀국과 예비역과 후비역 병의 복귀가 시작되었다. 귀국한 군대를 맞이해서 전국에서 개선 축하 행사와 전몰자를 추도하는 초혼제招魂祭가 열렸는데, 여기에서는 미야기 현의 사례를 소개하기로 한다.

도호쿠의 제2사단은 대만 평정 작전에 파견되었는데 귀국·복원 명령이 내려진 것은 1896년 3월 말로, 일본에서 가장 늦게 귀국한 부대였다. 청일전쟁이 진행되는 가운데 미야기 현에서는 현하 각 군·정·촌에 상무회나 병사의회가 조직되었고, 현지사 밑에 이 조직들이 통합되어 개선 환영을 하는 체제가 완성되어 있었다.

센다이 제2사단은 1896년 4월 하순부터 5월 초에 걸쳐 차례대로 귀환했다. 개선 축하 행사의 정점은 4월 22일 노기 사단장의 센다이 도착과 그다음 날 제3여단 사령부와 보병 제4연대의 도착이었다. 부대가 도착하는 센다이역 앞에 설치된 연문 앞에서 마중을 나온 사람들의 환영을 받는 노기 사단장과 장교들의 사진은 현지 엔도遠藤 사진관이 출판한《대만 원정군 개선 기념첩征臺軍凱旋記念帖》에 수록되어 있다.

보병 제4연대에 이어 또 하나의 향토 연대인 보병 제

〈개선하는 제2사단을 센다이 정거장 앞에서 환영하는 광경〉, 1896년 4월 20일 촬영(부분).
《대만 원정군 개선 기념첩》(遠藤写真館, 1896).

17연대가 센다이로 개선하고 아오모리에 주둔하는 제4여
단 사령부와 보병 제5연대가 센다이역을 통과하자 개선
행사는 일단락되었다. 다음으로 전몰자 위령을 목적으로
하는 대초혼제 준비를 알리는 기사가 지면에 등장하기 시
작한다. "이번 초혼제를 신성, 부독不瀆, 경허, 엄숙한 대전

례로 만들어 앞으로 세상에 넘쳐나는 겉만 번지르르하고 외잡한 모임이 되지 않기를 바란다"라고 《도호쿠신문》의 사설(4월 26일)은 쓰고 있는데, 처음 있는 대규모 대외 전쟁 이후에 거행되는 전례가 없는 초혼제이므로 문제는 적지 않았다. 누구를 제사 지내는가, 즉 정규 군인과 군속이 아닌 군부를 어떻게 취급할 것인가, 초혼제 장에서 신도와 불교의 관계, 제문을 낭독하는 사람, 초대자와 참석자의 범위, 초혼식 후에 있을 오락 행사는 어떻게 할 것인가 등 문제는 산더미였다.

제2사단 초혼제는 보병 제4연대 주둔지에 인접한 쓰쓰지가오카 공원欅ヶ岡公園에서 5월 20일과 21일에 거행되었다. 초혼제에 사용될 영묘에 설치된 초혼제단에서는 "제2사단 소속 및 제2사단 관하 출신 군인, 군속, 군부의 일청사건에 관한 전사자 및 병사자"를 위한 진혼제를 올렸다. 20일 오전 7시부터 신도식인 하라에식祓式[34]·초혼식이 거행되었다. 노기 사단장과 《도호쿠신문》 특파원이었던 사쿠라다 고지로의 제문 낭독이 이어졌고 노기 이하 내빈, 유족, 적십자 사원, 각 부대, 각 학교 생도의 참배가 있은 후 신도식 제례는 끝이 났다.

---

34 죄와 같은 부정한 것을 몸과 마음에서 떼어내는 신도의 종교 의식이다.

참가자가 일시 퇴석한 동안 불교식 제단이 설치되었다. 오전 10시에 불교식 제식이 시작되어 승려 300여 명이 입장했고, 기타노 겐보北野元峰 스님이 각 종파 관장의 총대総代로서 조문을 낭독했고, 승려들의 분향과 독경이 있었다. 이후 신도식과 같은 순서로 사단장 이하의 분향이 있었고, 종료 후 일반 대중의 참배를 허가했다. 신도식과 불교식 제사가 끝나자 쓰쓰지가오카 공원에서는 봉납奉納 격검 시합이 열렸고, 미야기노하라宮城野原에서는 경마 대회가 열렸다. 각 정 내의 봉납 산차 순회山車引き回し, 데오도리手踊り[35], 불꽃놀이로 여흥이 이어져 시내는 온종일 북적였다.

5월 21일에는 초혼제단과는 별도로 불교식 법장法場을 설치하고 위패를 두었다. 오전 10시부터 니시 혼간지西本願寺 법주法主인 오타니 고손大谷光尊이 대도사大導師가 되어 순수 불교식 법요식을 올렸다. 제1차 법요식이 끝난 후에 누마자와 요자부로와 호소야 나오히데 천인장이 제문을 낭독했으며, 제2차 법요식에서는 히가시 혼간지東本願寺의 신임 문적文蹟 오타니 고엔大谷光演이 대도사가 되어 집행했다. 참가자의 범위는 사단장 이하로 전날과 똑같았다. 법요식 후에 있는 여흥도 전날과 똑같았다《東北新聞》 1896년 5월

---

35 많은 사람들이 모여서 같은 손짓으로 추는 춤을 가리킨다.

21일 및 22일, 〈臨時大招魂祭〉).

추도와 위령 — '선별'과 도호쿠의 사정

신문 기사를 통해서 초혼제의 상세한 내용을 소개했는데, 문제점을 확인해보도록 하자.

초혼제에서 제사를 지낸 대상은 "제2사단 소속 및 제2사단 관하 출신 군인, 군속, 군부의 일청사건에 관한 전사자 및 병사자", 즉 제2사단 관계자 및 제2사단 관하(도호쿠 6개 현과 니이가타 현新潟縣 일부) 출신자, 즉 전사자와 부상 후 또는 병에 걸려 죽은 사람들로 군인, 군속과 군부를 함께 추도했다. 다른 지역 출신자인 제2사단 장교들도 추도 대상에 포함되었지만, 주체는 전몰戰歿한 도호쿠 사람들이었으며 군인과 군속의 차별은 없었다. 이것은 당시 도호쿠, 센다이 사람들의 심정이었다.

이미 나라를 위해 죽은 사람들을 영령으로서 야스쿠니 신사에서 현창하는 제도는 만들어져 있었지만, 많은 전몰자가 발생하자 지방에서는 불교의 힘이 강해서 야스쿠니=초혼사의 논리는 완전히 침투하지 못했다. 또한 이 당시 초혼제에서 추도를 받은 전몰자 전원이 야스쿠니 신사의 영령이 된 것은 아니었다. 육군과 해군의 방침으로 군인과 군속이었던 전몰자는 야스쿠니의 위령이 되었으나, 군부에 대해서는 전사자와 부상 후 사망한 사람만 대상이 되었으며 압도적으로 많았던 병사자는 제외되었다. 도호쿠 사람들은 군인, 군속과 군부는 입장에 차이가 있었어도 종군해서 같이 싸운 존재로 의식하고 있었다. 하지만 군부들은 군과 야스쿠니로부터 무시당했고 점차 잊혀갔다.

쓰쓰지가오카의 대초혼제를 포함해 다양한 추도 행사가 끝나자, 개전과 제2군 출정 이래 지역 전쟁과 전몰자를 기념하고 추도하는 시설을 만들고자 하는 움직임이 등장했다. 센다이 시내에서는 개선기념대비凱旋記念大碑, 전몰자 초혼비, 불교식 충혼 사당, 초혼사 등 다양한 건립 계획이 등장했지만 모두 실현되지는 못했고, 가이코샤偕行社(육군 장교의 친목과 연구 단체)가 있는 사쿠라가오카 공원桜ヶ岡公園에 세워진 정청 기념비征清記念碑와 미야기노 구宮城區 하라노마치原町 요운지陽雲寺 경내의 장전사자 유골탑葬戦死者遺骨塔만 건립되었다. 정청 기념비는 호소야 나오히데가 건립한 전몰 군부 초혼비였으며, 요운지 탑은 센다이의 포목상으로 독지가인 오우치 겐타에몬大內源太右衛門이 건립한 공양탑이었다. 이 탑은 거두는 이 없는 전몰자의 유골을 모시기 위한 것이었다.

가장 중요한 충혼사의 창건은 늦어졌다. 제신祭神 문제

가 가장 큰 이유였을 것으로 생각된다. 야스쿠니 신사는 1853년 이래의 국사 순난자國事殉難者와 관군 전사자의 제사를 모셨으며 각지의 호국 신사護國神社(옛 초혼사)들도 대개 이를 따르고 있었다. 그런데 이 원칙을 기계적으로 도호쿠에 적용한다면 문제가 너무 많이 발생했다. 이 지역은 보신전쟁에서 오우에쓰 열번동맹奧羽越列藩同盟[36]에 참가해 조적朝敵이 된 번이 많은 곳이었다. 지역 초혼사에 자기들의 동료들을 죽인 관군 전사자들을 모시면서, 역적이 되어 죽임을 당한 자기들의 친족들을 모실 수는 없다는 이야기가 나왔던 것이다.

결국 1898년 지역 유지와 제2사단 측이 협력해서 소충회昭忠會를 조직해 초혼제를 매해 열기로 했다. 또 제신을 '메이지 7년(1874년)의 역'[37], '전역이 종료된 후 대만 수비 중'에 전사·전몰한 군인, 군속으로 제2사단 소속 및 제2사단 관하 출신자로 했다. 문제가 있는 막부 말기와 보신전쟁의 순난자를 제신에서 제외하는 것으로 옛 센다이번 관계자와 제2사단 측의 타협이 성립한 것처럼 보인다.

---

36 보신전쟁 시기에 도호쿠 지방과 니이가타 현 지방에 있는 번들이 신정부에 대항해서 맺은 동맹.

37 대만에서 오키나와 어부가 살해된 사건을 빌미로 일본이 대만을 침공한 것을 가리킨다.

1899년에는 지역 진흥책으로 센다이 개부 300년제가 집행되었는데, 이 기회에 보신전쟁 이래 육군이 점령하던 옛 성터를 일부분이나마 시민에게 공개했다. 이후 육군성은 소총회에 혼마루^{本丸38} 터의 사용을 허가하여 그곳에 소충표, 상설 초혼전^{招魂殿}, 위양관^{威揚館}이 건설되었으며 쇼와^{昭和39} 시기에는 다테 마사무네^{伊達政宗40} 기마상이 세워져 센다이의 상징이 되었다. 이렇듯 청일전쟁 전몰자를 추도하는 위령 시설의 건설은 우연치 않게 지역과 번벌 정부가 화해하는 기회가 된 것이다.

후쿠시마 현청 문서가 남긴 '지역과 전쟁'

청일전쟁에서 일본이 승리한 이유 중 하나는 일본군이 대외 전쟁을 위한 동원 시스템을 가진 것에 비해 청군에는 그것이 없었기 때문이었다. 특히 육군에 깊이 관계된 전시 동원에 관한 사무는 육군이 직접 하는 것이 아니라 시·정·촌이 실무를 담당했다. 청일전쟁 시기에 전시 동원이 성공한 것은 일본의 시·정·촌이 번잡한 병사 사

---

38 성의 중심을 이루는 건물.

39 1926년부터 1989년 1월 초까지 히로히토^{裕仁} 천황이 통치한 시기의 연호를 가리킨다.

40 1567~1636. 전국 시대에서 에도 시대에 이르기까지 센다이 주변을 통치한 영주로 애꾸눈이지만 야심이 크고 영리했다고 한다.

무兵事事務(징병이나 전시에 인마의 동원에 관한 사무)를 수행할 능력이 있었고, 통상의 사회생활을 영위하는 예비역과 후비역에 속하는 주민을 병영까지 보내는 강제력을 갖고 있었다는 사실을 의미한다.

메이지 시기의 지방 제도 연구자인 마쓰자와 유사쿠松澤裕作는 근대와 다른 원리로 조직되어 지역에 따라 큰 차이가 있던 에도 시대의 촌이 시제市制와 정촌제町村制가 시행되기(1889년) 직전에 정촌 합병町村合併으로 재편성된 결과, 자의적으로 설정된 경계선으로 구분된 균질된 존재로 창출되었고 이것이 국민국가의 밑바탕을 이루었다고 지적하고 있다(《町村合併から生まれた日本近代》). 일본의 정·촌은 청일전쟁 당시에는 태어난 지 5년 정도에 지나지 않은 유치원생과 같은 대물代物이었지만, 전시 병사 사무를 수행할 수 있었다. 구체적으로 어떠한 사무를 정·촌이 맡았는지, 후쿠시마 현청의 문서를 예로 들어 그 일부를 보도록 하자.

후쿠시마 현 역사사료센터가 소장한 후쿠시마 현청 문서에는 청일전쟁 전후의 병사 자료가 풍부하게 남아 있다. 그중 《의용봉공록 메이지 27, 28년 역 전시 상황義勇奉公錄明治二十七八年役戰時狀況》과 《27, 28년 공로자 조서류二十七八年功勞者調書類》라는 두 권의 장부를 주목하고 싶다.

청일전쟁이 시작되었을 때 후쿠시마 현의 지사는 구사카 요시오日下義雄(재임 1892년 8월~1895년 7월)였는데, 청일전쟁 종료와 함께 구사카가 외무성으로 전임되자 전 야마구치 현의 지사였던 하라 야스타로原保太郎(이홍장 저격 사건의 책임을 지고 야마구치 현의 지사를 사임하게 되었다)가 후임이 되었다. 구사카의 본명은 이시다 고로石田五郎인데, 아버지 이시다 류겐石田龍玄은 아이즈 번주의 시의侍醫였고 동생 이시다 와스케石田和助는 뱟코타이白虎隊[41] 대원으로서 이이모리 산飯森山에서 자결했다. 구사카는 막부 말기에는 도바·후시미 전투鳥羽·伏見の戦い[42]부터 아이즈 전쟁會津戦爭[43], 하코다테 전쟁函館戦爭[44]까지 체험했는데 인연이 있던 이노우에 가오루의 도움으로 미국에 유학을 갔다. 이후 이노우에 계열 관료로 활동하여 대외에 관계된 사무 때문에 힘든 나가사키 현 지사를 경험한 후, 후쿠시마 현 출신자로서는 처음으로 고향인 후쿠시마 현의 지사가 되었다.

---

41 보신전쟁 당시 아이즈 번의 소년 군사 조직으로, 전투에서 패하자 대부분이 자결했다.

42 보신전쟁의 서전이 된 전투로 교토 부근에서 사쓰마와 조슈 등이 주축이 된 신정부군과 옛 막부군이 벌인 전투. 이 전투에서 막부 쪽이 패배했다.

43 보신전쟁 중에서 아이즈 번과 신정부군이 치른 전쟁을 가리킨다.

44 보신전쟁 중에 막부의 잔당인 에노모토 다케아키, 오토리 게이스케, 히지카타 도시조土方歲三 등이 홋카이도로 탈출해서 신정부군에 저항했지만 결국 항복했다.

《의용봉공록》에는 1895년 11월의 기사가 있는데, 편찬된 것은 하라 지사 시절이지만 내용은 구사카 지사 시절이 대부분을 차지하여 개전으로부터 제2사단의 개선과 전몰자를 위한 초혼제를 실시할 때까지 청일전쟁의 전 과정에서 후쿠시마 현이 어떤 시책을 행했는지를 정리해 놓은 것이다.

그 목차는 다음과 같다. '병원兵員 모집 / 마필 및 제철공蹄鐵工 징발 / 군부 모집 / 의용 종군 지원 / 군자금 헌납 및 휼병품 기증 / 군사 공채 모집 / 신사, 불사의 축도 / 어명을 받음 / 출정 군대 전별 / 종군자 가족 구호 / 출정 군대 및 상병자 위문 / 종군 사몰자 장례 및 유족 진휼 / 전첩 및 평화 극복의 축원 / 아리스가와노미야, 고마쓰노미야 두 전하의 사망 애도[45] / 개선 군대 환영 / 야전 사단 복원 / 종군자 창공 위로 및 진망자 제사 / 적십자 사업 / 전후 병역 지원자.'

이 중에서도 병사 사무로서 중요한 것은 병력 모집, 마필 징발, 군무 모집, 군사 공채 모집, 종군자 가족의 구호

---

45 여기에서 아리스가와노미야는 참모총장 아리스가와노미야 다루히토 친왕을 가리킨다. 그는 1895년 1월에 사망했다. 그리고 고마쓰노미야는 고마쓰노미야 아키히토 친왕의 형제로 1895년 10월 대만에서 병사한 기타시라카와노미야 요시히사 왕을 고마쓰노미야로 잘못 표기한 것으로 보인다. 고마쓰노미야는 1903년에 사망했다.

등이다. 그러나 이 업무들은 현청이 직접 실시한 것이 아니라 군장郡長들에게 각 정·촌을 독려하게 해서 실시한 사실을《의용봉공록》에 수록되어 있는 자료로 알 수 있다.

동원과 전시 사무 ─ 정·촌장들의 '근무 평정'

이에 대해서《공로자 조서류》는 전후 후쿠시마 현에서 전시 병사 사무가 얼마나 실행되었는지를 각 정·촌별로 조사한, 말하자면 각 정·촌의 통신부와 같은 서류였다. 이런 서류는 청일전쟁 이후 각 부와 현에서 작성된 듯하다.

구사카 지사의 후임인 하라 야스타로 지사는 1895년 12월 4일부의 훈령 제700호을 통해 각 군장에게 "메이지 27, 28년 전역 때에 병사 주임, 군 서기, 정·촌장으로서 출사出師 사무 및 군사 공채 모집에 노력하여 특별히 공로가 있다고 인정되는 자는 그 노력 사항 및 관직과 성명을 게재하여 갑을甲乙 양급으로 구분해서 이번 달 15일까지 보고할 것"이라고 통지했다.

공로자의 공적 내용과 관직 성명의 조사는 둘째 치고 '갑을 양급'의 채점을 하라고 명령하는 발상이 특이하다. '출사 사무'의 내용은 병력 소집, 마필 징발, 군부 모집이었으며 이것과 군사 공채 모집을 각 정·촌장의 전쟁 협력

공적을 계산하기 위한 가장 중요한 전시 사무로 현청이 인식한 사실을 알 수 있다. 각 군장은 갑작스러운 훈령에 당혹했거나 다양하게 문의를 했겠지만, 어쨌거나 기한 내에 조사해서 보고했다.

후쿠시마 현에 362개의 정·촌이 있어 군장들의 보고들을 합계하면 정·촌장의 경우 갑급 138명, 을급 224명이 되었다. 현청이 채점 기준을 제시하지 않았으므로 각 군마다 평가에 차이가 있어 현이 다시 조사했는데, 그 결과 갑급 100명(27.6퍼센트), 을급 262명(73.4퍼센트)이 되었다. 또 현청은 362명의 정·촌장 중 평균 이상의 공적이 있는 자는 149명(약 41퍼센트)이라고 조사했다. 정·촌장과 군 서기(병사 주임)의 구체적인 공적 내용은 읽을수록 정말로 재미가 있지만 지면 관계상 생략한다.

이렇듯 마쓰자와의 지적과 맞춰서 생각한다면 청일전쟁의 전시 사무를 수행하는 과정에서 정·촌과 군의 공무원이 훈련을 받아, 후쿠시마 현의 경우에는 현청이 기대할 정도의 사무를 약 40퍼센트의 정·촌이 실시할 수 있는 수준에 도달했던 것을 알 수 있다. 후쿠시마 현의 사무 수준이 전국적으로 봐서 어느 정도였는지 알 수 없는 것이 안타깝지만, 이러한 사무 수준이 있었기 때문에 육군의 동원 시스템이 가동된 것이다.

청일전쟁과 오키나와

그러나 정촌제와 징병령 실행 상황에 대해서는 예외가 있었다. 1889년 4월 1일부터 정촌제가 실시되었을 때 홋카이도, 오키나와, 도서島嶼는 대상에서 제외되었기 때문이다. 또한 징병령은 1873년에 실행되었지만 홋카이도에서는 1887년, 오키나와 본도와 오가사와라 제도小笠原諸島에서는 1898년, 사키시마 제도先島諸島(미야코宮古 · 야에야마八重山)에서는 1902년까지 징병령이 실행되지 않았다.

홋카이도의 경우는 청일전쟁 중에 둔전병屯田兵[46]을 재편성해서 임시로 제7사단이 편성되었지만, 오키나와 현은 징병령이 시행되지 않은 상태에서 청일전쟁을 체험했으므로 상황은 본토의 부, 현과 꽤 달랐다. 여기에서는 오키나와가 체험한 청일전쟁과 그 후에 대해서 간단하지만 구체적으로 살펴보도록 하자.

징병제 시행 이전의 오키나와 현에서는 1890년에 10명의 청년이 하사관을 양성하는 육군 교도단陸軍敎導團[47]에 지원하여 입단, 그 뒤에도 입단자가 이어져서 청일전쟁 즈

---

46 1875년에 홋카이도에 설치된 대러시아 국방과 개척을 목적으로 한 병농 토착병. 1896년에 제7사단으로 재편되었다.

47 교도단은 1871년에서 1898년까지 존재했던 일본 육군의 하사관 양성 기관이다. 이 교도단 출신 가운데 훗날 일본 육군의 거물로 성장한 사람들도 있었다.

음에는 50명에 가까운 하사관이 존재했다고 한다. 그들은 병역 의무를 다하여 제국 신민으로서 권리를 획득해야 한다고 생각한 사람들이었다.

그러나 한편으로는 류큐 처분에 저항해서 류큐의 사직社稷(중국의 조공국으로서 류큐 왕국의 전통)을 지키려고 하는 그룹인 '흑당黑黨'이 있었다. 여기에 속한 사람들은 청으로 건너가 예전에 유구관琉球館이 설치되어 있던 푸젠성 푸저우를 중심으로 류큐 번 부활 운동을 펼쳤다. 청일전쟁이 발발하자 흑당 혹은 완고당頑固黨이라 불렸던 이 사람들은 매달 1일과 15일에 슈리首里의 엔가쿠지円覺寺 등을 참배하여 도쿄에 있는 옛 임금 쇼타이尙泰[48]의 건강과 청의 전승을 축원했다.

또 반대로 일본 정부에 협력하는 움직임도 있었다. 이들은 청의 남양 함대가 습격한다는 소문이 많이 퍼지자 육군의 오키나와 분견대에 협력하고자 사범학교나 중학교에 의용단을 조직했다. 나하那覇의 관리나 상인들도 동맹의회同盟義會를 조직해서 적의 습격에 대비했다고 한다.

메이지 초기 이래 오키나와의 분열된 의식은 청일전쟁

---

48 1843~1901. 류큐 왕국의 마지막 왕으로 본인의 의지와는 상관없이 일본 본토 도쿄로 끌려가 그곳에서 사망했다.

에서 일본이 승리하고 강화조약으로 대만이 일본 영토가 되어 청과 일본 사이의 류큐 영유 분쟁이 최종적으로 마무리되자 안정되어갔다. 청일전쟁에서 승리(흑당과 완고당에 속하는 류큐인들에게는 청일전쟁의 패배가 되겠지만)한 결과 청에 의존한 류큐 번 부활 운동은 힘을 잃었다. 그럼에도 일부 '흑완파黑頑派'로 불리는 사람들은 자제의 한학漢學 교육이나 전통적인 제사를 통해서 결속을 시도했고, 때로는 청나라로 건너가 푸저우에 머무는 흑당을 지지했다.

이상과 같이 청일전쟁 단계에서는 옛 관습을 온존하는 정책이 이어지던 점과 류큐 번 부활을 지향하는 정치적·문화적 세력이 뿌리 깊게 존재한 점에서 오키나와를 일본으로 통합하는 움직임은 충분히 진행되지 않았다. 그러나 청일전쟁에서 청이 패배하자 청일전쟁 이후에는 오키나와의 일본화가 진행되었다.

또한 일본군이 뤼순을 점령해서 전쟁의 대세가 결정된 1894년 12월 노무라 야스시 내무대신은 센가쿠 제도의 우오쓰리시마魚釣島에 표식을 건설하자는 안건을 각의에 제출했고, 이를 받아들여 이듬해인 1895년 1월에 열린 각의에서 이 섬을 오키나와에 소속시키고 표식을 건설하기로 결정했다.

그 후의 오키나와

1898년 오키나와 본도에 징병령이 시행되자 징병 기피자가 속출했다. 일본 본토와 똑같이 징병 검사를 받기 전에 도망치거나 고의로 육체적 결함을 만들고, 청각 장애인이나 시각 장애인을 가장하는 식의 방법을 쓰는 사람도 있었다. 하지만 이민자로서 해외로 도항해서 합법적으로 징병을 피하거나 청으로 건너가는 사람이 많은 점이 오키나와만의 특색이었다.

이러한 상황이 크게 변화하는 계기가 된 것은 러일전쟁 때였다. 2,000명 이상의 오키나와 출신자가 러일전쟁에 출정해 약 1할에 달하는 205명이 전사해 "충량한 제국 신민"임을 증명했던 것이다.

그러나 메이지 말기 단계에 오키나와 현에서 나타난 징병 기피 움직임은 본토와는 질적으로 다른 수준이었다. 러일전쟁 후인 1909년에 쓰인 〈오키나와 경비대구 징병 검사 개황沖繩警備隊徵兵檢查概況〉(《弐大日記》 1910년 11월 수록)을 보면, 다양한 징병 기피 수단과 실제 사례가 언급되어 있다. 본토에서도 이루어지던 자해 행위, 다양한 꾀병 등의 사례도 있지만, 징병 검사관에 대한 저주나 구경꾼의 방해, 나아가 "야마토의 관리는 매해 류큐의 장정을 병사로 삼아서 야마토로 데리고 가 전쟁에서 모두 죽이고 말았기 때문에 매우 괴롭다"고 호소하며 사령관에게 면회를 요구하는 '미친 여자'의 예 등 본토에서는 보기 드문 사례가 가득 담겨 있다.

1909년의 오키나와 현의 징병 검사 대상 장정 수는 4,778명으로 이 중에서 갑종 합격자는 1,411명(29.5퍼센트)이었다. 보고서는 갑종 합격률이 낮은 사실에 탄식하며 그 원인을 낮은 위생 관념, 만연한 풍토병과 검사 대상 장정의 6분의 1에 달하는 756명의 해외 노동자가 존재하는 사실에서 찾았다. 그리고 해외 도항자의 "대다수는 징병 기피적인 의미에서 도항"했음을 보고서 스스로 인정하고 있었다.

제6장
시모노세키 강화조약과 대만 침공

1. 강화조약 조인과 삼국 간섭

직례 결전 준비

이야기를 전쟁의 경과로 되돌려보자.

뤼순에 이어서 1895년 2월 초 일본군이 웨이하이위를 점령하자 대본영은 직례 결전을 지향하는 작전 계획 준비에 착수했다. 직례 결전이란 개전 시점에 결정된 '작전 대방침'에서 수도인 베이징 부근에서 결전을 벌여 청군 주력을 격파하고 성하의 맹약城下之盟[1]을 요구하려던 계획이다. 그러나 제3장에서도 다루었듯이 선전 포고 후의 전황 속에서 1894년 내에는 작전 실시가 불가능하다고 판단되어,

---

1 《춘추좌씨전春秋左氏傳》환공 12년 항목에 나오는 말. 수도의 성 밑까지 공격을 받아 어쩔 수 없이 강화를 맹세한다는 뜻으로, 적국과 굴욕적인 맹약을 맺는 것을 말한다.

8월 말에 결정된 '동계 작전 방침'에서 작전이 이듬해 봄으로 연기되었다.

제4장에서 설명했듯이 산둥 작전이 시작되고 2월 초 웨이하이위를 점령해 류궁다오와 북양함대를 포위 공격해 작전이 성공할 듯하자, 대본영은 직례 결전 준비에 착수했다. 그리고 데라우치 마사타케 육군 운수 통신 장관에게 명해 직례 결전을 위한 수송 계획을 작성하게 했다.

3월 상순, 대본영은 직례 결전('제2기 작전 계획'으로 부름)의 대략적인 내용을 결정했다. 이 단계에서 일본 육군의 전투 부대는 상비군 7개 사단, 후비 부대(보병 39개 대대, 기병 6개 소대, 공병 6개 중대), 임시 사단 1개 사단(주둔병을 주력으로 함) 등이었다.

직례 결전 계획에서는 7개 사단(상비군 6개 사단과 임시 사단 1개)과 후비 부대의 약 3분의 1을 직례 평야로 수송해 약 20만 명의 청군과 대치하며 자웅을 겨룰 예정이었다. 나머지 1개 사단은 펑톈성 점령지를 경비하고, 약간의 후비 부대는 진저우반도(진저우, 다롄만, 뤼순)와 한반도에 수비 병력으로 배치할 필요가 있었으므로, 일본 국내에 남은 육군 전력은 전무에 가까운 상황이 될 터였다.

정청 대총독부의 이동

직례 결전에 참가할 대부대를 지휘하기 위해 당초 대본영은 히로시마에서 전선으로 이동하고, 천황 또한 대본영과 함께 청으로 건너간다는 구상이었다. 그러나 천황이 직접 청으로 건너가는 친정론은 비현실적이라는 판단을 내렸다. 따라서 3월 중순 대본영의 작전 담당 부문을 '정청 대총독부征清大總督府'로 이름 지어 전선에 파견하는 것으로 작전을 변경했고, 참모총장 고마쓰노미야 아키히토 친왕이 정청 대총독으로 임명되었다.

고마쓰노미야 대총독 이하 정청 대총독부의 주요 요원은 다음과 같았다. 막료는 참모차장 가와카미 소로쿠 중장, 군령부장 가바야마 스케노리 중장, 부관 오미 사다타카大生定孝 대좌, 병참총감부는 가와카미 병참총감 이하 운수 통신 장관 데라우치 마사타케 소장, 야전 감독 장관 노다 히로미치野田豁通, 야전 위생 장관 이시구로 다다노리石黑忠惠, 관리부는 관리부장 사무 취급 무라타 아쓰시村田惇 중좌였다.

3월 15일 근위사단과 제4사단의 전투 부대에 히로시마로 이동하라는 명령이 내려졌다. 두 사단은 3월 하순부터 4월 1일에 걸쳐 히로시마에 도착했으며, 근위사단은 4월 11일까지 우지나를 출항했고 제4사단도 13일까지 출항하여 새로 전장에 투입될 약 3만 5,000명의 병력과 말 5,000마리가 4월 18일까지 다롄만에 도착했다. 둔전병으로 편성된 임시 제7사단도 철도 수송으로 도쿄에 4월 중순까지 도착하여 도청 명령을 기다렸다.

직례 결전에서 그 선두가 되어 산하이관 부근에 상륙할 예정이었던 근위사단과 제4사단의 마지막 부대가 4월 13일 우지나를 떠난 것을 확인한 뒤, 정청 대총독부는 같은 날 이카이에이마루威海衛丸를 타고 우지나를 출발해 18일 아침 뤼순에 도착했다.

이 시점에 진저우반도와 다롄만 내에 있는 수송선에 제2군 소속의 근위·제2·제4·제6사단과 제1군 소속의 제1·제3사단의 6개 사단이 집결했다. 다만 제5사단은 조선 국경의 압록강에서 랴오허 강변의 뉴장과 잉커우까지 이르는 광대한 펑톈 점령지의 경비를 맡았다.

제2군의 오야마 이와오 사령관은 산하이관 부근에 상륙해 직례 결전의 근거지를 만드는 것을 담당하고 있었다. 오야마는 4월 17일 오전, 소속된 각 부대에 직례에 대한 군사 행동을 4월 21일에 있을 출항에 맞춰 개시해 5월 3일 양륙을 완료하라는 훈령을 내렸다. 직례 결전이 정말로 발동되기 직전이었다. 그런데 그날 오후 오야마는 이토 수상에게서 전보를 받았다. 시모노세키 강화조약이 조인되었고, 정전 기간이 비준서가 교환되는 5월 8일까지 자동적으로 연기되었다는 것을 알게 되었다. 오야마는 대본영에서 올 전보를 기다리지 않고 곧바로 그날 오전 중에 자신의 훈령을 정지하는 명령을 각 사단장에게 내렸다. 다음 날 뤼순에 도착한 정청 대총독부는 오야마로부터 이토 수상의 전보를 받고 강화조약이 조인되었음을 알게 되었고, 이것으로 사실상 직례 결전은 정지되었다.

직례 결전은 제1장에서도 썼듯이 1880년대 이래 일본 육군의 전통적인 대청 작전의 골격이었다. 전황의 영향으로 몇 번이나 연기되긴 했지만, 대청 개전 이래 직례 결전은 대본영이 일관되게 추구해온 주요 작전이었다. 이홍장의 강화 사절단이 서둘러 일본에 오지 않았거나 혹은 시모노세키 강화조약이 결렬되었다면 직례 결전은 실행되었을 가능성이 높았다.

만약 직례 결전이 실행되었다면 어떻게 되었을까? 이미 1894년 10월 영국에서 중재를 제기한 이래 열강이 간섭할 가능성이 더 높아졌을 것이다. 나아가 시모노세키 강화 회의 개시와, 후술하겠지만 이홍장이 조난을 당한 사건 때문에 열국의 간섭을 초래하지 않고 직례 결전을 실시하는 것은 사실상 불가능했을 것이다.

청일 개전과 그 뒤의 강화 문제가 논의되는 가운데, 열강은 동아시아 지역으로 함대를 증강하여 간섭을 하기 위한 군사 능력을 키우고 있었다. 특히 영국은 에드먼드 로버트 프리맨틀Edmund Robert Fremantle 중장이 지휘하는 중국 전대China Station에 1만 톤급의 전함과 7,500톤급의 대형 순양함을 중심으로 하는 함선을 증파했다. 이것은 열강 각국의 동아시아 함대에 대항함과 동시에 일본이 영국 권익을 침범했을 경우에는 일본을 공격하는 것도 상정하고 있던 계획이었다. 당시 영국 해군의 중국 전대는 일본 해군보다 훨씬 강력했다.

아이야마 유키오가 지적했듯이 이러한 간섭이 예상되는 복잡한 국제 정세 속에서 극단적으로 공세에 편중된 작전 계획, 즉 일본 본국의 방위는 고려조차 하지 않는 직례 작전 계획은 매우 위험한 것이었다(檜山,《日淸戰爭》).

강화 전권 사절에 취임한 이홍장

뤼순이 함락된 후 청과 일본은 강화를 모색하기 시작했다. 중국 해관海關(세관)의 2인자였던 톈진 세무사天津稅務司 구스타프 데트링Gustav Detring이 청 정부와 이홍장의 명령을 받아 1894년 11월 26일 고베에 도착했다. 그는 스후 고헤이周布公平 효고 현 지사에게 이토 수상을 만나 이홍장의 편지를 직접 건네고 싶다고 말했다. 이때 일본 정부는 데

트링을 정식 강화 사절로 인정하기 어렵다고 판단해 대응하지 않았다. 그러자 데트링은 이홍장의 편지를 이토에게 우편으로 부친 후 귀국했다.

이후 일본과 청에 주재하는 미국 공사가 중개하여 청일 간 강화 교섭이 시작되었다. 1895년 1월 31일, 강화 사절로서 장음환張蔭桓과 소우렴邵友濂이 히로시마에 왔다. 이때에도 전권 위임장의 효력 문제가 발생해 교섭에 들어갈수 없었다. 이토와 무쓰 외무대신은 두 사절보다 유력하고 권한이 있다고 믿은 이홍장을 전권 사절로 하는 강화교섭을 희망했다.

일본 정부가 강화조약을 검토한 것은 1894년 10월 8일 파워 헨리 르 포어 트렌치Power Henry Le Poer Trench 주일 영국공사가 중재를 했을 때부터였다. 이때 무쓰는 조선의 독립, 영토 할양, 배상금 획득, 통상조약 개정을 골자로 하는 두 가지 안건을 작성해 이토의 승낙을 받았다. 영토 할양에 대해서는 다롄만, 뤼순과 대만을 언급했는데 모두아직 점령도 하지 않은 땅이었으며, 재외 공관을 통해 얻은 정보로는 영토 할양 요구에 대한 구미 열국의 대응은냉담했다.

그 후 미국의 중재로 히로시마 강화 담판을 앞두고 무쓰는 1895년 1월 상순, 각의에 강화조약을 제시했다. 각의의 동의를 얻은 무쓰는 이토와 함께 히로시마로 향했고, 1월 27일 대본영 어전 회의에서 강화조약안을 결정했다. 조약안을 통해 육군은 점령을 진행하고 있던 랴오둥반도의 광범위한 할양을 요구했고, 해군은 아직 점령하지 않은 대만 할양을 주장했으며, 국내 여론에서도 대륙이나 대만에 대한 과대한 토지 할양 요구가 쏟아졌다. 열강의 간섭을 경계하던 이토와 무쓰는 육군과 해군의 요구를 받아들인 조약안을 작성해서 조기 강화를 노렸다.

뤼순 함락 이래 이홍장은 이미 군대 지휘권 및 북양대신과 직례 총독의 권한을 박탈당했다. 하지만 뤼순에 이어 웨이하이위가 함락되어 북양함대가 궤멸하고 또 히로시마에서 강화 담판이 실패로 끝나자, 황제와 주전파는 어찌할 도리가 없어 이홍장을 톈진에서 불러들였다. 그들은 2월 22일 어전 회의를 열고 강화 문제를 논의했다.

영토 할양에 응해서 강화를 실현하느냐, 영토 할양을 거부하고 환도를 해서라도 대일 전쟁을 계속하느냐를 두고 논의는 길어졌다. 이홍장은 3월 2일 일본과의 교섭 방책을 황제에게 아뢰고, 이 상황에 이르러서는 영토 할양이 부득이하다고 말했다. 이 상주上奏가 받아들여져 이홍장은 영토 할양, 배상금 지불, 조선 독립 승인의 세 가지 조건으로 강화조약에 임하게 되었다.

교섭 개시와 이홍장에 대한 테러

이홍장은 이경방李經芳(이홍장의 양자), 오정방伍廷芳(이홍장의 막료), 존 왓슨 포스터John Watson Foster(전 미국 국무 장관으로 이홍장의 고문) 등의 수행원들과 종자從者 등 합계 100명 이상을 거느리고 3월 14일 톈진을 떠나 19일 시모노세키에 입항했다. 21일에는 일본 측이 일행의 숙사로 준비한 인죠지引接寺에 들어갔다. 이토 수상과 무쓰 외상 등 일본 측 전권과 청 측 전권인 이홍장 및 이홍장의 부상 후 전권을 맡은 이경방 사이에 3월 20일부터 4월 17일 동안 일곱 차례의 회담이 있었다.

3월 20일 제1차 회담에서 이홍장은 강화 회담에 들어갈 전제로 휴전조약을 맺을 것을 제기했다. 이에 대해 일본 측은 휴전조약을 맺는 것은 교섭을 장기화하고 조기 강화를 방해한다고 생각했다. 그래서 21일 제2차 회담에서 휴전의 담보로 톈진·다구大沽·산하이관 점령 등의 가혹한 조건을 요구하며 사실상 휴전을 거부했다. 가혹한 휴전 조건을 보고 이홍장은 24일 제3차 회담에서 휴전 문제를 철회하고 강화 교섭에 들어갈 것을 선언했고, 일본 측도 이에 동의했다.

3월 24일 제3차 회담이 끝나고 교轎(앞뒤에 있는 사람들이 어깨로 받쳐 드는 가마)를 타고 숙사로 돌아가던 도중 이홍장은 고야마 도요타로小山豊太郎의 권총에 저격당했다. 아주 가까운 거리에서 이홍장의 가슴을 노린 탄환은 이홍장의 왼쪽 눈 아래 뺨에 명중했다. 고야마는 당시 26세, 군마 현群馬県 출신으로 게이오기주쿠慶應義塾[2]를 중퇴한 뒤 자유당 계열의 장사로 활동한 경험이 있는 젊은이였다. 재판에서 변호인은 피고인 고야마가 청일전쟁의 원인은 이홍장에게 있으며 일본의 전과는 아직 불충분하니 강화는 시기상조이고, 강화 회의를 방해해서 전쟁을 계속할 목적으로 이홍장 암살을 기도했다고 말했다.

이홍장 암살 미수는 러시아 황태자의 부상을 불러온 오쓰 사건(1891년)을 연상시켰다. 각국의 대일 비판을 우려한 천황은 야전 위생 장관 이시구로 다다노리와 외과 전문가 사토 스스무佐藤進 육군 군의총감을 파견해 이홍장의 치료를 맡겼다. 이홍장은 4월 10일 교섭에 복귀했다. 민간에서도 이홍장을 위문하는 전보와 물품들이 전국에서 전달되었다.

부상을 이유로 이홍장이 귀국해서 교섭이 중단되는 것을 두려워한 정부는 이홍장이 주장한 휴전조약을 인정할 수밖에 없게 되어 3월 30일 휴전조약이 조인되었다. 이

2 　후쿠자와 유키치가 설립한 사립 교육 기관으로 게이오기주쿠대학의 전신이다.

것으로 대만과 평후제도를 제외한 모든 지역에서 전투가 3주일 기한부로 정지되어 사실상 청일 사이의 교전은 종료되었다.

청의 고뇌와 조약 조인

상처 입은 이홍장을 대신해 양자 이경방이 흠차전권대신으로 임명되었고, 4월 1일 나카타 다카노리中田敬義 외무대신 비서관이 이경방을 방문해서 일본 측의 강화조약안을 제시했다.

일본 측의 강화조약안은 이홍장이 예상한 것보다 훨씬 가혹한 내용이었다. 그렇기 때문에 이경방은 포스터 전 미국 국무 장관을 불러 대응을 협의하고, 총리아문으로 하여금 베이징에 주재하는 영국, 러시아, 프랑스 3개국 공사에게 강화조약안의 요지를 제시하게 했다. 각국에 조정을 요구하게 해서 시간을 벌어 교섭을 연장하려고 했던 것이다. 이 행동에 대해서 일본 측은 강화조약안을 제시한 1주일 후인 8일에 즉시 회답해야 한다고 압박했다. 이때 이토 수상은 이경방에게 강화 담판이 결렬될 경우 당장 정청 대총독부의 병력을 실은 수송선을 청에 보낼 것이라고 위협했다.

이홍장은 청 정부와 전신으로 연락하면서, 일본 측이

강화조약이 조인되었던 4월 17일 모습을 묘사한 작품이다. 나가치 슈타永地秀太, 〈시모노세키 강화 담판〉(1895년, 메이지 신궁 성덕 기념관 회화관에 소장).

제시한 강화 조건에 대해서 토지 할양의 축소와 배상금 삭감을 축으로 삼아 일본 측의 양보를 요구했다. 4월 10일 제5차 회담에서 청 측이 제기한 수정안에 대해서 상의가 있었으나, 이토는 군사 배상금을 3억 냥에서 2억 냥으로 삭감하고 토지 할양을 축소하는 등의 수정에는 응했지만 기본적인 조항 수정에는 전혀 응하지 않았다.

4월 중순에는 직례 결전을 위해서 근위사단과 제4사단을 싣고 다롄으로 향하는 수송선이 차례차례 시모노세키 해협을 통과했다. 이를 목격한 이홍장 일행은 베이징에 일본의 위협을 알렸다. 청 정부도 다롄만에 일본군 수송 선단이 도착한다는 사실을 알고 일본군이 진심으로 베이징 공격을 계획하고 있음을 이해했다. 이 상황에 이르자 청 정부는 일본 측 강화조약안을 기본적으로 받아들여 전쟁을 종결시키기로 결정했다. 4월 14일 강화조약 조인을 지시하는 전보를 일본으로 보냈다.

4월 15일에 열린 제6차 회담으로 사실상 강화 회담은 종료되었다. 16일에 실무자 수준에서 조약문의 초안을 작성하고 일본어·중국어·영어로 작성된 공문을 발송했다. 17일 제7차 회담에서 이토와 무쓰 외상 등 일본 측 전권과 이홍장과 이경방 등 청 측 전권 사이에 시모노세키 강화조약이 조인되었다.

조인된 것은 전 11조로 구성된 강화조약서, 강화조약의 의의에 대해 정한 의정서, 강화조약의 실시를 보장하기 위해 산둥성의 웨이하이웨이를 보장 점령하는 것에 대해 정한 별약別約, 휴전 기간을 비준서 교환인 5월 8일까지 연장하기로 한 휴전조약 추가 정약定約이었다.

강화조약의 요점은 다음과 같다.

① 청은 조선이 독립 자주국임을 승인한다.

② 일본에 랴오둥반도, 대만, 펑후제도를 할양한다.

③ 군비 배상금으로 고평은庫平銀[3] 2억 냥(당시 일본에서는 약 3억 1,100만 엔)을 일본에 지불한다.

④ 청과 유럽 각 국가 사이의 조약을 기초로 삼아 청일통상항해조약 등을 체결하고 일본에 대해서 구미 열강과 같이 통상 특권을 부여하고 새로이 사스沙市, 충칭重慶, 쑤저우蘇州, 항저우杭州를 개시·개항하며 더 나아가 개시·개항장에서 일본인의 제조업 종사를 인정한다.

⑤ 비준 후 3개월 이내에 일본군은 점령지로부터 철수하고, 청이 성실히 조약을 이행한다는 담보로 일본군이 웨이하이웨이를 보장 점령한다.

이외에 별약에서는 웨이하이웨이 보장 점령에 대해서 구체적으로 조건들을 정했고, 휴전조약 추가 정약에서는 비준서 교환이 있는 5월 8일까지 휴전을 연장할 것을 정했다.

4월 20일 천황은 강화조약 등을 비준하고 다음 날 21

---

3 중국 청대에 유통된 은화로 표준 화폐 단위였다.

일 내각 서기관장 이토 미요지를 전권변리대신全權弁理大臣으로 임명하여 비준서 교환을 위임했다.

삼국 간섭 — 러시아, 독일, 프랑스의 랴오둥반도 환부 요구

청과 일본 사이에 시모노세키 강화조약이 체결된 지 6일 뒤인 4월 23일 저녁, 러시아·독일·프랑스 3개국의 주일 공사가 외무성의 하야시 다다스林董 외무차관을 방문했다. 그들은 랴오둥반도를 일본이 영유하는 것은 베이징에 대한 위협이 될 뿐 아니라 조선의 독립을 유명무실하게 만들고 극동의 평화에 장애를 준다고 말하며, 랴오둥반도의 포기를 촉구했다. 이것이 이른바 삼국 간섭이다. 그렇다면 삼국 간섭은 어떻게 계획된 것이었으며, 간섭에 직면한 일본 정부는 어떻게 대응했을까?

극동 지역에 이권을 가진 영국과 러시아 양국은 청일 간의 전쟁에 중대한 관심을 가지고 개전을 회피하기 위해 조정을 시도했다. 개전 후에도 영국과 러시아는 협력해서 조기 강화를 지향했다. 러시아는 일본의 승리가 확실해진 1895년 2월 단계에도 극동의 태평양 소함대를 증강함과 동시에 강화 교섭에서 일본이 과도한 요구를 했을 경우에 대비해 영국, 프랑스와 협조를 하기로 결정했다.

시모노세키 강화 회의가 시작되고 청을 통해서 일본

의 강화조약안을 알게 되자, 러시아는 4월 8일 랴오둥반도 포기를 일본에 권고할 것을 열강에 제안했다. 독일과 프랑스는 이에 동의했지만, 영국은 일본과의 대립을 선호하지 않았고 또한 강화조약안에서 통상 관계 특권의 확대를 알게 되어 간섭에 참가하는 것을 거부했다.

지금까지 행동을 같이해온 영국이 간섭에서 이탈한 사실은 러시아에 충격을 주었다. 러시아 정부는 4월 11일 특별 회의를 열고, 영국이 참가하지 않은 상태에서 대일 간섭을 하느냐에 대해 논의했다. 이때 해군 대장 알렉세이 대공Grand Duke Alexei Alexandrovich(니콜라이 2세Nicholas II의 삼촌)은 일본에 대한 적대 행동이 일본이라는 강력한 적을 만들어 일본을 영국 측에 몰아줄 것이라는 의견을 말하며 간섭에 반대했다. 그러나 재무대신 세르게이 율리예비치 비테Sergei Yulyevich Witte[4]가 주장하는 '무력행사도 가정하고 간섭하여 일본의 남만주 진출을 저지해야 한다'는 의견이 다수의 지지를 얻어, 간섭을 하기로 결단했다. 간섭을 실행한 후 그때까지 영국의 개입을 경계하던 일본이 입장을 바꾸어 러시아에 대한 불신감이 강해지면서 알렉세이 대

---

4 1849~1915. 제정 러시아의 정치가로 재무대신으로서 철도, 경제 분야에서 활약했고 러시아의 극동 진출의 주역 중 하나였다. 러일전쟁 때, 포츠머스조약의 러시아 쪽 수석전권으로 참가했으며 전후에는 초대 수상을 맡았다.

공의 우려는 현실이 되었다.

랴오둥반도 반환과 '와신상담'

일본 정부는 삼국 간섭 있은 다음 날, 즉 4월 24일 히로시마에서 이토 수상, 야마가타 육상, 사이고 해상이 출석하는 어전 회의를 열었다. 그다음 날 이토는 고베로 이동해서 마이코^{舞子}에서 요양 중인 무쓰 외상을 방문, 헨리 월러드 데니슨^{Henry Willard Denison} 외무성 고문 및 마쓰가타 장상과 노무라 야스시 내상을 참가하게 하여 대응을 협의했다. 그 결과 무쓰의 의견에 따라 청에 대해서는 한 걸음도 양보하지 않기로 했고, 삼국에 대해서는 간섭 철회 내지는 완화를 요구하며 교섭할 것을 결정했다.

일본 정부는 영국, 미국, 이탈리아에 원조를 요청하고, 독일을 간섭국에서 떨어뜨리고, 진저우청^{金州廳}(뤼순, 다롄만을 포함) 이외의 랴오둥반도 반환 제안 등을 시도하기로 했다. 그러나 효과가 없었고 또한 청이 강화조약 비준 연기를 제안했으므로, 5월 4일 삼국의 권고를 전면적으로 수락하기로 결의했다. 그리고 8일 청과 비준서를 교환했다. 일본과 청국이 재교섭한 결과 11월 8일 랴오둥반도 반환 조약과 부속 의정서가 조인되었다. 이어서 랴오둥반도 반환 보장금 3,000만 냥을 받았으며, 1895년 말까지 랴오둥반도에서 철병하기로 했다.

정부가 삼국 간섭에 관해서 정보 통제를 했으므로 국민이 이 사실을 알게 된 것은 5월 10일부로 나온 천황의 랴오둥반도 환부 조서遼東半島還付詔書를 통해서였다.

그러나 각 신문에는 이전부터 열강의 간섭에 관한 기사가 게재되었다. 예를 들면 이토 내각에 비판적이었던 대외경파의 대표적 신문《니혼》은 파리에 체재 중인 이케베 산잔池邊三山[5]이 필명 '철곤륜鐵崑崙'으로 보낸 〈파리통신巴里通信〉을 연재하고 있었는데, 이미 2월의 통신(《英露仏の親密問題—気を付けざるべからず》, 2월 6일 파리에서 보냈고 3월 23일 게재)에 일본의 랴오둥반도 영유를 영국과 러시아가 인정하지 않을 것이라는 관측이 명기되어 있었다.

이러한 기사를 전제로 이 신문은 미야케 세쓰레이三宅雪嶺[6]의 〈상담와신嘗膽臥薪〉(5월 15·27일)과 구가 가쓰난의 〈랴오둥을 돌려주는 사태에 대한 개인적 견해遼東還地の事局に対する私議〉(5월 27일)를 게재하여, 국제 정세를 잘못 읽어 랴오둥반도 할양을 받아들인 이토 내각의 외교 정책의 잘못과 책

---

[5] 1864~1912. 일본의 언론인으로 일본 저널리즘의 선구자로 불리며, 소설가 나쓰메 소세키를《아사히신문》에 채용했다.

[6] 1860~1945. 일본의 국수주의적 철학자이자 평론가. 대표적 저서로《진선미 일본인眞善美日本人》등이 있다.

임 문제를 엄히 추궁했다. 이토 내각의 외교 정책, 무쓰 외상의 외교에 대한 비판은 《니혼》 이외의 신문에서도 나타났다.

미야케는 원래 '상담와신'이라는 말을 단순히 러시아에 대한 적개심을 부채질할 의도로 쓴 것은 아니었다. 하지만 '상담와신'은 의미가 똑같은 '와신상담臥薪嘗膽'이 돼서 유포되었다. 그 뒤 이 말은 미야케가 당초에 의도한 의미를 떠나 대러 적개심과 군비 확대를 선동하는 유행어로 바뀌게 되었다.

2. 대만의 항일 투쟁, 조선의 의병 투쟁

대만총독부와 '대만민주국'

삼국 간섭의 결과 랴오둥반도를 청에 돌려주었으므로 시모노세키 강화조약에서 획득한 영토는 대만과 평후제도만 남게 되었다.

일본 정부는 군령부장 가바야마 스케노리 대장을 대만총독으로 임명하고 근위사단(사단장 육군 중장 기타시라카와노미야 요시히사北白川宮能久 친왕)과 함께 대만으로 가서 새 영토를 접수하기로 했다. 가바야마는 사쓰마 출신으로 1874년에 있었던 대만 출병 전에 현지를 조사한 경력이 있어 대만과 관계가 깊었다. 또한 근위사단장 요시히사 친왕은 막부 말기에는 공현법 친왕公現法親王으로 불리며 닛코 도쇼궁日光東照宮[7]을 관리하는 린노지노미야輪王寺宮[8]로서 간토

關東로 내려간 바 있었다. 막부가 붕괴했을 때에는 에도를 탈출해서 지금의 미야기 현 시라이시에서 오우에쓰 열번 동맹의 정신적 맹주가 되어 천황으로 즉위했다는 말도 들리는 인물이다. 센다이 번이 항복한 뒤에는 근신 처분을 받았으나 환속해서 독일로 유학, 기타시라카와 궁가北白川宮家를 계승해서 육군 군인이 되었으며 청일전쟁 때에는 근위사단장으로 취임했다.

대만에서는 일본의 영토가 되는 것을 거부하는 구봉갑邱逢甲 등의 지방 유력자가 대만성 순무(성의 장관) 당경송唐景松에게 독립을 요구했고, 당경송도 이를 받아들여 5월 25일 대만민주국臺灣民主國 총통에 취임했다. 이리하여 '호기虎旗'를 국기로 삼은 아시아 최초의 공화국이 탄생하여 프랑스를 비롯한 외국들에 원조와 승인을 요구함과 동시에 일본에 대해 무력 저항을 시도했다.

가바야마는 대만 독립의 소식을 접했으나 근위사단만으로 대만을 접수한다는 계획은 바꾸지 않았다. 이 단계에서 근위사단은 보병 연대와 포병 연대가 각 2개 대대로

7　에도 막부의 1대 쇼군인 도쿠가와 이에야스德川家康를 모시는 신궁.

8　린노지는 일본 닛코 시에 있는 15개 건물로 이루어진 천태종 사원이다. 1655년부터 메이지 유신 때까지, 주지를 황족이 맡았으므로 황족 주지를 린노지노미야라고 불렀다.

편성되었으므로 3개 대대로 연대가 편성되는 통상 사단보다 병력이 부족하고 전투 능력이 낮았다. 그런데도 사태를 낙관적으로 바라보고 있었다.

청 측 인도위원장 이경방과 가바야마는 6월 2일 지룽基隆 앞바다에 정박한 요코하마마루橫浜丸 선상에서 대만 접수에 대한 수속을 밟았다. 근위사단은 5월 29일 지룽 동쪽에 상륙을 개시하여 지룽과 타이베이臺北를 비교적 간단히 점령했으며, 타이베이성 점령 전에 당경송은 대륙으로 도망쳤다. 그리고 6월 17일 타이베이에서 대만총독부 시정식始政式이 거행되었다.

그러나 6월 19일 시작된 신주新竹에 대한 침공 작전에서는, 22일 근위 보병 제2연대가 신주성을 점령했지만 점령한 직후부터 항일 의용군의 역습을 받아 타이베이에 있는 사령부와 연락이 두절되어 혼란에 빠졌다. 그렇기 때문에 작전이 변경되어, 대만 남부에 상륙해 타이난臺南을 점령할 예정이었던 근위 제2여단을 타이베이로 불러 근위사단의 전력을 집중해서 타이베이 주변의 치안을 확립한 뒤 남진을 시도하게 되었다.

황자오탕黃昭堂이 쓴 《대만민주국 연구臺灣民主國の硏究》(1970년)는 대만 공방전을 3기로 구분하여 각 단계의 저항 주체와 저항 운동의 원인에 대해서 다음과 같이 설명한다.

대만 침공도(1895년 5월~10월)

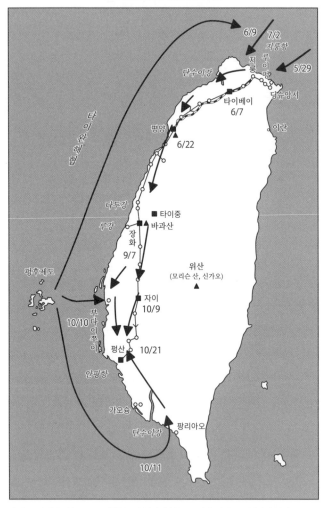

6/9
7/2
지룽항
지룽
루이팡
5/29
단수이강
타이베이
6/7
당슈앙시
이란
타이완해협
평양
6/22
다두강
루강
타이중
바과산
장화
9/7
위산
(모리슨 산, 신가오)
펑후제도
부다이쭈이
10/10
자이
10/9
평산
10/21
안핑항
가오슝
팡리아오
단수이강
10/11

출전: 오타베 유지小田部雄次, 《황족皇族》(中公新書, 2009)을 기반으로 저자가 작성.

제1기는 일본군 상륙에서 타이베이 점령까지, 제2기는 남진을 개시한 6월 19일부터 9월 7일의 대만 중부 장화彰化 점령까지, 제3기는 10월 초부터 21일의 타이난 점령까지이다.

일본군에 대한 저항 주체를 살펴보면, 제1기는 대만민주국의 통제 아래 있던 군대인데 많은 수가 대륙에서 소집된 병사로 전의가 낮았으며 일본군이 공격하자 대륙으로 도망쳤다. 제2기와 제3기의 항일 세력은 촌락과 가진家鎮의 신사紳士(유력자)를 지도자로 삼은 지역민이 중심이었고, 제3기에는 타이난을 수비하던 유영복劉永福이 가담했다. 유영복은 원래 청조에 무력으로 저항하던 흑기군黑旗軍의 지도자였는데, 청에 귀순한 후에는 청불전쟁 때에 베트남에서 프랑스군을 무찌른 빛나는 경력을 가진 군인이었다. 실제 교전 의욕은 둘째 치고 항일 의용군을 조직한 대만 주민의 정신적 지주가 되었다.

대만 주민이 강렬한 무력 저항을 한 이유는 개척지인 대만 특유의 사정이 있었다. 대만 주민은 대안對岸인 푸젠에서 온 이주자가 가장 많았으며 하카客家[9]가 뒤를 이었다.

---

9 중국 한족의 한 부류로, 원래는 화북 지역에 거주했을 것으로 추정되나, 계속되는 전란으로 남하해서 중국 남부에서 거주하는 사람들이다. 하카 출신 중에서 태평천국의 지도자 홍수전과 훗날 혁명을 주도해서 대총통이 되는 쑨원孫文

그들은 대만 원주민이나 인접하는 이주자 집단과 대립, 항쟁(분류계투分類械鬪라고 불렸다)을 벌이며 개척을 진행해왔다. 그렇기 때문에 강한 향토애를 가졌고 전투에 익숙했다. 벽돌담, 총안, 망루를 갖춘 민가나 빽빽이 자란 대나무 울타리로 둘러싸인 마을은 요새와 같은 방어 기능을 보유하고 있었다. 일본군이 대만에 상륙하자 대만민주국을 지지하는 사람들의 저항뿐만 아니라, 다양한 유언비어나 오해에 기초한 주민들의 저항이 발생했다. 근위사단은 예상하지 못했던 게릴라 투쟁에 직면하여 저항하는 자와 그렇지 않은 자를 구별할 수가 없어 예방적인 살육을 벌이고 촌락을 불태우기도 했다. 그 행위는 주민들에게 공포감을 조성했고 곧 보복을 위한 저항을 불러일으켜 대만 점령은 악순환에 빠졌다.

증파되는 일본군

타이베이와 신주 사이에서 주민의 저항이 증대했기 때문에 가바야마 총독은 대본영에 병력 증파를 요청했다. 대본영은 제2사단에서 혼성 제4여단을 편성해서 파견할 준비를 진행했다. 제4여단장 후시미노미야 사다나루伏見宮貞

등이 유명하다.

※ 친왕은 근위사단장 기타시라카와노미야 요시히사 친왕의 친동생이었다.

혼성 제4여단의 선견대인 보병 제17연대는 7월 중순 타이베이에 도착했고 나머지 부대도 8월 중순까지 대만에 도착했다. 혼성 제4여단에 타이베이와 지룽 지구 경비를 맡기고 근위사단은 남하해서 항일 의용군에 내한 공격에 전념할 수 있게 되었다. 그 후 근위사단은 대만 중부의 도시 장화와 오래된 항구 도시 루강鹿港을 점령했다.

보병 제17연대는 약 600명의 군부를 동반하고 있었는데 그 관리자는 제5장에서 다룬 센다이 출신의 호소야 나오히데 천인장이었다. 이 연대의 제2대대 소행리小行李[10] 소속 군부 사사하라 쓰구이치로笹原嗣一郎는 아버지에게 편지를 썼는데, 그 편지가 지방지인 《오우니치니치신문奥羽日日新聞》에 게재되었다.

타이베이에 도착한 사사하라는 타이베이성 밖에 있는 산에 강력한 적이 숨어 근위병과 매일 밤 전투를 벌이고 있다는 사실이나 대나무가 우거지고 이모작이 이루어지

---

10 행리行李란 군대가 전투 또는 급양을 위해 필요한 양식과 말먹이, 짐, 기구 등을 직접 옮기는 부대를 말하며 보병 대대 이상의 각 부대에 부속되었다. 전투와 직접적으로 관계되지 않는 급양품을 옮기는 부대를 급양 단위 부대 내에 편입했을 경우에는 대행리大行李, 전투에 직접적으로 필요한 탄약·자재 등을 운반하는 부대를 소행리小行李 또는 소하태小荷駄라고 불렀다.

는 풍요로운 농촌의 모습을 보고 "채소도 많이 있으며 그 중에 호박, 오이, 수박이 크다는 사실에 놀랐습니다"라고 편지에 썼다(《奧羽日日新聞》 1895년 8월 20일, 〈笹原嗣一郎氏の書簡〉).

이후 사사하라가 소속된 부대는 7월 22일 타이베이 인근 마을에 숨은 항일군을 2개 중대로 공격했는데, 그때 소행리를 짊어진 군부인 사사하라는 소총탄이 든 탄약 상자를 짊어지고 보병과 함께 전투를 체험했다. 대만에서 군부의 역할은 치중수졸과 똑같아지고 있었다.

이때의 항일군의 전투 모습에 대해서 그는 "만적蠻賊 들은 농민 또는 차부車夫 차림으로 변장해서 곳곳에 숨어 들어 수비를 살피고, 또한 여자는 척후로 나가서 제각기 통지하며 …… 적병은 항상 농사를 짓다가 신호를 받으 면 모두 농기구를 버리고, 대신 무기를 들고 적병이 되어 방해를 한다(《奧羽日日新聞》 1895년 8월 17일, 〈第七連隊の戰況〉)"라고 쓰고 있다. 항일군이 마을 단위로 남녀 구별 없 이 전투에 참가하여 게릴라전을 펼치고 있는 모습을 알 수 있다. 제2사단에 속해 산둥반도 작전에 종군한 경험이 있는 사사하라에게도 풍요로운 농촌이 펼쳐진 남국南國의 대나무 숲에서 겪는 전투는 예상외로 가혹한 체험이었다.

이런 격렬한 전투에 직면한 대만총독부는 원래 민정

조직으로 구상되었는데, 소속 병력도 늘었기 때문에 식민지 전쟁에 대응하는 군정 조직이 되었다. 근위사단에다가 제2사단과 후비 부대가 참가한 단계에서 대만총독부 휘하 병력은 장병 약 5만 명, 군부 2만 6,000명, 합계 7만 6,000명이라는 거대한 규모가 되었다. 이외에 말 9,400필, 도보 차량 3,500대를 동반했다. 그리고 주민의 격렬한 저항과 대만의 풍토병인 말라리아나 위생 상태가 나쁜 물과 먹을 것이 원인이 된 이질, 영양 부족 때문에 각기병이 만연했기 때문에 청일전쟁에서 발생한 사망자의 과반수는 대만에서 발생하게 되었다.

남진 작전 수행에 대한 격렬한 저항

장화 점령 후, 남은 타이난 점령을 목적으로 하는 남진군이 편성되었다. 대만총독으로 군사 지휘권을 가진 가바야마는 해군 대장이었기 때문에 육군의 대규모 작전을 지휘하는 것은 여러 모로 어려움이 있었다. 그래서 남진군을 지휘하기 위해 육군대신 경험이 있는 거물인 다카시마 도모노스케高島鞆之助 육군 중장이 부총독으로 부임해 9월 17일 다음과 같이 타이난 공격 계획을 결정했다.

우선 근위사단을 자이嘉義로 침공하게 하고 이어서 남진군 사령부가 지룽에서 배를 타고 혼성 제4여단과 함께 부다이쭈이布袋嘴[11] 부근에 상륙한다, 그리고 랴오둥반도의 진저우에서 오는 제2사단 주력을 남부 팡리아오枋寮 부근에 상륙시켜 평산鳳山과 다커우打狗(현재의 가오슝高雄)를 공략하고 세 방향에서 타이난을 포위 공격한다는 계획이었다.

근위사단은 9월 27일 남진을 개시, 10월 9일 자이를 점령했다. 혼성 제4여단은 10월 10일부터 부다이쭈이에, 제2사단 주력은 11일 대만 최남부의 팡리아오에 해군의 원조를 받으며 상륙을 개시했다. 제2사단 주력은 16일까지 평산과 다커우를 점령했다. 혼성 제4여단도 전군을 상륙시켜 주변을 소탕했고 또 대만 병참감부는 부다이쭈이 부근에 병참 대창고를 설치해 식량과 말 사료를 수송했다. 자이를 점령한 근위사단은 다시 지수이시急水溪까지 진군하여, 혼성 제4여단과 연락을 취할 수 있었다. 이로써 세 방향에서 타이난 포위망이 만들어졌다.

일본군의 침공에 대만 측은 격렬하게 저항했다. 혼성 제4여단의 점령 지역은 남진군의 보급 거점이었으며 대만 병참감부 소속 군부가 집중되어 도보 차량이나 지게를 사용해서 병참 수송에 종사하고 있었다. 항일군은 이런 소규모 부대나 군부가 속해 있는 종렬을 노려 공격했다. 이

---

11 현재는 부다이진布袋鎭으로 이름이 바뀌었다.

에 대항하기 위해 다카시마 사령관은 10월 14일, 혼성 여단장에게 "징계 목적으로 박자각가朴子脚街[12] 이남과 지수이시 이북 지역의 비적을 토벌"할 것을 명령했다. "박자각가 이남과 지수이시 이북"이란 혼성 여단의 점령 지구 전체였으며, 《일청전사》 제7권에서 해당 부분의 전사를 읽으면 이곳에서 부차별 살인과 촌락 소이燒夷 작전이 실시된 사실을 알 수 있다.

10월 19일 전군이 타이난을 공격하기 위해 이동하자 타이난을 수비하던 유영복은 그날 영국 배를 타고 대륙으로 도피했고 대만민주국은 멸망했다. 유영복이 도망친 사실을 모르던 항일군은 저항을 계속했지만, 21일 아침 제3여단장 야마구치 모토오미山口素臣 소장의 지대가 타이난에 입성하고 다음 날에는 다카시마 사령관도 입성하자 남진 작전은 종료되었다.

'대만 평정 선언' 이후에도 끝나지 않은 전투

대만 점령 후, 때를 놓치지 않고 근위사단은 개선 준비에 들어가 전군이 타이난으로 이동했고, 11월 말까지 안

---

12 저자의 오기로 보인다. 현재의 푸쯔朴子 시의 옛 지명인데 朴仔脚街, 혹은 樸子脚으로 표기가 되었다. 1920년에 일본이 朴子로 표기를 바꾸었다.

핑항安平港에서 대만을 떠났다. 근위사단은 이때까지 사단장 기타시라카와노미야 요시히사 친왕과 제2여단장 야마네 노부나리山根信成 소장이 병으로 죽었으므로 살아남은 제1여단장 가와무라 가게아키川村景明 소장이 사단장 직무대리가 되었다. 항일군과의 전투와 전염병 만연으로 큰 타격을 받은 근위사단은 한 시간이라도 빨리 귀환할 필요가 있었다.

근위사단의 대만 이탈에 따라 제2사단은 장화와 타이중臺中 사이를 흐르는 다두강大肚溪 이남의 경비를 담당하고 대두계 이북을 후비 부대가 경비하는 태세가 성립되었다. 이렇게 되자 가바야마 총독은 11월 18일 대본영에 "이제 섬 전체가 평정되었다"고 보고했다. 이른바 대만 평정 선언臺灣平定宣言이다. 하지만 이후에도 각지에 잔존한 항일군의 저항이 이어졌다.

평정 선언 직후인 11월과 12월에 한정하더라도 샤오컹좡蕉坑庄, 훠샤오좡火燒庄[13]의 항일군이 일본 수비대를 습격했고 사금업자 임이성林李成, 진추국陳秋菊, 호가유胡嘉猷 등이 전직 군인이나 주민들을 조직해서 타이베이성 탈환 계획을 세웠다. 12월 31일에는 타이베이성이 포위 공격을 받았다.

---

13 지금의 창즈 향長治鄉이다.

다음 날 신주에서 원군이 도착했으므로 항일군의 대북 포위는 하루 만에 끝났다. 그러나 항일군이 동해안의 이란宜蘭, 딩슈앙시頂双溪, 루이펑瑞芳을 공격했을 때, 고립된 소수의 일본군 수비대는 고전을 면치 못하다가 때마침 지룽에 도착한 제2사단 보충대의 구원으로 위기를 벗어날 수 있었다.

병력 부족을 통감한 가바야마 총독은 1896년 1월 2일 대본영에 증파를 요구했다. 제4사단으로부터 혼성 제7여단이 편성되어 11일에 지룽에 도착하자 이란 지역의 항일군을 진압했다. 이후 대본영은 3월에 대만 수비를 맡는 혼성 여단 3개를 편성했고, 그에 따라 그때까지 전투와 경비를 맡던 제2사단, 제2사단 관하에서 편성된 후비 부대, 그리고 혼성 제7여단은 3월 이래 귀국길에 올랐다.

그러나 1896년 봄 무렵만 해도 일본군이 점령한 지역은 대만 서부에 지나지 않았고 남단의 헝춘恒春 이남과 동부, 그리고 원주민이 사는 산악 지대는 점령하지 못한 상태였다. 일본군의 점령 지구에 사는 한족계 대만인의 저항을 억누르기 위해, 그리고 미점령지를 지배하기 위해 이 이후에도 대만에서 전투는 길게 이어졌다.

결국 제4대 총독 고다마 겐타로와 민정장관 고토 신페이後藤新平[14]가 경찰력과 보갑保甲 제도라는 전통적 연대 책임

제도를 운영해서 일본에 저항하는 자를 고립시켰고, 1902년 한족계 주민의 저항을 거의 평정했다. 그러나 산악 지대 주민 제압은 1905년쯤까지 시간이 걸렸다.

민비 살해 사건

삼국 간섭 이후 조선에서 일본의 내정 간섭과 일본에 협력해서 개화 정책을 추진하는 김홍집 내각을 반대하던 세력은 러시아에 접근을 시도했으며, 국왕 고종이나 민비도 이에 동조했다.

그러는 동안 5월 21일 제2차 김홍집 내각이 김홍집과 박영효의 대립으로 붕괴하고, 31일 박정양朴定陽 내각이 성립해 박영효가 실권을 쥐고 개혁을 추진했다. 그러나 박영효는 민비 암살 계획을 세웠다는 의심을 받아 7월 6일 다시 일본으로 망명했다. 이로 인해 김홍집 내각이 부활하여 8월 24일 제3차 김홍집 내각이 성립했는데, 이 내각에 정동파貞洞派가 진출했다. 정동파란 한성 시내 정동에 있던 러시아 공사관이나 미국 공사관에 출입하던 관료를

---

14 1857~1929. 일본의 정치가이자 관료. 원래는 의사였지만 실력을 인정받아 내무성 위생국장이 된 이후 승승장구하여 대만 총독부 민정장관이 되었고, 러일전쟁 이후에는 남만주철도주식회사 총재, 내무대신, 외무대신, 도쿄 시장 등을 역임했다.

가리키며, 그들은 구미 외교관과의 사교 단체인 정동구락부를 결성했으며 국왕과 민비도 이 클럽에 관여했다. 제3차 김홍집 내각에는 미국인 윌리엄 매킨타이어 다이 William McEntyre Dye 장군을 교관으로 하는 시위대侍衛隊가 신설되었다.

한편 일본 정부에서는 강화조약 발효 후인 1895년 6월 4일에 연 각의에서 '새로운 대한 방침新對韓方針'을 결정했다. 삼국 간섭 이후의 정세를 반영하여 "장래의 대한對韓 방침은 가능한 간섭을 멈추고 조선으로 하여금 자립하게 하는 방침을 취할"것, 즉 청일전쟁 중과 같은 노골적인 내정 간섭이 불가능해진 사실을 확인하고 조선의 철도와 통신 이권에 대한 성급한 독점을 포기하는 내용이었다. 다음 날인 5일 무쓰 외상이 병을 이유로 오이소大磯에서 요양에 들어가, 사이온지 긴모치西園寺公望[15]가 외상 임시 대리를 맡게 되었다(1896년 4월까지).

이상과 같은 정세 변화 속에서 이노우에 가오루 공사

---

15 1849~1940. 일본의 정치가로 오래된 귀족 가문인 후지와라 氏藤原氏의 후손. 메이지 유신 이후 프랑스에 유학을 갔다가 귀국하여 정계에서 활동. 두 차례에 걸쳐 총리대신을 역임했지만, 두 번째 수상 재직 중 2개 사단 증설 문제로 육군이 육군대신을 사퇴시키고 후임을 내놓지 않았기 때문에 사임했다. 이후 원로로 지명되어 정치적 영향력을 가졌지만, 일본이 제2차 세계대전으로 향하는 것을 막지 못했다.

는 6월에 일시 귀국했으며, 귀국 중에 외상(사이온지)에게 의견서를 제출했다. 조선 정부에 청국의 배상금 가운데 약간의 금액을 공여할 것과 전신선을 반환할 것 등을 제안하는 내용이었다. 이것은 국왕과 민비가 러시아에 접근하는 것을 막기 위한 책략이었다. 이노우에 공사는 아내인 다케코#上武子를 동반하고 7월 20일 한성으로 돌아와서 거듭 국왕과 민비를 만나 300만 엔의 기부금과 전신선 반환을 제안했다. 그러나 실패로 끝났다. 이후 이노우에는 조선 주재 공사에서 물러났고, 8월 17일 미우라 고로三浦梧樓[16](궁중 고문관인 육군 중장)가 새롭게 조선 주재 공사로 임명되어 9월 1일 한성에 부임했다. 신임 공사에게 인계를 마친 이노우에는 9월 21일에 조선을 떠났다.

이노우에가 조선을 떠나고 2주일 뒤인 10월 8일 미명에 민비 살해 사건이 발생한다. 미우라 공사와 스기무라 후카시 일등 서기관이 중심이 되어서 러시아와 결탁한 민비를 배제할 것을 계획하고 조선 정부 고문인 오카모토 류노스케岡本柳之助[17]를 중심으로 영사관원과 영사관 경찰,

---

16 1847~1926. 일본의 군인이자 정치가로, 세이난전쟁에서 활약했지만, 육군 개혁안 문제로 야마가타 아리토모와 대립하여 사직했다. 이후 조선 주재 공사로서 을미사변을 일으켰고, 일본으로 강제 송환, 체포되어 재판을 받았지만 증거 불충분으로 방면되었다. 이후 추밀고문관 등을 지냈다.

17 1852~1912. 일본의 군인, 국수주의자. 강화도조약 체결 당시 일본 측 전권 구

구마모토 국권당熊本國權黨 당원으로 한성신보漢城新報 사장인 아다치 겐조安達謙藏[18] 등의 일본인 낭인, 한성에 주둔한 후비 보병 제18대대(3개 중대)가 실행을 맡았다.

후비 보병 제18대대는 우범선禹範善[19]이 지휘하는 제2훈련대訓練隊와 합류하여 광화문 부근에서 다른 훈련대와 전투를 벌였는데, 여기에서 연대장 홍계훈洪啓薰을 죽이고 격파, 이어서 시위대를 격파하고 왕궁에 침입했다. 왕궁을 경호하는 훈련대와 시위대를 무력화한 후, 낭인과 경찰관 무리는 다시 왕궁 안을 뒤져 민비를 살해했다. 그들은 시체에 석유를 끼얹고 불태워버렸다.

미우라 공사는 민비 살해를 대원군의 지시에 따라 발생한 조선 정부 내의 권력 투쟁에 따른 쿠데타처럼 가장하려고 했다. 하지만 왕궁 내에서 시위대 교관인 다이와 러시아인 건축가 아파나시 이바노비치 세레딘-사바틴

로다 기요타카의 수행원으로 조선에 왔으며, 1878년 발생한 군대 폭동인 다케바시 사건竹橋事件에 연루되어 육군 소좌로 예편되었다. 을미사변에서 중요한 역할을 맡았으며, 석방된 이후에 중국에서 중국 혁명에 관계하다가 상하이에서 사망했다.

18 1863~1948. 일본의 정치가. 조선에 건너와서 한성신보 사장을 맡다가 1895년 을미사변에 가담했다. 이후 석방되었고 정당 정치인으로 활동하면서 내무대신 등을 지냈다.

19 1857~1903. 조선 후기의 군인으로 개화파였으며, 을미사변 당시 훈련대 제2대 대장으로서 가담했다. 아관파천 이후에 일본에 망명했다가, 1903년에 고영근에게 살해되었다. 아들은 농학자로 유명한 우장춘禹長春이다.

Afanasii Ivanovich Seredin-Sabatin에게 목격되어 그 시도는 실패로 돌아갔다. 또한 민비 사건의 상세한 내용과 진실을 은폐하려고 하는 일본 정부의 불성실한 대응은 당시 조선을 방문했던 《뉴욕 헤럴드》의 거물 기자인 존 앨버트 코커릴 John Albert Cockerill(예전에 《뉴욕 월드》의 저명한 편집자, 청일전쟁 시기에 《뉴욕 헤럴드》는 일본 정부와 관련을 맺고 뤼순 학살 사건을 변호한 친일 신문이었다)의 기사를 통해 세계로 전해져 격렬한 비판을 받았다.

일본 정부는 관계자를 소환해 미우라 공사 이하 49명의 민간인은 히로시마 지방 재판소의 예심에, 군인 8명은 제5사단 군법 회의에 회부했다. 그러나 1896년 1월 군법 회의는 8명 전원을 무죄로 판결했고, 지역 예심은 미우라 등의 사건 관여를 인정했지만 살해할 때의 상황이 불명이라며 증거 불충분으로 전원을 기소 면제했다. 또한 조선에서는 민비 살해 사건 이후에 성립한 제4차 김홍집 내각의 주도 아래 재판이 열려 이주회李周會 등 3명을 처형하며 사건 종결을 시도했다.

지금까지 나온 연구에서는 미우라와 스기무라가 상궤를 벗어난 사건을 일으킨 이유에 대해서 해명되지 않은 부분이 있었지만, 최근 공간된 연구에서 김문자金文子는 사건 배후에 조선의 전신선을 일본 측에서 계속 확보하고자

하는 대본영, 특히 의사 결정의 중심에 있던 가와카미 소로쿠(참모차장 겸 대본영 병참총감)의 뜻이 작용했으며 미우라 공사는 가와카미와 연락을 취했고 그 사명을 실행하는 과정에서 왕비 살해 사건을 일으켰다고 주장하고 있다(《朝鮮王妃殺害と日本人》).

항일 의병 투쟁과 아관파천

일본에서 파견된 주재 공사가 부임국의 수도에서 왕비를 공연히 살해한 충격적인 행위에 대해서 일본 정부는 각국의 비난을 받았다. 물론 조선에서는 국모가 살해당한 사실에 광범위하게 분노가 고조되어, 사건을 은폐하고자 한 김홍집 내각에 대한 불신감은 더욱 높아졌다.

그러나 김홍집 내각은 개혁을 더 추진하여 1895년 12월 30일에 단발령斷髮令을 공포했다.[20] 전통적 유학자들은 단발령은 부모에게서 물려받은 신체발부身體髮膚를 손상하

---

20   음력으로는 11월 15일이다. 덧붙이자면 이때 양력을 채용하면서 음력 11월 16일을 마지막으로 하고, 그다음 날을 1896년 1월 1일로 정했다. 그런데 문제는 이렇게 된다면 한국사에는 1895년 11월 17일에서 12월 31일까지의 날짜가 존재하지 않게 된다는 것이다. 또한 현대의 역사 서술이나 기념행사에서도 음력 날짜를 그대로 사용하는 경우가 있어 혼란이 발생하고 있다. 이에 관해서는 구범진의 〈역법 문제와 한국사 서술-날짜 표기의 혼란과 오류〉(《역사교육》 94, 2005)를 참조하길 바란다.

고, 조선 전통의 예법을 훼손하며, 구미를 모방하는 왜倭(일본)을 따라 하는 행위라고 비난했다. 그들은 왕비 살해와 단발령 발포에 분노하여 반일과 반개화파를 구호로 삼아 각지에서 항일 의병 투쟁을 벌였다.

1896년 2월 유림儒林의 거물로 유명한 위정척사衛正斥邪론자 유인석柳麟錫이 의병 투쟁을 일으켜 내외 백관과 전국에 격문을 뿌리자 의병 투쟁은 전국으로 퍼졌다. 의병은 유학자이기도 한 관료들에게 의병 투쟁에 참가하도록 호소함과 동시에 각지에서 친일적인 지방 관리를 처단하고 일본인 관리나 상인을 습격하고 전신선이나 전봇대를 파괴했다. 의병 투쟁에는 유학자의 호소에 응한 민중과 예전 동학 농민군의 잔당들도 참가했다.

조선 정부가 의병 투쟁에 대응하기 바쁜 동안 제4차 김홍집 내각에서 배제되었던 정동파 이범진李範晉과 이완용李完用 등이 쿠데타를 일으켰다. 1896년 2월 11일, 그들은 러시아 공사 카를 이바노비치 베베르Karl Ivanovich Weber와 손을 잡고 러시아 수병의 호송을 받는 가운데 국왕을 러시아 공사관으로 옮기고 박정양을 수반으로 하는 새 내각을 수립했다. 이 사건은 '아관파천俄館播遷'으로 불린다. 그와 함께 제4차 김홍집 내각의 각료들에게 체포장이 발부되었고 김홍집, 정병하鄭秉夏, 어윤중은 체포되어 군중에게 맞아 죽었다.[21] 유길준과 장박張博[22], 조희연趙義淵 등은 일본으로 망명했고 김윤식은 제주도로 유배되었다.

친일적인 개화파는 일소되어 1년 반에 걸쳐 계속되었던 갑오개혁은 끝났다. 그와 함께 일본의 영향력은 단번에 저하되었고 러시아의 직접 개입을 초래했다. 청일전쟁의 목적이었던 내정 개혁과 그 배후에서 일본이 추진하고 있던 사실상의 보호국화는 삼국 간섭과 아관파천에 의해 최종적으로 좌절되었다. 청일전쟁으로 일본은 조선에서 청의 세력을 몰아내는 데 성공했지만, 결국에는 조선에 대한 지배권을 강화하는 데 실패하고 러시아의 영향력이 강화되는 최악의 결과가 벌어졌다.

아관파천 이후 국왕은 의병들을 설득해서 의병 투쟁을 그만두게 할 목적으로 선유사宣諭使를 파견했으나, 의병 투쟁은 수습되지 않았다. 의병들은 친러파 정권도 개화파

---

21 어윤중은 도피 중에 용인에서 살해당했다. 김홍집과 정병하는 체포된 후에 군중에게 맞아 죽었지만, 프랑스 공사와 일본 공사가 본국에 보고한 바에 따르면, 체포된 후에 경찰에게 살해되었다고 한다.

22 1848~1921. 조선 말기의 정치인. 장박은 아명인데 나중에 장석주로 개명했다. 1883년에 통리아문 박문국에 채용되어 《한성순보》와 《한성주보》 발행을 맡았다. 1895년에 김홍집 내각의 법부대신으로 입각했고, 전봉준 등에게 사형 선고를 내렸다. 아관파천으로 김홍집이 실각할 때 망명했고, 1907년에 귀국하여 친일 활동을 했다. 병합 이후 남작 작위를 받았으며 2007년 친일반민족행위진상규명위원회가 발표한 친일반민족행위자 제2기 195명에 포함됐다

정권이라고 생각했다. 의병 진압에는 일본 수비대도 참가했는데, 1896년 5월 유인석 부대가 충청도에서 패배한 이래 (의병 투쟁은 ― 옮긴이) 잦아들었지만 10월경까지 이어졌다. 그리고 의병 투쟁의 원인이 된 단발령은 1897년에 취소되었다.

청일전쟁이란
무엇이었을까?

전쟁의 규모

마지막으로 청일전쟁이란 무엇이었는지, 즉 청일전쟁의 특징과 청일전쟁이 이후에 끼친 영향에 대해서 생각해 보자. 그 전제로 전쟁의 규모에 대해서 확인해두고 싶다.

우선 일본 육군은 7개 사단, 평시 병력 6만여 명이었던 조직이 전쟁 개시에 따른 동원의 결과 청일전쟁에 참가한 병력이 24만 616명에 달했다. 그중 해외 근무자는 17만 4,017명, 내지 근무자는 6만 6,599명이었다. 이외에 문관과 고원雇員 6,495명(해외 근무자 4,275명, 내지 근무자 2,220명)과 일본인 군부(임시 고용 군속) 15만 3,974명을 고용했다. 군부는 치중수졸을 대신해서 거의 대부분이 해외에서 일했으므로 청일전쟁에 동원된 군인, 군속 합계는 약 40만, 그중 30만 이상이 해외에서 근무했다.

러일전쟁의 경우 육군 군인의 전지 근무자가 94만 5,394명, 내지 근무자가 14만 3,602명으로 합계 108만 8,996명이었으며 이외에 군속의 전지 근무자가 5만 4,295명, 내지 근무자가 9만 9,881명으로 합계는 15만 4,176명이었다. 즉 러일전쟁에 참여한 육군의 군인, 군속 총계는 124만 3,172명, 전지 근무자가 99만 9,689명이었다(《日露戰爭參与陸軍軍人軍属》,《日露戰爭の軍事史的研究》).

전쟁 참여 인원수나 해외 근무자 수에서 청일전쟁과 러일전쟁을 비교하면 청일전쟁은 러일전쟁의 3할이 넘으니 청일전쟁이 의외로 큰 전쟁이었다는 것을 알 수 있다.

육군의 전쟁 피해자는 1894년 7월 25일부터 1895년 11월 18일 사이에 사망자가 1만 3,488명, 복역 면제자(부상·질병에 의한 장해 등에 의해서 퇴역하거나 병역을 면제받은 사람)가 3,794명이었다. 사망 원인은 전사와 전상자가 약 10퍼센트였고, 병사가 88퍼센트였다. 이를 보면 청일전쟁은 명백히 병과의 싸움이었다는 것을 알 수 있다.

병명은 각기병·이질·말라리아·콜레라 순으로 많았고 이외에 동상 환자도 많았다. 그러나 이 숫자에는 군부 사망자가 포함되어 있지 않으므로, 7,000명에 달한다고 추정되는 군부 사망자를 추가한다면 사망자는 2만 명이 넘는다(《明治二十七八年日淸戰史》, 桑田悅他《日本の戰爭》).

청의 육군은 정규군인 팔기(20만)와 녹영(50만)이 있었지만 군의 규율이 어지러워져서 실력이 부족했다. 이를 대신해 청 육군의 실제 전력이 된 것은 용군('향용'이라고도 한다)과 연군(팔기·녹영에서 선발되어 훈련을 받은 부대)으로 총원은 약 35만이었다. 개전 후 새로 모집한 병력이 약 63만 명에 달해 용군·연군의 합계는 98만 명에 달했다.

북양대신 이홍장이 직접 이끄는 북양 육군 3만 명과 동북 3성의 연군 5,000명은 신식 장비를 갖추고 있었고 가장 정예였으며 이를 중심으로 한 청군이 조선, 주롄청, 뤼순에서 일본군과 대치했다. 뤼순이 함락되자 이홍장은 북양 육군의 통솔권을 빼앗겼고 유곤일이 산하이관 동쪽에 있는 각 군의 지휘권을 부여받았다. 1895년 2월경 랴오허 하류에서 유곤일과 송경이 이끄는 청군은 약 8만 5,000명이었고 같은 시기 직례 방면에 있는 청군은 약 20만 명이었다.

청군의 피해자 수에 대해서는 신뢰할 만한 통계가 없다. 하라다 게이이치가 조선과 중국에서 벌어진 정규군의 전투와 대만에서 벌어진 항일 의용군의 전투를 합계해 전사자가 약 3만 명이라고 추계했지만(原田,《日淸戰爭》), 병사자를 추가하면 더욱 많을 것으로 생각된다.

해군의 경우 일본 해군이 군함 28척, 수뢰정 24척, 합계 5만 9,000톤인 것에 비해 청 해군은 군함 82척, 수뢰정 25척, 합계 8만 5,000톤으로 청 해군이 우세했다.

그러나 일본 측에는 신예함이 많았던 것에 비해 청 해군에는 정원·진원 같은 대형 군함은 있었지만 구식함이 많았다. 또 청 해군은 북양수사, 남양수사, 복건수사, 광동수사로 나뉘어 각각 북양대신, 남양대신, 민절閩浙 총독, 양광 총독이 지휘했으며 통일해서 작전을 수행하는 구조가 아니었다. 이 때문에 청일전쟁에 참가한 것은 이홍장 휘하의 북양수사 전부와 광동수사의 3척(광갑廣甲·광을·광병廣丙)으로 한정되었다. 모두 합해 군함 25척, 수뢰정 12척, 합계 4만 4,000톤으로 일본 해군에 비해 열세였던 점이 청 해군의 패배 원인이었다.

전쟁 상대국과 전쟁의 계속 기간

지금까지 '청일전쟁'의 전쟁 상대국은 청이며 1894년 8월 1일 선전 조서의 공포로 전쟁이 시작되었고, 1895년 4월 17일 강화조약이 체결되어 전쟁이 종료되었다고 인식되어왔다. 그러나 이러한 옛날 교과서와 같은 인식은 지금은 잘못되었다고 말할 수 있다.

이미 앞에서 말했듯이 선전 조서 기초 과정에서 전쟁

상대국을 '청국' 혹은 '청국 및 조선국' 중 어느 쪽으로 하느냐는 의견이 대립하고 있었다. 전쟁 상대국 선정에 혼란이 생긴 까닭은 7월 23일 일본군이 조선군과 교전하여 왕궁을 점령한 사건 때문이었다. 이때 일본군 병사 1명이 전사했다.

더욱이 같은 날 연합함대는 사세보를 출항했으며, 풍도 해전은 7월 25일에 벌어졌고, 열국을 국외 중립으로 만들기 위해 작성된 교전 통지서는 7월 31일에 발송되었다. 선전 조서가 작성된 날짜는 8월 1일인데, 초안 작성 과정에서 혼란이 발생해 늦어졌기 때문에 실제로는 8월 2일에 공포되었다. 정부는 9월 10일에 연 각의에서 개전일을 7월 25일로 결정했고, 이후 '청일전쟁'의 틀에서 벗어난 7월 23일 벌어진 조선군과의 전투는 무시당하게 되었다.

전쟁의 종결에 대해서도 똑같은 문제가 있다. 1895년 4월 17일 강화조약 체결, 이어서 삼국 간섭과 랴오둥반도 반환 결정을 사이에 두고 5월 8일에 강화조약 비준서 교환이 있었다. 보통의 경우라면 이것으로 전쟁이 종료된 상황이지만, 대만민주국이 탄생해 또 다른 전투가 벌어졌다. 대만을 접수하기 위해 대만으로 향했던 가바야마 스케노리 총독이 이끄는 근위사단과 대만민주국 군대 및 한족계 대만 주민이 조직한 항일 의용군 사이에 5월 말부터 전투가 벌어진 것이다.

대만민주국은 단기간에 붕괴했지만, 항일 의용군을 진압하기 위해 제2사단 전부가 증강되었다. 가바야마 총독은 타이난 점령으로 일단 토벌 전쟁이 종료되었다고 판단하고 11월 18일 대만 평정을 선언했다. 이후에도 격전이 이어졌지만, 12월에 근위사단이 귀국하고 이듬해인 1896년 3월에 대만 수비 혼성 여단(3개 여단)이 편성되었다. 그러자 제2사단도 귀국을 개시해, 4월 말부터 5월 초에는 편성지인 센다이·시바타^{新發田}·아오모리로 개선했다. 이것으로 법적으로는 전시에서 평시로 이행한 것이 되었다.

이상과 같은 전쟁 개시·경과·종결에서 '청일전쟁'의 전쟁 상대국과 전쟁 기간을 어떻게 해야 할 것인가? 여기에서는 청일전쟁을 연구한 두 명의 역사가 아이야마 유키오와 하라다 게이이치의 의견을 참고로 해서 검토를 진행해보고자 한다.

아이야마는 7월 23일 전투는 '일조전쟁^{日朝戰爭}'이고, 7월 25일 '일청전쟁'이 시작되어 강화조약 비준으로 전쟁이 종료되었으며, 1895년 5월 말에 시작된 대만의 한족계 주민과의 전쟁은 '일대전쟁^{日臺戰爭}'이며, 그 전쟁은 대본영이 해산한 1896년 4월 1일까지 계속되는 것으로 이해해야 한다고 주장했다(檜山,《日淸戰爭》및《日台戰爭論》).

하라다는 아이야마와 사이토 세이지의 연구를 참고하면서 광의의 '청일전쟁'은 '7월 23일 전쟁'(아이야마가 제기한 일조전쟁이란 명칭을 수정)과 '대만 정복 전쟁'을 포함한 것으로 1894년 7월 23일에 시작해 대만 정복 전쟁이 일단락되어 대본영이 해산한 1896년 4월 1일에 끝난다고 썼다(原田,《日清戦争》).

두 사람의 견해를 정리하자면 ① 청일전쟁이 조선과의 전쟁(일조전쟁 혹은 7월 23일 전쟁), 청과의 전쟁(청일전쟁), 그리고 대만의 한족계 주민과의 전쟁(일대전쟁 혹은 대만 정복 전쟁)이라는 세 가지 전쟁 상대국이 있었고, 청일전쟁은 전쟁 상대 지역이 다른 복합 전쟁이며 ② 전쟁 기간은 1894년 7월 23일부터 1896년 3월 말(또는 4월 1일)에 달했다는 것이 된다.

다음으로 더 검토해야 할 점에 대해서 지적하고 싶다. 아이야마와 하라다는 일본의 군사 법제를 검토하여 전시와 평시를 구분해서 생각한다. 이것은 일본의 입장에서 청일전쟁을 검토할 때에는 빠질 수 없는 시점이지만, 다른 한편 저항하는 측(조선과 대만)에서는 그렇게 생각하지 않았을 것이다.

예를 들자면 1896년 4월 이후의 일본군과 대만 주민의 전투는 일본 측에서 보면 평시의 치안 정책이지만, 저항을 계속하는 대만 주민에게는 그 이전과 똑같은 침입자에 대한 무력 저항 운동이었다.

또한 조선에서는 전주 화약으로 동학 농민군이 일단 조선 정부와의 전투를 멈췄지만, 그해 추수 이후에 대원군과 연락을 취해 재봉기했고(제2차 농민전쟁) 이번에는 전쟁 목적이 반민씨 정권에서 반일과 반개화파 정권(반친일 괴뢰 정권)으로 바뀌었다. 이것을 일본군 수비대와 조선 정부 소속의 군대가 철저하게 공격하여 3만 또는 5만이라고도 하는 조선 농민들이 살해당했다. 한국이나 재일 한국인 역사학자는 7월 23일의 조일전쟁과 제2차 농민전쟁, 나아가 그 이후에 벌어진 의병 투쟁을 일련의 일본과의 전쟁으로 생각하고 있는 듯하다. 이런 입장에 선다면 일본과 조선의 전쟁은 7월 23일의 전투뿐 아니라 청일전쟁 전 기간(아이야마와 하라다가 주장하는)에 연결되며, 더 나아가면 청일전쟁 종료 후에도 계속되는 긴 전쟁이 된다.

이런 연구 상황을 종합한 결과, 현시점에서 나의 견해는 다음과 같다.

광의의 청일전쟁은 전투 대상과 지역이 세 개인 복합 전쟁이며, 1894년 7월 23일 일본군의 조선 왕궁 공격으로 시작되었다.

전쟁이 끝난 시기는 청과의 전쟁은 1895년 3월 30일 휴전조약 조인으로 전투가 정지되고, 강화조약 조인과 비준서 교환으로 5월에 법적으로 종료되었다. 하지만 조선과의 전쟁 및 대만 주민과의 전쟁은 시모노세키 강화조약으로 종료되지 않았을 뿐만 아니라 11월 18일의 대만 평정 선언으로도, 1896년 4월 1일의 대본영 해산으로도 종결되지 않았으며 전투의 양상을 바꾸면서 실질적으로 계속되었다.

어떤 영국의 군사사가는 빅토리아 여왕의 긴 치세(1837~1901년)는 1년 단위로도 지역 분쟁과 식민지 전쟁이 끊긴 적이 없었으며 이 '작은 전쟁들Little wars'을 거듭했기 때문에 식민지 제국으로서 대영제국이 형성되었다고 지적하고 있다.

청일전쟁 과정에서 일본군은 정규전을 치러야 했을 뿐 아니라, 제압한 지역(조선과 대만)에서 침입자인 일본군에 저항하는 지역 주민의 무력 투쟁과 직면했다. 이 저항은 그 뒤에도 계속되었기 때문에 광의의 청일전쟁은 종결 기간이 애매한 전쟁이 된 것이다.

누가, 왜, 개전을 결단했는가?

청일전쟁의 개전 과정과 원인에 대해서는 제2장에서 상세히 소개했지만, 중복되는 것을 꺼리지 않고 요약하자면 다음과 같은 내용이 된다.

청일전쟁 직전에 청일 간 군사 균형의 변화를 배경으로 일본 국내에서는 조선에서 청의 우위를 전제로 삼은 톈진조약 체제의 변경을 요구하는 의견이 퍼졌고, 이토 히로부미 수상도 이러한 인식을 배경으로 청일 공동에 의한 조선 내정 개혁 구상을 갖게 되었다. 이것이 1894년 6월 2일 각의에서 조선으로 혼성 제9여단을 파병한다는 결정으로 이어졌다.

한편 제2차 이토 내각은 조약 개정 문제를 둘러싸고 대외경파의 공격을 받아 연속해서 두 번이나 중의원을 해산하는 내정적 위기에 직면했다. 이토 수상에게 6월 2일 단계에서 파병은 청일 개전을 상정한 것이 아니었으며, 또 총선거 대책을 위해 대외적 위기를 연출한다는 내정적 이유에 기반을 둔 것도 아니었다. 그러나 일단 청을 압도하기 위해 강력한 군사력(전시 정원으로 8,000명이 넘는 혼성 여단)을 조선으로 파병하게 되자, 파병을 계기로 불거진 대청·대조선 강경론에 직면하게 되었다. 결국 이토 내각은 철병할 수 없게 되었고 개전으로 향하는 길을 선택할 수밖에 없었다.

정권 내부에서도 가와카미 소로쿠 참모차장을 중심으로 하는 육군 세력과 내각 내부의 무쓰 무네미쓰 외상은 대청 개전을 요구했다. 대청 전쟁을 준비해온 육군이 개전을 주장하는 것은 당연했지만, 무쓰가 개전을 요구한 이유는 무엇이었을까. 그는 외상으로서 담당해온 조약 개정 문제에서 판단 착오를 거듭하여 대외적으로도, 국내의 대외경파에 대해서도 대응에 실패해왔다. 곧 그는 곤경을 타개하고 정치생명을 유지하기 위해서 개전을 요구할 수밖에 없었던 것이다.

그러나 가와카미나 무쓰가 개전을 결정할 수 있는 위치에 있지는 않았다. 수상임과 동시에 이 시기 번벌 세력의 최고 유력자인 이토가 결단을 할 수밖에 없었는데, 만약 그가 그런 결정을 하지 않았다면 개전에는 이르지 않았다. 그런 의미에서 개전에 대해서는 이토 수상의 책임이 가장 크다.

당초 이토는 대청 협조를 생각하고 있었다. 그러나 여러 상황들이 이토의 개전 결단에 영향을 미쳤다. 정권 내부의 개전론자인 가와카미나 무쓰뿐 아니라 중의원 다수를 차지하는 대외경파들과 그들을 뽑은 국민, 그리고 강경론을 고무한 저널리즘의 개전에 대한 책임도 가볍지 않다. 이토 내각이 비밀 외교와 번벌에 의한 전쟁을 지향한 사실에 대해 대외경파와 저널리즘은 이를 비판했고 국민적 기반에 선 청일전쟁 수행을 요구했다. 그 후 선거전 과정에서 자유당도 이러한 주장에 합류했다. 게다가 정치적인 민주화를 요구한 재야 세력의 주장은, 예외는 있었지만, 번벌 정부 이상으로 침략적이었다.

미숙한 전시 외교

청일전쟁의 외교 문제에 관한 가장 중요한 자료로 무쓰 무네미쓰가 쓴《건건록》이 있다. 이 책을 근거로 삼아 훗날 영일통상항해조약 체결, 청일 개전, 시모노세키 강화조약 체결을 추진하고 곤란한 삼국 간섭에 대응한 무쓰 외상의 위대한 공적과 탁월한 능력을 현창하는 '무쓰 신화'가 형성되었다.

그러나 자서전이나 회상록은 종종 자기변호나 자기 현시를 포함하고 있다.《건건록》은 특히 그러한 경향이 강하다는 점을 지적받고 있다. 이미 소개했듯이 동시대 사람들은 이토 내각의 조약 개정 교섭에는 비판적이었다. 따라서 청일전쟁이 발발하지 않았다면 1894년 7월에 조인된 영일통상항해조약도 영국에 너무 양보했다며 심하게 비판을 받았을 가능성이 높다.

조약 개정 교섭뿐 아니라 제2차 이토 내각, 그중에서도 무쓰의 청일전쟁에 관한 외교 정책은 '무쓰 신화'가 형성되기 이전에는 좋은 정책이 아니었다. 지금도 언론계 일부에 '무쓰 신화'를 칭찬하는 논자가 있는데, 학문적 근거는 부족하다고 말할 수밖에 없다.

무쓰에 의한 청일 전시 외교의 문제점을 살펴보자. 동아시아 지역에 강한 영향력을 가진 영국과 러시아의 제지를 뿌리치고 억지로 청일 개전을 했기 때문에 일본을 지지하는 강국이 없었던 점, 전승 결과 생긴 육군·해군·민간의 도를 넘은 영토 요구에 굴복해서 과대한 영토 할양 요구를 강화조약안에 포함한 점, 사전에 예상된 삼국 간섭에 대한 대응이 졸렬했던 점을 지적할 수 있다. 무쓰는 《건건록》에서 거듭 변명하고 있지만 그다지 설득력이 있다고 말할 수는 없다.

더욱이 청일전쟁의 최대 목적이었을 조선 문제를 들여다보자. 일본은 조선 왕궁을 제압하고 나서 전쟁을 개시했고, 전쟁 중에는 지배층과 농민 양쪽의 반일 운동을 탄압했다. 이 때문에 조선 국내의 각 계층 간에 반일 감정이 퍼졌고, 삼국 간섭과 민비 살해 사건을 거쳐 조선에 대한 영향력 면에서 일본이 밀려나는 결과가 나타나는 것이다. 반일 친러파 정권이 탄생하고 마는 최악의 결과를 초래했다. 물론 조선 문제에 대한 대응은 무쓰 외상이 할 수 있는 범위를 넘어선 것이기도 하고, 일본 정부와 군 전체의 정책적 실패이긴 하지만 무쓰도 일부 책임을 져야 할 것이다.

거기에다 청일전쟁 후 청은 일본에 대항하기 위해 러시아에 접근했고 러시아는 동청철도東淸鐵道의 부설권, 뤼순과 다롄의 조차권, 남만주철도의 부설권을 얻었다. 이미 동시대의 가와사키 사부로가 저서인 《일청전사》에서 주장했듯이, 청일전쟁은 외교에서 실패한 전쟁이며 무쓰는 외상으로서 그 책임을 져야 한다.

국가의 운명을 건 전쟁을 수행하면서 전시 외교가 졸렬했던 원인은 무엇이었을까. 무쓰의 개인적 능력 문제 이외에 당시는 조약 개정만이 중요 외교 사항으로 간주된 시대적 제약 때문에 본격적인 전시 외교 경험을 가진 정치가가 없었던 점, 또 외교관 양성 제도가 완성되지 않아 수뇌부를 지원하는 참모진의 능력이 부족했던 점 등을 원인으로 지적할 수 있다.

그리고 청일전쟁의 실패를 경험한 뒤 의화단 문제를 계기로 한 1900년의 러시아군의 만주 침공 이후, 일본은 다각적인 동맹과 협상망의 구축을 모색하기 시작했는데, 1902년 영일동맹이라는 형태로 처음 서구 국가들과 동맹을 맺게 된다.

곤란한 전쟁 지도

대본영에 의한 전쟁 지도는 이미 썼듯이 가와카미 소로쿠 참모차장을 중심으로 이루어졌다. 가와카미는 야마가타나 오야마와 같은 육군의 숙로宿老나 노즈, 야마지, 가쓰라와 같은 선배나 동년배에게 지휘 명령을 줄 수밖에 없어 그들을 제어하는 데 고생했다. 가와카미의 전기인 《육군 대장 가와카미 소로쿠陸軍大將川上操六》는 "때로는 그들에게 견제를 당하고 때로는 사이에 끼어 고심"했지만 곤란을 이겨내고 "마침내 훌륭하게 전국戰局을 통괄하여 최후의 첩리捷利를 제압"했다고 쓰고 있는데, 가와카미의 노력과 마음고생은 엄청났을 것으로 상상된다. 실제로 대본영의 전쟁 지도는 좀처럼 관철되지 않았다.

본서에서 소개한 제3사단장 가쓰라 다로 중장의 거듭된 폭주가 전형적 사례이다. 게다가 가쓰라는 나고야에 제3사단장으로서 부임한 후 휴가를 얻어서 쓰기 시작한 《자전》속에서, 세이난전쟁 이후 육군의 혼란을 개탄하고, 육군성 총무국장 혹은 육군 차관으로서 자신이 육군 군정의 정리와 개혁을 수행하여 무엇보다도 명령의 상의하달 실현을 꾀한 사실을 자랑스럽게 쓰고 있다. 그런데 실제로 자기 자신이 전장에 나가서는 다른 사령관과의 대항 의식을 그대로 드러내어 대본영의 작전 지도를 무시하고 폭주했다.

그렇지만 더 큰 문제는 가와카미에게 있었다. 가와카미는 데라우치 마사타케나 고다마 겐타로와 협력해서 병력 동원과 선박을 동원하는 병력 수송, 조선 남단의 부산에서 조선을 가로질러 만주의 작전 지역에까지 도달하는 병참선과 전신선 유지를 실현했다. 그 실행력과 군사 관료로서 실무 능력에 대한 평가는 높다. 하지만 그 결과 어떤 일이 발생했는지를 아는 후세 역사 연구자들은 비판적인 모습을 취할 수밖에 없다.

1894년 가을 조선에서 발생한 제2차 농민전쟁이 병참선과 전신선을 파괴하자 가와카미가 명령한 것은 동학 농민군과 그들을 지원하는 조선 농민에 대한 제노사이드적인 살육이었다. 그 뒤 조선에서 반일 의식이 더욱 커져서, 결과적으로 일본의 조선 문제에 대한 실패로 귀결되었다.

또한 가와카미는 랴오둥반도 할양과 직례 결전을 고집했다. 이것이 삼국 간섭의 원인이 되었으며, 더 나아가 열강의 간섭이 예상되는 복잡한 국제 정세 속에서 극단으로 공세에 편중한 직례 결전 계획을 실시하고 본토 방위를 신경 쓰지 않는 위험성을 낳게 되었다. 이 점들은 가와카미의 전쟁 지도의 문제점이었다.

청일전쟁에서 이토 수상이나 오야마 제2군 사령관이

전쟁의 전체 귀추를 보고 정책 결정을 한 것에 비해 유능한 점에서 다른 사람에게 뒤지지 않는 무쓰 외상이나 가와카미 참모차장이 나무를 보고 숲을 보지 않는 정책 결정을 한 것이라는 느낌을 받는 것은 나 혼자뿐일까?

전비와 청일의 전후 경영

이 책에서는 경제 관계 설명을 거의 하지 않았지만, 마지막으로 경제 면에서 본 청일전쟁을 경제사가인 이시이 간지石井寬治의 주장을 인용해 개관해보도록 하자.

청일전쟁의 임시 군사비 특별 회계의 지출 결산액은 육군성 소관 1억 6,452만 엔, 해군성 소관 3,596만 엔, 합계 2억 48만 엔이었다. 전쟁이 있기 전해인 1893년도 일반 회계 세출이 8,452만 엔이었으므로 전비는 일반 회계 세출의 2배가 넘는 영역에 도달했다.

이 전비를 조달하기 위해서 정부는 내국 공채를 발행했는데 그 금액은 1억 5,575만 엔으로 그중 1억 1,680만 엔이 임시 군사비 특별 회계의 세입이 되었다. 민간 경제에 대한 압박을 걱정한 실업계는 외국채의 모집을 주장했지만, 마쓰카타 마사요시 전 장상의 뜻을 받은 와타나베 구니타케 장상은 내국 공채를 고집했다. 공채를 모집할 때 장상이 전국의 은행가를 대장성으로 초대해서 협력을 요구했고 또 부, 현지사→군장→정·촌장이라는 행정 루트에서 반쯤은 강제적으로 할당이 이루어졌다.

행정 루트에 의한 할당에 대해서는 본서 제5장에 나온 후쿠시마 현청 문서인《의용봉공록》과《27, 28년 공로자 조서류》를 소개한 항목에서 후쿠시마 현이 인마의 동원과 군사 공채 모집 달성 상태로 각 정·촌장의 전쟁 협력 수준을 판정한 사실을 기억해주었으면 한다. 또한 이때 일본은행 바칸馬關(시모노세키) 지점장이었던 다카하시 고레키요高橋是清[1]는 청일전쟁 당시의 전시 공채 모집 상태에 대해서 "봉건 시대에 군용금을 징수하던 모습을 방불케 했다"고 회상하고 있다(《高橋是清自伝》).

시모노세키 강화조약에서 일본은 청으로부터 군사 배상금 2억 냥(일본 엔으로 3억 1,100만 엔)을 획득했고 더 나아가 랴오둥반도 반환 보상금으로 3,000만 냥(4,500만 엔)을 받았다. 전승 결과, 일본은 합계 2억 3,000만 냥(3억 5,600만 엔)을 얻었다. 임시 군사비 특별 회계의 세출이 2억 엔이 넘으므로 청일전쟁은 수지맞는 전쟁이었다. 한편 청은 배상금을 자력으로 염출할 능력이 없어서 외채에 의존하

---

1   1854~1936. 일본의 관료, 정치가. 재정 관계에서 활약했고 특히 러일전쟁과 그 뒤의 긴축 재정에서 활약했다. 대장대신과 총리대신을 역임했으며, 1936년 청년 장교들의 쿠데타인 2·26사건 때 암살당했다.

는 진흙탕에 빠지게 된다.

청일전쟁 이후의 경영 처방전 작성을 기대받으며 마쓰카타 마사요시는 다시 장상에 취임했다. 그는 청으로부터 얻은 거액의 배상금으로 러시아를 가상의 적으로 하는 군비의 확충과 산업 기반 육성(철도·통신망 확충 등)을 균형 있게 시도하는 재정 계획을 세우려고 했다. 하지만 육군과 해군이 요구한 과대한 군비 확장 요구에 좌절하여 사임했다.

육군은 종래의 7개 사단을 13개 사단으로 늘려서 대륙에서 벌어질 전투에 필요한 독립 기병 2개 여단과 독립 포병 2개 여단을 신설하는 육군 확장 예산을 제안했다. 해군은 철갑 전함(1만 2,000~1만 5,000톤) 6척과 1등 순양함 6척을 중심으로 하는, 청일전쟁 단계와는 비교가 되지 않는 세계 수준의 함대 건설을 요구했다.

이러한 대규모 군비 확장을 실행하기 위해서는 거액의 자금이 필요하여 해군 확장비 요구는 10년 계획으로 2억 1,310만 엔, 육군 확장비 요구는 7년 계획으로 8,168만 엔으로 합하면 2억 9,478만 엔에 달했다. 마쓰카타의 사임으로 장상에 복귀한 와타나베 구니타케는 육해군의 요구를 거의 전부 받아들이고 군비 확장비를 합계 2억 7,700만 엔으로 하는 계획을 작성했다. 이 결과 배상금의 8할이 군비 확장에 쓰였다.

국력을 무시한 군비 확장과 산업 기반의 육성을 동시에 실현하기 위해서 정부는 내국채를 발행함과 동시에 1898년 말에 지조증징地租增徵[2]을 하고 이듬해에는 영화英貨 공채 1,000만 파운드(일본 엔으로 약 1억 엔)를 모집할 수밖에 없었다. 그러나 1900~1901년에 경제 공황이 발생하자 내국채의 모집이 정체되고 정부는 행·재정 정리와 공채 지불 사업의 중지와 연기에 내몰리게 되었다. 이상과 같이 청일전쟁 이후의 일본은 과도한 군비 확장을 했기 때문에, 기대했던 산업 육성은 불충분했다(石井寬治,《日本の産業革命》).

그러나 이러한 극단적인 군비 확장은 번벌 정부의 힘만으로는 불가능했고, 중의원 민당의 협력 없이는 실현할 수 없었던 것은 확실하다.

예전에 '정비 절감, 민력휴양'을 주장하던 민당 세력의 다수는 청일전쟁 중에 전쟁 승리에 열광했고, 청일전쟁 이후에는 정부와 군이 확립한 아시아에 대한 군사 침략 노선에 동조하여 국민에게 부담을 지우는 증세와 공채 모

---

2 청일전쟁 이후 함대 계획 등에 필요한 예산을 확보하기 위해 토지세인 지조를 더욱 올려서 징수하기로 계획했다. 이것이 나중에 문제가 되어 제2차 야마가타 내각에 이르기까지 정부와 의회가 대립하게 되었다.

집을 승인했다. 그 대가로 민당이 받은 것은 청일전쟁 이전부터 보였던 번벌 정부와의 제휴가 한층 강화된 것과 번벌 정부가 독점하던 행정부에 참가하게 된 것이었다.

청일전쟁 전후는 경제의 근대화와 함께 군국주의화와 정치 면의 민주화가 나란히 진행된 시대였으며, 청일전쟁은 그 계기가 되었다.

그리고 민당을 지지하고 민당 소속 의원을 국회로 보낸 지역 사람들의 경우 어떤 이는 전장에서 병사·군부로서 전쟁을 체험했고, 후방 지역 사회에 남은 압도적 다수는 다양한 언론 매체가 전하는 정보를 통해 전쟁을 '체험'했다. 이들의 전쟁 '체험'과 전후의 전몰자 추도, 또한 전쟁 중에 친숙해진 '군인 천황'상에 대한 숭배를 통해 근대 일본의 '국민'이 형성되어간 것이다.

주오 신서^{中公新書} 편집부의 시라토 나오토^{白戸直人} 씨로부
터 2014년은 청일전쟁으로부터 120년이 되는 해이므로
주오 신서 중《청일전쟁》을 쓰지 않겠냐는 권유를 받았을
때, 사야 마키토^{佐谷眞木人}의《청일전쟁^{日清戦争}》을 염두에 두고
청일전쟁의 미디어사를 쓰고 싶다는 말을 한 기억이 있
다. 결국 이 제안은 실현되지 않았고, 청일 개전부터 강화
조약 체결을 거쳐서 대만의 항일 투쟁과 조선의 제2차 농
민전쟁과 제1차 의병 투쟁을 포함한 청일전쟁의 전 과정
의 개설을 쓰게 되었다. 내가 원했던 일부는 이 책 제5장
에 겨우 남아 있다.

운 좋게도 청일전쟁 연구에는 나카츠카 아키라와 후
지무라 미치오 두 분이 전쟁의 전체상을 꿰뚫어 본 고전

적인 연구서를 발표했고, 이 책에서도 인용한 각 부분의 연구 성과가 1980년대 이래 등장했으며, 나아가 최근에 나 자신도 연구사 정리를 한 적이 있다(《강좌 메이지 유신講座 明治維新》 제5권에 수록된 졸고 〈일청전쟁日淸戰爭〉). 전문 분야 밖의 문헌을 읽는 데 고생하여 마무리가 늦어져 편집부에 폐를 끼쳤지만, 현재의 연구 상황을 반영한 청일전쟁의 개설서를 쓸 수 있었다.

지금까지의 청일전쟁 연구 성과를 읽고 인용하며 고심해서 통사를 써보니, 지금까지 내가 이해했던 청일전쟁상의 불충분함을 알 수 있어서 공부가 되었다. 통사를 쓰는 작업에서 얻은 효험이다.

느낀 것은 많이 있는데, 그중 하나는 민주적인 정치 운영을 요구하며 정부를 비판한 민당이 청일 개전과 그 후의 일본의 제국화에 큰 책임이 있다는 사실을 새삼스럽게 통감한 사실이다. 물론 권력 유지를 위해 조선 문제를 이용한 번벌 세력이나 군비 확장의 구실로 전쟁을 요구한 군에 최대의 책임이 있는 사실에는 변함은 없지만.

예전에 센슈대학專修大學 법학부에서 동료였던 시부자와 고지榮澤幸二 씨의 《다이쇼 데모크라시기의 정치사상大正デモク ラシー期の政治思想》에 있는 오자키 유키오尾崎行雄론을 읽었을 때 메이지 시기의 '헌정의 신'에 대한 평가가 꽤 좋지 않다고

느꼈는데, 지금은 그 평가가 정확하다고 느꼈다. 그리고 청일전쟁 이후에 제국화·군국주의화와 병행해서 일본의 정치 운동의 민주화가 진전되는 상황 속에서《20세기의 괴물 제국주의卅世紀之怪物帝國主義》에서 애국주의(내셔널리즘)와 군국주의에 비판을 가한 고토쿠 슈스이幸德秋水[1]의 선견성을 거듭 다시 보게 되었다.

또 하나 집필 중에 신경 쓰인 문제는 현대 일본, 한국, 중국, 대만의 청일전쟁 인식의 차이, 특히 역사 교육 분야에서 차이가 심하다는 사실이다. 현재의 동아시아 지역에는 역사 인식과 현실 정치나 국제 관계의 긴장이 관계되는 불행한 상황이 존재하며, 120년이나 전에 벌어진 전쟁의 기억이 다시 소환되어 긴장 격화에 한몫을 하는 경우마저 있다. 역사를 배워서 상대를 증오하는 바보 같은 일이 없도록 우선 서로 역사 인식을 이해하고 다음으로 역사적 사실을 확인하고 그러고 나서 공통된 역사 인식에 가까워지도록 노력해야 할 것이다.

요전에 근무하는 대학교의 역사학과 1학년들에게 한

1　1871~1911. 일본의 언론인, 사상가로 처음에는 사회주의자였지만, 나중에 무정부주의자가 되었다. 러일전쟁 당시에는 반전운동을 전개했다. 1911년 사회주의자와 무정부주의자 탄압 사건인 대역 사건에서 메이지 천황을 암살하려고 한 혐의로 체포되어 사형에 처해졌다.

수업에서 '제2차 농민전쟁', '뤼순 학살 사건', '대만민주국'에 대해서 조사를 실시하니 예상한 대로 정답률은 낮았다. 이 역사 용어들은 한국이나 중국의 청일전쟁에 관한 역사 교육에서는 필수 용어인데도 말이다. 내 수업이 불충분했을 뿐 아니라 중학교와 고등학교의 역사 교육에도 문제가 있음을 통감했다.

한편으로 일본에서는 청일전쟁에 대해서 아직도 "청일전쟁은 조선 독립을 도운 정의의 전쟁", "일본군은 국제법을 준수했다", "노기 마레스케는 하루 만에 뤼순을 함락했다"는 식의 근거가 없는 말들이 존재한다. 똑같은 사례가 한국이나 중국에도 있을지 모른다.

이 책을 젊은 사람들과 교육 관계자들이 읽게 되어서 역사 사실을 확인하는 실마리가 되어 한국·중국과의 상호 이해 진전에 도움이 되기를 바라고 있다.

마지막으로 편집 담당자인 시라토 나오토 씨에게 많은 신세를 진 사실에 감사를 드리고 싶다. 시라토 씨의 솔직하고 엄한 지적과 도움이 없었더라면 이 책의 출판은 실현되지 않았을 것이다.

오타니 다다시

　이 책이 활용한 주된 참고 문헌은 아래에 기재된 그대로이다. 공공 도서관에서 읽을 수 있는 비교적 새로운 일반적인 연구서를 중심으로 썼으므로 청일전쟁에 대해서 더욱 상세히 알고 싶을 때에 활용해주길 바란다.

　청일전쟁의 역사에 대해서는 참모본부에서 편찬한 《메이지 27, 28년 일청전사》 전 8권·별권(도쿄인쇄주식회사東京印刷株式會社, 1904~1907년, 유마니쇼보ゆまに書房에서 1998년에 복각)과 해군 군령부에서 편찬한 《27, 28년 해전사》 상하권·별권(슌요도春陽堂, 1905년)을 사용했다. 이 책 속의 작전 계획이나 전투 서술은 이 두 책에 의거해서 기술한 부분이 많다. 또한 참모본부에서 편찬한 《일청전사》 편찬의 문제점에 대해서는 나카츠카 아키라가 쓴 《역사의 위조를 밝힌다—전사로부터 지워진 일본군의 '조선 왕궁 점령' 歷史の偽造をただす—戦史から消された日本軍<朝鮮王宮占領>》(고분켄高文研, 1997년)과 오자와 히로아키大澤博明의 《정청용병격벽청담》과 일청전쟁 연구《征清用兵隔壁聽談》と日清戦争研究〉《구마모토 법학熊本法学》122, 2011년)가 아주 흥미로운 지적을 하고 있다.

청일전쟁의 전체를 꿰뚫어 보는 저서로 우선 나카츠카 아키라의 《일청전쟁의 연구日清戦争の研究》(아오키 서점青木書店, 1968년)와 후지무라 미치오의 《일청전쟁—동아시아 근대사의 전환점日清戦争—東アジア近代史の転換點》(이와나미 신서岩波新書, 1973년) 두 책을 추천하지 않으면 안 된다. 오랜만에 두 책을 다시 읽으니 현대와 연결되는 연구의 맹아가 풍부하게 발견되어, 그 후의 청일전쟁 연구가 나카츠카와 후지무라라는 두 역사가의 연구와 대화하면서 시작된 것을 재확인할 수 있었다. 청일전쟁의 개전 과정과 강화조약 체결에 관한 외교사 연구로는 다보바시 기요시의 《일청전역 외교사의 연구日清戦役外交史の研究》(도쿄 서원刀江書院, 1951년)가 고전적인 지위를 차지하고 있다. 지금은 거의 잊었지만 가와사키 사부로(시잔)의 《일청전사日清戦史》 전 7권(햐쿠분칸博問館, 1896~1897년)에서는 청일전쟁 직후의 분위기나 발상법을 읽어낼 수 있어서 매우 흥미롭다.

현대의 연구 수준을 만들어낸, 1990년대 이래의 청일전쟁에 관한 연구서로는 개전 과정을 해명한 고밀도의 연구서인 다카하시 히데나오高橋秀直의《일청전쟁으로 향하는 길日清戦争への道》(도쿄소겐샤東京創元社, 1995년)이 있으며 청일전쟁의 통사적 서술에 도전한 저서로는 아이야마 유키오檜山幸夫의《일청전쟁―숨겨진 사진이 밝히는 진실日清戦争ー秘蔵写真が明かす事実》(고단샤講談社, 1997년)과 하라다 게이이치原田敬一의《일청전쟁―전쟁의 일본사 19편日清戦争ー戦争の日本史19》(요시카와고분칸吉川弘文館, 2008년)이 있다. 아이야마가 쓴《일청전쟁》은 아이야마가 중심이 되어 개척한 청일전쟁의 정치 외교사와 사회사 서술에 특징이 있으며, 하라다가 쓴《일청전쟁》은 청일전쟁을 군사사로 묘사한 점이 특이하다. 지금까지 연구가 부족했던 군사사와 전쟁사 분야의 연구로는 구와타 에쓰시桑田悦가 편집한《근대 일본 전쟁사·제1편 일청·일러전쟁近代日本戦争史·第一編日清·日露戦争》(도타이게이자이간와카이同台經濟懇話会, 1995년), 오사와 히로아키大澤博明의《근대 일본의 동아시아 정책과 군사近代日本の東アジア政策と軍事》(세이분도成文堂, 2001년), 사이토 세이지斎藤聖二의《일청전쟁의 군사 전략日清戦争の軍事戦略》(후요쇼보 출판芙蓉書房出版, 2003년)이 있어 많은 것을 배웠다.

본서를 집필할 때에는 다카하시·아이야마·하라다·구와타·오사와·사이토의 저작을 책상 위에 항상 두고 문헌상의 출처로 삼았다. 독자 여러분은 이 책이 주로 그 책들을 재구성해서 작성된 것임을 아실 것이다.

이외에 일본의 군대와 전쟁을 이해할 가이드북으로 이쿠타 아쓰시生田惇의 《일본 육군사日本陸軍史》(교육사 역사신서教育社歷史新書, 1980년), 모리마쓰 도시오森松俊夫의 《대본영大本營》(교육사 역사신서 1980년, 요시카와고분칸에서 2013년에 복각), 구와타 에쓰시 외의 《일본의 전쟁—도해와 데이터日本の戦争—図解とデータ》(하라쇼보原書房, 1982년)가 편리하며 본격적으로 연구할 경우에는 오에 시노부大江志乃夫의 《일러전쟁의 군사사적 연구日露戦争の軍事史的研究》(이와나미 서점, 1976년)를 읽을 필요가 있다.

청일전쟁에 관계한 일본의 정치가와 군인에 관한 연구로는 다음 책들을 참고했다.

청일전쟁 때 총리대신이었던 이토 히로부미에 대해서는 이토 유키오伊藤之雄의 《입헌 국가의 확립과 이토 히로부미立憲国家の確立と伊藤博文》(요시카와고분칸, 1999년)와 《이토 히로부미—근대 일본을 만든 남자伊藤博文—近代日本を創った男》(고단샤, 2009년)가 있으며, 나아가 야마가타 아리토모에 대해서는 같은 저자가 쓴 《야마가타 아리토모—우직한 권력자의 생애山県有朋—愚直な権力者の生涯》(분게이슌주文藝春秋, 2009년)가 있다.

이토와 나란히 또 한 사람의 중심인물인 무쓰 무네미

쓰에 대해서는 나카쓰카 아키라가 《건건록^{蹇蹇錄}》 초고와
여러 완본들을 대조한 뒤 교정을 가해 무쓰에 의한 추고^推
^敲 과정을 밝힌 《신정 건건록^{新訂蹇蹇錄}》(이와나미 문고, 1983년)
을 출판하고 이어서 이 교정 작업에서 얻은 지견을 근거
로 '무쓰 외교'를 논한 《〈건건록〉의 세계^{〈蹇蹇錄〉の世界}》(미스즈
쇼보^{みすず書房}, 1992년)를 발표했다. 청일전쟁 개전 시점의 무
쓰 외상의 행동 배경을 이해하기 위해서는 오이시 가즈
오^{大石一男}의 《조약 개정 교섭사─1887~1894년^{条約改訂交渉史─}
^{一千八八七~一八九四}》(소분가쿠 출판^{思文閣出版}, 2008년)을 반드시 읽어
야 한다.

　군인에 관한 연구로는 이토 유키오가 쓴 야마가타 아
리토모의 평전 이외에 지바 고^{千葉功}의 《가쓰라 다로─밖
으로 제국주의, 안으로 입헌주의^{桂太郎─外に帝国主義、内に立憲主義}》
(주오 신서, 2012년), 시노하라 마사토^{篠原昌人}의 《육군 전략
의 선구자 오가와 마타지^{陸軍戦略の先駆者小川又次}》(후요쇼보 출판,
2000년), 고바야시 미치히코^{小林道彦} 《가쓰라 다로─내 생
명은 정치이다^{桂太郎─予が生命は政治である}》(미네르바쇼보^{ミネルヴァ書房},
2006년)와 《고다마 겐타로─그곳에서 뤼순항은 보이는
가?^{児玉源太郎─そこから旅順港は見えるか}》(미네르바쇼보, 2012년)가 있다.

　이상하게도 야마가타와 나란히 제2군 사령관이었던
오야마 이와오에 대해서는 고지마 노보루^{児島襄}가 30년 전

에 쓴 평전밖에 없으며 노즈 미치쓰라, 다쓰미 나오후미, 야마지 모토하루 등의 전선 지휘관에 관한 전기들도 새로운 것이 없다. 제일 알고 싶었던 가와카미 소로쿠는 도쿠토미 소호의 《육군 대장 가와카미 소로쿠陸軍大将川上素六》(사쓰한 연구회薩藩研究会, 1942년, 저자는 제1장과 총론을 제외하고 가와사키 사부로)뿐이다. 이 책의 기술은 재미있으며 현재는 볼 수 없는 자료를 구사하고 있는데, 전시의 용지 통제 아래에서 출판했기 때문에 지면이 제한되었으므로 자료 인용이 적어 신뢰성에 불안이 남아 있다.

동아시아의 근대사에 대해서는 다음 저작물들을 참고했다.

가와시마 신川島真과 핫토리 류지服部龍二가 편집한 《동아시아 국제 정치사東アジア国際政治史》(나고야대학 출판회名古屋大学出版会, 2007년) 및 미타니 히로시三谷博·나미키 요리히사並木頼寿·쓰키아시 다쓰히코月脚達彦가 편찬한 《어른을 위한 근현대사·19세기편大人のための近現代史·十九世紀編》(도쿄대학 출판회東京大学出版会, 2009년). 이 두 책은 연구서가 아니지만 비전문가가 19세기 중기에서 말기까지의 동아시아사를 이해하기 위해서는 안성맞춤인 양서라, 쉽게 쓰여 있지만 실은 매우 고도의 역사 서술을 하고 있다.

조선과 청의 관계에 대해서는 오카모토 다카시岡本隆의

《세계사 속의 일청한 관계사—교린과 속국, 자주와 독립 世界史のなかの日清韓関係史－交隣と属国、自主と独立》(고단샤, 2008년)과 《이홍 장—동아시아의 근대李鴻章－東アジアの近代》(이와나미 서점, 2011 년)를 반드시 읽어야 한다. 이외에 학생 시절부터 애독했 던 사카노 마사타카坂野正高의 《근대 중국 정치 외교사—바 스코 다가마로부터 5·4 운동까지近代中国政治外交史－ヴァスコ・ダ・ガマ から五四運動まで》(도쿄대학 출판회, 1973년)를 이용했다.

조선에 대해서는 조경달의 《이단의 민중 반란—동 학과 갑오농민전쟁異端の民衆反乱－東学と甲午農民戦争》(이와나미 서점, 1998년), 《근대 조선과 일본近代朝鮮と日本》(이와나미 서점, 2012 년), 그리고 조경달이 편찬한 《근대 일조 관계사近代日朝関係 史》(유시샤有志舎, 2012년)를 참고 삼아 서술했고 조선 정계의 중심인물인 고종·대원군·민비에 대해서는 기무라 간木村 幹의 《고종·민비—그렇다면 어쩔 수 없다高宗·閔妃－然らば致し方 なし》(미네르바쇼보, 2007년)에서 배웠다. 조선에서 일본군이 실시한 식량, 사료와 인마 동원 및 1894년 이래의 제2차 농민전쟁에 대해서는 박종근朴宗根의 《일청전쟁과 조선日清戦 争と朝鮮》(아오키 서점青木書店, 1982년), 나카쓰카 아키라·이노우 에 가쓰오井上勝生·박맹수朴孟洙의 《동학농민전쟁과 일본— 또 하나의 일청전쟁東学農民戦争と日本－もう一つの日清戦争》(고분켄, 2013 년), 이노우에 가쓰오의 《메이지 일본의 식민지 지배—홋카이도에서 조선으로明治日本の植民地支配ー北海道から朝鮮へ》(이와나미 서점, 2013년)를 참조했다.

러시아의 동아시아 정책에 대해서는 하라 데루유키原暉 之의《블라디보스토크 이야기ー러시아와 아시아가 교차 하는 거리ウラジオストク物語ーロシアとアジアが交わる街》(산세이도三省堂, 1998 년)와 자료집이지만 사사키 요佐々木揚가 편역한《19세기 말 의 러시아와 중국ー《크라스느이 아르히프》소장 사료 로부터一九世紀末におけるロシアと中国ー《クラースヌイ》》(곤난도 서점巖南堂書店, 1993년)가 필독 문헌이다.

이 책에서는 종군한 장병의 일기와 편지를 인용해서 서술한 부분이 있다.

최초로 조선에 건너간 제5사단의 동정은 제5사단장 노즈 미치쓰라 중장의 전시 일기인《메이지 27, 28년 진중 일기》(노즈 본인이 아니라 부관이 쓴 일기로 국회도서관 헌정 자료 실에 소장 중)과 원산에서 한성까지 행군한 하마모토 리사 부로(하사관)가 쓴《일청전투 실험록》(地主愛子 編《日清戦争 従軍秘録ー八〇年目に公開する′その因果関係》, 青春出版者, 1972 년)을 참고 자료로 삼아 묘사했다.

제4장에서는 다음 일기를 참고하여 뤼순 학살 사건 을 그것에 참가한 병사의 시선으로 묘사해보았다. 오가 와 고사부로의《정청일기征淸日記》(지바 현 무사 군千葉県武射郡 [지

금의 산무 군山武郡] 출신, 千葉県 編,《千葉県の歴史》, 資料編·近現代一, 1996년에 수록)와 세키네 후사지로關根房次郎의《정청종군일기征清従軍日記》(지바 현 미나미소마 군千葉県南相馬郡 출신, 이치노세 도시야一ノ瀬俊也의《旅順と南京─日中五十年戦争の起源》, 文春新書, 2007년에서 소개)를, 보병 제15연대 제3대대 소속의 구보타 나카조의《정청일기》(나가노 현 스와 군長野県諏訪郡 출신, 오카베 마키오岡部牧夫의〈一兵士の見た日清戦争〉,《創文》124~128, 1973~1974년)을 이용했다. 또한 혼성 제12여단 관계 자료 중에서는 모리베 시즈오森部静夫의《정청일기》(후쿠시마 시립 도서관에 소장 중인〈모리베 시즈오 문서森部静夫文書〉에 수록, 그는 당시 보병 제24연대 제3대대 제11중대 소속 소대장으로 계급은 소위였다)를 이용했다.

뤼순 학살 사건에 관한 연구는 많지만 본서에서는 저자 오타니의《근대 일본의 대외 선전近代日本の対外宣伝》(겐분출판研文出版, 1994년)·〈뤼순 학살 사건 재고旅順虐殺再考〉(《ヒストリア》149, 1995년)와 관첩關捷이 책임자로 편찬한《뤼순 대도살 연구旅順大屠殺研究》(중국사회과학문헌출판사中國社會科學文獻出版社, 2004년)를 이용했다.

졸저《병사와 군부의 일청전쟁─전장에서 온 편지를 읽다兵士と軍夫の日清戦争》(유시샤, 2006년)는 제2사단 위수지인 센다이에서 발행된《도호쿠신문》,《오우니치니치신문》에 게

재된 전장으로부터 온 병사와 군부의 편지를 이용했다. 청일전쟁에 종군한 병사의 일기나 편지가 현재 각지에서 발견되고 있으며, 활용이 기대된다.

이상의 자료들 외에 다음과 같은 연구서·논문과 자료를 인용했다.

朝日新聞百年史編集委員会編《朝日新聞社史·明治編》(朝日新聞社, 1990年).

有賀長尾,《日清戦役国際法論》(哲学書院, 1896年).

有山輝雄,《徳富蘇峰と国民新聞》(吉川弘文館, 2007年).

有山輝雄,《陸羯南》(吉川弘文館, 2007年).

飯塚一幸,〈日清戦争論の現在―帝国化の起点をめぐって〉(《グローバルヒストリーと帝国》, 大阪大学出版会, 2013年에 수록).

石井寛治,《日本の産業革命―日清·日露戦争から考える》(朝日新聞社, 1997년, 講談社学術文庫版, 1982年).

乾照夫,《軍夫となった自由党壮士―神奈川県出身の〈玉組〉軍夫を中心に》(《地方史研究》32巻3号, 1982年).

井上祐子,《日清·日露戦争と写真報道―戦場を駆ける写真師たち》(吉川弘文館, 2012年).

海野福寿,《日清·日露戦争》(集英社, 1992年).

大谷正,〈新聞記者たちの日清戦争〉(《専修大学人文科学年報》25, 1995年).

大谷正,〈川崎三郎小論―忘れられたアジア主義者·ジャーナリスト·史論家〉(大阪大学文学部日本史研究室編,《近世近代の地域と権力》清文堂出版, 1998年에 수록).

大谷正,〈日清戦争報道とグラフィック·メディア―従軍した記者·画工·写真師を中心に)《メディア史研究》21, 2006年).

大谷正,〈仙台地域の西南戦争関係資料と《仙台新聞》西南戦争関係記事〉(科学研究報告書《西南戦争に関する記録の実態調査とその分析・活用についての研究》2012年에 수록).

大谷正,〈日清戦争〉(明治維新史学会編《講座 明治維新5・立憲制と帝国への道》有志舎, 2012年).

沖縄県教育委員会編,《沖縄県史第一巻・通史》1976年.

尾崎庸介,〈一八九〇年代におけるイギリスの東アジア政策と中国戦隊—中国戦隊司令官フリーマントルからみた日清戦争〉《政治経済史学》512호, 2009年).

小野秀雄,《日本新聞発達史》(大阪毎日新聞社, 1922年).

姜德相,《錦絵の中の朝鮮と中国—幕末・明治の日本人のまなざし》(岩波書店, 2007年).

木下直之,《写真画論—写真と絵画の結婚》(岩波書店, 1996年).

金文子,《朝鮮王妃殺害と日本人—誰が仕組んで´誰が実行したのか》(高文研, 2009年).

宮内庁編,《明治天皇紀》第八・第九(吉川弘文館, 1973年).

久保田米僊,《米僊画談》(松邑三松堂, 1901年).

黄昭堂,《台湾民主国の研究—台湾独立運動史の一断章》(東京大学出版会, 1970年).

小宮一夫,《条約改正と国内政治》(吉川弘文館, 2001年).

酒井敏,〈〈勇士〉の肖像—《日清戦争実記》と読者〉《日本近代文学》67, 2002年).

佐藤清彦,《奇人・小川定明の生涯》(朝日文庫, 1992年).

参謀本部編,《陸海軍聯合大練習記事》1890年.

後田多敦,〈亀川党・黒党・黒頑派—琉球併合に抗する思想と行動〉《歴史評論》692, 2007年).

千葉功,《旧外交の形成—日本外交 1900~1919》(勁草書房, 2008年).

中日甲午戦争全史編委会,《中日甲午戦争全史》全六巻 (吉林人民出版社, 2005年).

津田茂麿,《明治聖上と臣高行》(1935年, 하라쇼보에서 1970년에 복각).

土屋新之介,《立見大将伝》(日正社, 1928年).

鶴岡静夫,《知られざる裁判干渉ー李鴻章狙撃事件裁判》(雄山閣, 1974年).

徳富猪一郎編,《公爵桂太郎伝》乾坤 (故桂公爵記念事業会, 1917年).

徳富猪一郎,《蘇峰自伝》(中央公論社, 1935年).

西川誠,《明治天皇の大日本帝国》(講談社, 2011年).

原田敬一・大谷正編,《日清戦争の社会史ー〈文明戦争〉と民衆》(フォーラム・A, 1994年).

原田敬一,〈混成第九旅団の日清戦争ー新出史料の〈従軍日誌〉に基づいて〉一〜三《仏教大学歴史学部論集》一号〜三号, 2011〜2013年).

檜山幸夫,〈日清戦争宣戦詔勅草案の検討ー戦争相手国規定の変移を中心に〉《古文書研究》13・15, 1979〜1980年).

檜山幸夫,〈日台戦争論ー台湾接収時における台湾での戦争の呼称を中心に〉(檜山幸夫編著《帝国日本の展開と台湾》創泉堂出版, 2011年에 수록).

広島県編,《広島県史通史編Ⅴ 近代1》1980年.

福永知代,〈久保田米僊の画業に関する基礎的研究(2)ー久保田米僊と日清戦争〉《お茶の水女子大学人文科学紀要》五七巻, 2004年).

堀口修,〈日清戦争における言論統制について〉《中央大学大学院研究年報》第一一号, 1982年).

松沢裕作《町村合併から生まれた日本近代ー明治の経験》(講談社選書メチエ, 2013年).

室山義正,《近代日本の軍事と財政ー海軍拡張をめぐる政策形成過程》(東京大学出版会, 1984年).

渡辺重綱,《征清紀行》(私家版, 1896년, 大谷〈ある軍医の日清戦争体験と対清国観〉[《専修法学論集》96, 2006年]에서 60세로 종군한 늙은 군의관

와타나베의 일기를 소개했다.)

Farwell, B., *Queen Victoria's little wars*, Chatham, Wordsworth Edition, 1999.

옮긴이의 말

드디어 끝났다.

가을이 끝나갈 쯤에 작업에 들어갔으니까 사계절 내내 이 책을 번역한 셈이다. 종이라는 물질로 따지면 그렇게 많은 양은 아니다. 하지만 그 종이에 실려 있는 내용의 양은 무수히 많았다는 생각이 든다. 그리고 원서를 구해서 읽고, 번역하는 동안 무수히 많은 일들이 있었다. 그일들에 대해서 다양한 감상을 가져보기도 한다. 이미 지나간 일들이지만, 이 책에서 나오거나 나오지 않은 그 시대에 살았던 사람들은 그 어지럽게 돌아가던 시대의 상황에 대해 어떤 감상을 가졌을지 궁금하다. 그러고 보니 지금의 세계적 정세나 국내의 정치적, 사회적 상황도 그때와 어쩌면 비슷할지도 모른다는 생각이 든다. SNS에서든

동네 술집에서든 뉴스에서 미국과 중국 관계가 악화된다는 뉴스가 나올 때마다 어디는 지는 해이고, 어디는 뜨는 해라는 식의 말들을 자주 듣는다. 어느 쪽에 붙는 게 낫다, 이런 생각은 나로서는 하지 못하겠다. 다만 1894년의 무능한 위정자들 때문에 당시의 사람들이 받았던 피해를 후손인 우리가 또 받지 않기만을 바랄 뿐이다.

이 책은 2014년에 일본의 주오공론신사에서 주오 신서 시리즈의 하나로서 발간된 책이다. 저자인 오타니 다다시 교수는 센슈대학의 교수로 일본 근현대사, 그중에서도 미디어사를 전공했다. 그렇기 때문에 이 책의 후반부에서 다루고 있는 일본 정부의 대외 언론 공작과 당대 일본 언론들의 모습들을 잘 묘사하고 있다.

청일전쟁에 대한 여러 가지 책, 특히 정치, 외교, 군사적으로 더 상세하게 다룬 책도 많지만 이 책을 선택한 이유가 바로 여기에 있다. 한 전쟁을 수행하는 데에는 언론과 민중과의 관계가 중요한데, 이 책은 그 부분을 잘 다루고 있다는 것이 나의 소감이었다. 많은 전쟁사에 관한 책들, 특히 현재 한국에 나온 대중용 청일전쟁 단행본들 중에는 이 분야를 거의 다루고 있지 않다. 저자는 이 부분을 설명하기 위해 책의 후반부의 한 장을 할애해서 청일전쟁이 일본의 '국민'을 탄생시켰다고 말하고 있다. 그런

점에서 이 책의 가치는 높다고 본다. 이 전쟁으로 일본의 민중은 근대적 의미의 '국민'으로 탄생했던 것이다. 전쟁 이전에는 정부와 대립하던 민간 정치가들이 갑자기 전쟁에 적극 협력하고, 정치니 전쟁이니 하는 것과 인연이 없이 살았을 평범한 민간인들이 갑자기 군인이 되어 다른 나라의 군인을 죽이거나, 그 군인을 위해 모금 활동이나 위문품 지원을 하는 상황이 발생하게 된 것이다.

또한 청일전쟁의 전투 실상을 잘 묘사하고 있는 점이나 당시 일본의 외교 정책을 책임지고 있던 무쓰 무네미쓰 외상에 대해 또 다른 시점에서 비판을 하고 있는 점도 이 책의 장점이다. 또한 많은 청일전쟁 관련 서적에서 대략적으로만 언급되었던 '뤼순 학살 사건'에 대한 설명이 상세한 점도 이 책의 장점이다.

하지만 이 책의 단점도 있다. 첫 번째로는 전쟁의 또 다른 당사자인 조선이나 청의 경우에는 통사적인 서술만 하고 있다는 점이다. 두 번째로는 일본 쪽의 많은 분들의 문제점(?)이기도 한데 조선사에 대해서는 언어적으로 약하기 때문인지, 특정 저자의 저서만을 주로 참조한다는 점이다. 예를 들어 이 책의 초반부에 갑오농민전쟁을 설명하는 부분에서 '이단 동학'을 언급하고 있는데, 이것은 조경달 선생의 《이단의 민중 반란》을 참조했기 때문이다. 국내에도 번역된 이 책은 새로운 시점을 제시하는 데 일조를 하긴 했지만, 국내에서 비판도 받았다. 어쨌거나 이 책이 일본인 저자가 청일전쟁이라는 역사적인 사건을 모르거나, 그 사건에 대해 막 흥미를 가지게 된 일본인 독자들을 상대로 썼다는 점에서 너그럽게 생각해주셨으면 한다.

이 책을 번역하면서 여러분들께 도움과 격려를 많이 받았다. 지금 일본의 교토대학에서 공부 중이신 김현경 씨로부터는 역사적인 용어를 어떻게 독자들께 쉽게 전달할 수 있는지에 대한 조언을 받았다. 지금 러시아에서 교환 학생 생활을 하고 계신 이병윤 씨께는 이 책에 나오는 러시아 인명과 그들이 무엇을 했는지에 대해 언어적인 도움을 받았다. 애니메이터로 역사 관련 콘텐츠 제작에 관심을 가지고 있는 이정수 씨로부터는 내가 번역한 문장이나 일반인들이 알아들을 수 없는 용어에 대해 각주를 달아달라는 조언을 받았다. 정치학을 전공하고 있는 이영수 씨로부터도 응원과 함께 다른 관점에서 역사적 용어를 보는 데 대한 흥미로운 말씀을 들었다. 못난 아들을 응원해주신 부모님께도 감사를 드리고 싶다. 올해 2월에 민족문제연수소의 방학진 홍보 실장님의 권유로 가본 아산 민간인 학살 발굴 현장에서 만나 격려의 말씀을 해주신 이영채 교수님께도 감사를 드린다. 이외에도 격려해주신 최두환 교수님 내외분, 표세만 교수님 등께도 감사를 드린다. 그 외에 많은 분들이 계시지만, 결코 빼놓을 수 없는 없는 분들이 있다. 한 분은 지금은 일본으로 이사했지만, 번역이라는 것의 재미를 알려주고 주말, 혹은 일요일마다 나를 초대해서 식사와 커피를 대접해주셨던 마리안네 바이어 여사님 부부, 그리고 또 한 분은 내가 미처 성함을 여쮀보지 못했지만 도서관에서 일하고 있을 때 이 분야의 번역을 권유해주신 국방 관계 연구를 하시던 분이다. 이 분들 덕분에 마침내 이 책을 번역하게 되었다.

마지막으로 후기를 작성하는 도중에 빼놓았지만, 이 책을 선택해주시고, 이 책의 편집에 고생이 많았던 오월의 봄 편집자분들께도 감사의 말을 전하고 싶다.

이 재 우